मुड़-मुड़के देखता हूँ...

मुड़-मुड़के देखता हूँ...

(लगभग आत्मकथा)

राजेन्द्र यादव

राजकमल प्रकाशन

ISBN : 978-81-267-0296-1

मूल्य : ₹ 695

पहला संस्करण : 2001
तीसरा संस्करण : 2023

प्रकाशक : राजकमल प्रकाशन प्रा.लि.
1-बी, नेताजी सुभाष मार्ग, दरियागंज
नई दिल्ली-110 002
शाखाएँ : अशोक राजपथ, साइंस कॉलेज के सामने, पटना-800 006
पहली मंजिल, दरबारी बिल्डिंग, महात्मा गांधी मार्ग, प्रयागराज-211 001
वेबसाइट : www.rajkamalprakashan.com
ई-मेल : info@rajkamalprakashan.com

मुद्रक : बी.के. ऑफसेट
नवीन शाहदरा, दिल्ली-110 032

MUD-MUDKE DEKHTA HOON...
(Reminiscences) by Rajendra Yadav

मायरा और माही को

...पता नहीं बीस साल बाद
वे अपने नाना के इस लेखन
और भाषा को समझ पायेंगी भी या नहीं

क्रम की तलाश

मुड़-मुड़के देखता हूँ ...

काबे को जा रहा हूँ, निगह सूए दैर है
मुड़-मुड़के देखता हूँ, कोई देखता न हो...

पता नहीं यह किसका शेर है। लगभग पचास सालों से मेरे साथ है। मैंने इसका इस्तेमाल **उखड़े हुए लोग** में सूरजजी के मुँह से कराया है। उपन्यास 1952-53 में लिखा गया था, **प्रेत बोलते हैं** (***सारा आकाश***) लिखने के बाद। आज मुड़कर देखता हूँ तो यही समय है जब सिर्फ लेखक बनने की यात्रा बाक़ायदा शुरू हुई थी। साथ चलने शुरू हो गए थे मन्दिरों के कुछ शिखर। वे आज भी छूटे हुए क्षितिजों के पार आत्मा में झिलमिलाते हैं। शायद भविष्य की ओर खींचते हुए।

यह मेरी आत्मकथा नहीं है। इन 'अन्तर्दर्शनों' को मैं ज़्यादा-से-ज़्यादा 'आत्मकथ्यांश' का नाम दे सकता हूँ। आत्मकथा वे लिखते हैं जो स्मृति के सहारे गुज़रे हुए को तरतीब दे सकते हैं। लम्बे समय तक अतीत में बने रहना उन्हें अच्छा लगता है। लिखने का वर्तमान क्षण, वहाँ तक आ पहुँचने की यात्रा ही नहीं होता, कहीं-न-कहीं उस यात्रा के लिए 'जस्टीफ़िकेशन' या वैधता की तलाश भी होती है—मानो कोई वकील केस तैयार कर रहा हो। लाख न चाहने पर भी वहाँ तथ्यों को काट-छाँटकर अनुकूल बनाने की कोशिशें छिपाए नहीं छिपतीं: देख लीजिए, मैं आज जहाँ हूँ वहाँ किन-किन घाटियों से होकर आया हूँ। घाटियों और शिखरों के चुनाव के पीछे 'आज जो मैं हूँ' का तर्क होता है। दूसरे शब्दों में इसे एक 'गढ़न्त' कह सकते हैं। आत्मकथा व्यक्ति की हो या संस्कृति की—दोनों इस गढ़न्त से मुक्त नहीं हैं। वे स्वतन्त्र कथा-रचनाएँ (फ़िक्शन) हैं। वास्तविक नाम और स्थान कथा को विश्वसनीय बनाने की रचनात्मक तरकीबें (डिवाइस) होती हैं। कथा के प्रवाह में ध्यान न बटाएँ इसलिए कहानी और उपन्यासों में हम वास्तविक नामों, स्थानों को बदल देते हैं। वहाँ मुख्य तर्क कहानी

है, आत्मकथा में मुख्य तर्क व्यक्ति है। दोनों जगह विश्वसनीयता का संकट स्थितियों-घटनाओं के चुनाव में कतर-ब्योंत करता है।

बहरहाल, व्यक्ति और संस्कृति दोनों अपने अतीत में चूँकि गढ़न्त हैं इसलिए वहाँ कथा (फ़िक्शन) के सारे तत्त्व सक्रिय होते हैं—चाहे व्यक्ति अत्यन्त विनम्र और शालीन होकर लिखे या संस्कृति सर्वश्रेष्ठ होने का अहंकार ओढ़कर। संस्कृति की आत्मकथा के सन्दर्भ में वर्तमान का पतन 'अतीत के श्रेष्ठ' का आविष्कर्ता है। उपलब्धियों का प्रदर्शन या अपने से बाहर उनके लिए समर्थन बटोरना आत्मविश्वासहीनता से प्रेरित होता है।

अतीत मेरे लिए कभी भी पलायन, प्रस्थान की शरणस्थली नहीं रहा। *वे दिन कितने सुन्दर थे... काश, वही अतीत हमारा भविष्य भी होता*—की आकांक्षा व्यक्ति को स्मृति-जीवी निठल्ला और राष्ट्र को *सांस्कृतिक राष्ट्रवादी* बनाती है। जो हर अनुभव, हर सुख और हर गौरव को जी चुका होता है, वही वस्तुतः बूढ़ा होता है। भविष्य का स्वप्न न हो तो न व्यक्ति कुछ करे, न समाज गतिशील होने की बात सोचे...

ज़ाहिर है इन स्मृति-खंडों में मैंने अतीत के उन्हीं अंशों को चुना है जो मुझे गतिशील बनाए रहे हैं। जो छूट गया है वह शायद याद रखने लायक नहीं था, न मेरे, न औरों के...कभी-कभी कुछ पीढ़ियाँ अगलों के लिए खाद बनती हैं। बीसवीं सदी के 'उत्पादन' हम सब 'खूबसूरत पैकिंग' में शायद वही खाद हैं। यह हताशा नहीं, अपने 'सही उपयोग' का विश्वास है, भविष्य की फ़सल के लिए...बुद्ध के अनुसार ये वे नावें हैं जिनके सहारे मैंने ज़िन्दगी की कुछ नदियाँ पार की हैं और सिर पर लादे फिरने की बजाय उन्हें वहीं छोड़ दिया है। अज्ञेय के शब्दों में कितनी नावों में कितनी बार की सिर्फ़ कुछ झलकें ही आपके सामने हैं। हाँ, इस पुस्तक में संकलित रचनाएं विभिन्न समयों पर लिखी गई थीं, इसलिए कुछ प्रसंगों का ज़िक्र अनेक जगहों पर आ गया है...वीना उनियाल की व्यक्तिगत दिलचस्पी और परिश्रम के चलते ही यह पुस्तक सम्भव हो पा रही है।

—राजेन्द्र यादव

10.8.2001

भूमिका

मुझे याद कुछ नहीं रहता। सिर्फ़ कुछ आधी-अधूरी तस्वीरें होती हैं जो लहरों की तरह झलकती-कौंधती हैं और फिर कहीं ग़ायब हो जाती हैं। ये तस्वीरें उस समय से शुरू होती हैं जब मैं दो-तीन बरस का था। लाल ईंटों से बने बरामदे का एक खम्भा है। उसके पास ही दूध-भरा भगोना है और एक छोटा सा लड़का उसमें पेशाब कर रहा है। कुत्ता बैठा है और लड़का उस पर सवारी की कोशिश कर रहा है। सम्पन्न भार्गव परिवार के लोग 'कोठीवाले' कहलाते हैं, उनका बड़ा सा हाथी आता है। सारे बच्चों को उस पर बैठाकर सैर को ले जाया जाता है। खेतों के बीच रहट में बैल जुते हैं और डंडे पर बैठा आदमी गोद में बच्चा सँभाले गोल-गोल घूम रहा है। बड़ी लड़की, लड़के के बालों की चोटियाँ बना रही है...तय कर पाना मुश्किल है कि ये या इस तरह की तस्वीरोंवाली स्थितियाँ सचमुच मेरे साथ गुज़री हैं, या दूसरों ने लगातार सुना-सुनाकर मन में इस तरह बैठा दी हैं कि मुझे ये अपनी ही स्मृतियाँ लगती हैं। मुझे यह कन्फ्यूज़न आज तक है। न जाने कितने सपने, डर, यादें, जो मेरी चेतना का हिस्सा हैं, पता नहीं वे मेरी ही हैं या मैंने उन्हें दूसरों से सुनकर या किताबों से पढ़कर अपना बना लिया है। पहले तो अपनी या दूसरों की तस्वीरों को छाँट सकना ही मुश्किल है। फिर अगर छँटाई शुरू करूँ तो शायद पाऊँ कि अपना कुछ है ही नहीं। सभी कुछ तो दूसरों या अपनों का दिया हुआ है—स्मृतियाँ, घटनाएँ, विचार, दर्शन, सोच...आत्मकथा का एक अर्थ अगर समझ का विकास है तो यह तय करना शायद सबसे मुश्किल है कि यह दूसरों के दिए हुए को अपना मानकर सँभाल-सँजोकर बचाए रखना है या उसे छाँट-फटककर सिर्फ़ अपने की तलाश करना...सब कुछ गड़बड़ है या समय के साथ इतना कुछ घट-बढ़ गया है कि आज की दृष्टि ही उन्हें

बना-बिगाड़ रही है।

अब उस कुत्ते को ही लें, जिस पर चढ़कर सवारी की कोशिश करता बच्चा एक तस्वीर की तरह मेरे मन में है। माथे पर सफ़ेद तिलकवाले उस काले कुत्ते का नाम था 'टीपू'। अच्छी नस्ल का था। टीपू का बैठना, मुँह खोलकर लार टपकाती जीभ का भीतर-बाहर आना पहले मेरे लिए कौतुक और कौतूहल की चीज़ था। फिर वह टीपू मेरे दिन-रात का साथी-मित्र हो गया। धीरे-धीरे बड़ा भाई और संरक्षक बना। बाहर जाता तो चौकीदार की तरह आस-पास बना रहता। गेंद उठा लाता और चिड़ियों के पीछे भागता। कहने पर उठता-बैठता। बाद में जब दिलचस्पियाँ बँट गईं तो टीपू परिवार की सिर्फ़ उपस्थिति के रूप में रह गया। जिसके खाने-पीने के समय थे और उसे बाहर के सड़क-छाप कुत्तों के हमलों या संगति से बचाकर अपने लिए बनाए रखना था। वह हमारी चौकसी और हैसियत दोनों था। फिर वह नहीं रहा। हम उसकी लाश के पास बैठकर रोए। हफ़्तों उसकी बातों और गुणों का बखान करते सुनाते रहे। बाद में ध्यान आया कि उसका नाम टीपू क्यों था? टीपू सुल्तान तो हमारे इतिहास का ऐसा नायक रहा है जिसने अंग्रेजों के छक्के छुड़ा दिए थे। उसी नफ़रत में अंग्रेजों ने कुत्तों के नाम टीपू रखने शुरू किए। वह उपनिवेशवादी हिकारत थी जिसे हमने अपना सहज गौरव बना लिया था। हम साहबों की मानसिकता जी रहे थे। हम सब ऐसे टीपू हैं, जिन्हें कुत्ता बना दिया गया था ताकि सेवा और वफ़ादारी को एकमात्र गुण के रूप में प्रतिष्ठित किया जा सके। देखते-देखते टीपू हमारी चेतना में पराजित नायक के रूप में उभरने लगा। कुत्ता वह नहीं, कुत्ते हम थे। यही नहीं, वह धीरे-धीरे समाज के उन वर्गों और वर्णों के साथ जा मिला, जिन्हें हज़ारों सालों से कुत्ता बनाकर रखा था—अपनी सेवा-सुरक्षा के लिए अनिवार्य, लेकिन उनकी अशुद्धता से दूरी बनाए रखते हुए...

दूसरों की दी हुई स्मृतियों को छीलकर अपने वास्तविक की इसी तलाश का दूसरा नाम आत्मकथा भी हो सकता है...इन्हीं तस्वीरों से गुज़रते हुए मैं शायद अपने आपको 'देख' सकता हूँ।

—राजेन्द्र यादव

हक़ीर कहो फ़क़ीर कहो...

(अपनी साठवीं वर्षगाँठ पर मित्रों के बीच आगरे में दिया गया वक्तव्य)

दोस्तो,

आखिर यह दुर्घटना मेरे साथ हो ही गई। सुखद संयोग आप हमेशा अपने लिए चुनते हैं...शायद लॉटरी मेरे ही नाम निकल आए। दुर्घटनाएँ हमेशा दूसरों के साथ घटित होती हैं। क्या दिल्ली में लाखों घर छोड़कर बम सीधे मेरे यहाँ ही गिरेगा? हजारों गाड़ियों में क्या टक्कर के लिए मेरी ही गाड़ी चुनी जाएगी? जब दूसरे लोग साठ के हुआ करते थे, उनके आयोजन और समारोह होते थे तो हमें खासी चिढ़ छूटती थी—सारा दृश्य बड़ा हास्यास्पद लगता था। एक उल्लू का पट्ठा गुड्डे की तरह सजा-सजाया मंच पर बैठा आत्ममुग्ध भाव से मुस्कुरा रहा है। लोग मालाएँ पहना रहे हैं या उसमें उन महानताओं के अनुसन्धान कर रहे हैं जो या तो हैं ही नहीं या मंच से उतरते ही उसकी सबसे बड़ी दुर्बलताएँ हो जाएँगी...उन्हीं पर वे झुँझलाएँगे और खिझलाएँगे...क्या मेरे साथ भी यही होने जा रहा है?

कुछ खतरनाक बीमारियों को हम महसूस करते हुए भी टालते हैं—अपने को बहकाए रखते हैं कि नहीं, यह वह बीमारी नहीं, कुछ यों ही सा है, और अपने-आप ठीक हो जाएगा। जहाँ तक हो सके, डॉक्टर का मुँह देखना स्थगित करो, कहीं अपने भीतर धुएँ जैसे फैले डर की वह कमबख्त तसदीक न कर दे...इस तरह के आयोजन, उम्र के साठ साल पार कर आने की सच्चाई की तसदीक करते हैं—बुढ़ापे पर ठप्पा लगा देते हैं—अब कहाँ बचकर जाओगे बच्चू...? मगर मैं क्या करूँ, मुझे भीतर से अहसास ही नहीं होता कि मैं 'पकड़' लिया गया हूँ या उम्र के चंगुल में आ गया हूँ। किसी ने अस्सी साल की बुढ़िया से पूछा कि "अम्मा, अब तुम्हारी उम्र हो गई है। बताओ, तुम्हें कैसा लगता है? क्या ऐसा महसूस करती हो कि सब कुछ खत्म हो गया है?" ईमानदारी से उसने बताया, "मैं अभी से कैसे

बता सकती हूँ? अभी तो मैं कुल अस्सी की हुई हूँ।'' मेरे भीतर अभी कुछ भी तो नहीं मरा...वही हसरतें, वही अरमान। वही कुछ कर गुजरने के बलबले...कितनी क्रूर है यह सद्भावना जो सब कुछ को समाप्त कर देने की मानसिक मजबूरी पैदा करती है...

पता नहीं क्यों, अपने नगर में इस उत्सवी आयोजन में बैठकर मुझे राजकपूर की फिल्म 'मेरा नाम जोकर' का अन्तिम दृश्य याद आ रहा है, जहाँ सामने सारे अन्तरंग, अपने, आत्मीय और वे सब बैठे हैं जिन्होंने उसकी ज़िन्दगी को ढाला है। मंच पर खड़े होकर शायद वह सबसे बच्चन के शब्दों में यही कह रहा है, ''हूँ जैसा तुमने कर डाला,'' मगर 'जोकरत्व' के पीछे छिपी है असफलता और हताशाओं की भयंकर ट्रेजडी...मैं अपनी स्थिति उतनी ट्रैजिक तो नहीं पाता, मगर ओढ़े हुए 'व्यक्तित्व' का अहसास तो बना ही है। शायद मैं वह नहीं हूँ जो दिखाई देता हूँ। क्या हूँ, मैं खुद भी नहीं जानता। बस, यही एक भावना शिद्दत से छटपटाती है कि अभी ये सारे जामे-लबादे उतारकर बहुरूपिए की तरह अपनी असलियत को धमाके से प्रकट कर डालूँ...मगर कौन सी असलियत? इसी सम्भ्रम में सिर्फ गालिब की तरह यही कहने को मन करता है कि ''बनाकर फकीरों का हम भेस गालिब, तमाशाए-अहले-करम देखते हैं...'' कचोट भी होती है कि जो इस फकीरी भेस तक ही रह जाते हैं, क्या उन्हें पता है कि भीतर कौन सा ऐयार बैठा है?

यह बहुरूपिए का विभिन्न रूपों में कैद हो जाना है या अपने आपका अतिक्रमण...?

बाहरी रूप आदमी की आड़ है या विस्तार?

हममें से अधिकांश अपने कीमती कागजों की मूल प्रति कहीं तिजोरियों-लॉकरों या अलमारियों में बन्द रखते हैं और अपने साथ लिए फिरते हैं प्रतिलिपियाँ। कल को नष्ट हो जाएँ या खो जाएँ तो मूल प्रति बची रहे। क्या सारे बहुरूपिए अपने 'मूल चेहरे' को कहीं सुरक्षित जगहों पर छोड़ आते हैं, और सिर्फ मुखौटों के सहारे ही ज़िन्दगी काट देते हैं? एक विशेष मेकअप में रहनेवाली सुन्दरी जब लोगों को अपने रूप पर मुग्ध होते देखती है तो कहीं यह आशंका भी उसको लगातार कचोटती ही होगी कि किन्हीं आत्मीय क्षणों में इनमें से किसी ने 'असली रूप' को देख लिया तो? क्या गुजरेगी उस पर...? और वह आत्मीय क्षण हमेशा स्थगित होता रहता है, अभिनन्दन और प्रशंसाएँ बटोरता 'मेकअप' ही हम सबके लिए असली

व्यक्ति बन जाता है।

बहरहाल जो कुछ मैं हूँ, वह प्रतिलिपि हो, मेकअप हो, मुखौटा हो या सचमुच अपना विस्तार हो...आप सबका दिया हुआ है। मैं अपनी आन्तरिक ईमानदारी से स्वीकार करता हूँ कि जो कुछ मेरे भीतर अच्छा, प्यारा या जीवन्त है, वह सब कुछ मित्रों, आत्मीयों और मेरे अन्तरंगों ने दिया है, और जो कुछ गलत, खराब या अरुचिकर है—वह सब मेरी अपनी कमाई है। चाहें तो इसे आत्मस्वीकृति कह लें कि मैं तहेदिल से आप सभी का बहुत कृतज्ञ हूँ और यह कृतज्ञता ही मेरा बल है। लोग शिकायतें करते हैं कि ज़िन्दगी में उन्हें कटुता, विश्वासघात, अपमान और गलतफहमियाँ ही मिली हैं। लोगों ने उनके साथ न्याय नहीं किया। यह बात नहीं कि यह सब मेरे साथ नहीं हुआ—मगर मित्रों ने जितना सम्मान, प्यार और अपनापन दिया है—वही सब बार-बार उफन-उफनकर आता है। हम जो कुछ भी दूसरों को देते हैं, या तो अपने-आपको उससे वंचित करके देते हैं या किसी और का हिस्सा देते हैं। कभी-कभी सचमुच यह सोचकर अभिभूत हो उठता हूँ कि अपने को कितना स्थगित और वंचित करके मित्रों ने मेरे अस्तित्व और व्यक्तित्व को अपना खून दिया है! इस तरह हमेशा दूसरों से यों लेते रहना भीतर कहीं अपराध-बोध भी पैदा करता है। मैं तो शायद बदले में एक प्रतिशत भी नहीं दे पाता। अगर आप सब लोगों के हाथों का सहारा न होता तो मैं भी शायद ज़िन्दगी के न जाने किन गुमनाम अन्धे कुओं में ही शेष हो गया होता।

मेरी सारी ज़िन्दगी इन अन्धे कुओं से बाहर आने की प्रक्रिया रही है। अगर कोई मुझसे पूछे कि क्या मेरी ज़िन्दगी का कोई एक सूत्र रहा है, तो शायद मेरा ध्यान इसी प्रक्रिया की तरफ जाएगा। अपने शरीर, भूगोल, मन और बुद्धि की सीमाओं के पार जाने की कोशिश...उन्हें अतिक्रमित कर सकने का प्रयास...जो कुछ मुझे दिया गया है, या मिला है, उससे ऊपर उठने के उपक्रम को ही आप मेरा विकास भी कह सकते हैं। वह मैंने अनुभवों के माध्यम से किया है, सम्बन्धों के माध्यम से किया है और शायद किया है स्वाध्याय के माध्यम से...अगर मैं अपनी जीवनी लिखने बैठूँ तो निश्चय ही वह भी इन्हीं अतिक्रमण-प्रयासों की सफल-असफल गाथा होगी। स्मृतियों में रहना, स्वप्नों में जीना मुझे बेहद प्रिय है—वह न होता तो लेखक बन सकना भी संभव नहीं था। मगर न कभी अतीत मेरे लिए इतना बड़ा बोझ बना कि चलना मुश्किल हो, न भविष्य इतना हावी

रहा कि हर सम्बन्ध और व्यक्ति को सीढ़ी बनाकर उस भविष्य तक उठ जाऊँ...अतीत और भविष्य दोनों मेरे सन्दर्भ रहे हैं, वर्तमान को पीसनेवाले चक्की के पाट नहीं। एक मेरे घर के पीछे का किचिन-गार्डन है तो दूसरा सामने का लॉन, जिसके पार सड़कों और मैदानों का खुला विस्तार है। यही कारण है कि मुझे भविष्य से, आनेवाली असुरक्षा से कभी रत्ती-भर भय नहीं लगा। मैंने कभी नहीं सोचा कि आगे क्या होगा। मेरे पास न कभी बैंक-बैलेंस रहा, न बीमा, न भविष्य-निधि, न पेंशन। इस बारे में कभी चिन्ता भी नहीं रही। भरोसा रहा तो मित्रों पर और कहीं-न-कहीं से कुछ हो जाएगा का विश्वास। और इसी बूते पर हर उम्र में ज़िन्दगी का जुआ खेलता रहा...नवीनतम जुआ चार वर्ष पहले *हंस* निकालने का था...हाँ, साथियों को देखकर इधर कुछ डर लगने लगा है। आगे उम्र के जिस दौर में प्रवेश कर रहा हूँ, वहाँ कुछ भी हो सकता है। अपने डेढ़-दो हजार के बैंक-बैलेंस से कैसे उसका सामना करूँगा? कहीं कुछ गहरे विश्वास चटखने लगे हैं और कोशिश में हूँ कि इतना तो कुछ कर ही लूँ कि बढ़ती महँगाई के बावजूद साल-दो साल निकाले जा सकें...भावनात्मक स्तर पर परोपजीवी हर कलाकार होता है लेकिन शारीरिक रूप से परोपजीवी होना अब डराता है...पहले यह चुनौती थी। मेरी ज़िन्दगी भौतिक और आर्थिक रूप से निरन्तर घाटे और मानसिक-भावनात्मक रूप से समृद्ध होते जाने का इतिहास रही है। लोगों को विश्वास नहीं होता कि अमूर्त सन्तोषों और निराकार उपलब्धियों के लिए मैं मूर्त और ठोस चीजों को यों छोड़ता चला गया हूँ। दूसरा मुझसे अगर ऐसा कुछ कहता तो शायद मैं भी यकीन नहीं करता—मगर औरों के अविश्वास और अपने विश्वास की द्वन्द्वात्मकता में मैंने साठ साल निकाल ही दिए...अब तो यह सुनकर असफलता-बोध भी नहीं होता कि "ऐसा हो ही नहीं सकता कि आपने अब तक कुछ बनाया ही न हो..."

अपने को न मैं कंजूस मानता हूँ, न शाहखर्च...फिजूलखर्च तो बिल्कुल भी नहीं। खाने की थोड़ी भी चीज फेंकना या बेकार करना बहुत बड़ा अपराध लगता है और बाजार में दो-चार रुपए के कोल्ड ड्रिंक के लिए होटल में बीस-तीस रुपए देना बहुत-बहुत अखरता है, फिर यह चाहे अपनी जेब से हो या दूसरे की...यात्राएँ करने का मुझे शौक हमेशा रहा है, मगर अपने पैसे से सैकिंड या पहले थर्ड-क्लास में होती थीं, अब ए.सी. या विमान में—संस्थाओं की ओर से। सक्रिय ज़िन्दगी के चालीस-पैंतालीस साल बसों, ट्रामों, रिक्शों में निकालने के बाद कार रखना मुझे अपना शौक या रौब

नहीं, जरूरत और मजबूरी भी लगती है—खास तौर पर दिल्ली जैसी जगह में जहाँ दूरियाँ लम्बी और स्कूटर मनमौजी हों...हाँ, पहले उस प्रक्रिया में कहानियाँ या विचार मिलते थे, अब सिर्फ दूरियाँ तय होती हैं।

अपने को सीमित खर्चों में ही समेटकर रखने के पीछे भी एक विश्वास और एक भय है, शायद लिखने के प्रारम्भिक दिनों में ही मन में यह बात घर कर गई थी कि लेखक को स्वतन्त्र होना चाहिए—कोई भी समझौता उसे ईमानदार नहीं रहने देता। इसके लिए जरूरी है कि लेखक आत्मनिर्भर हो—लेखन से अलग ऐसी महत्त्वाकांक्षाएँ न पाली जाएँ जो या तो लेखन के साथ सौदा करने के लिए मजबूर करें या फिर चालाकी और झूठ की ज़िन्दगी में धकेल दें...इस लेखकीय स्वाधीनता के लिए बहुत कुछ छोड़ना होगा। अपने आसपास लेखकों के किस्से सुनता था, कथनी और करनी के अन्तर देखता था और अपने आपसे डर जाता था। मेरे साथ तो टूट जाने, समझौते करने के बहुत कारण थे, कैसे बनाए रखूँगा मैं इस लेखकीय स्वाधीनता की गरिमा को? और इसी द्वन्द्व में भीतर अपने-आप कुछ निर्णय होने लगे। लेखन के साथ मेरा रिश्ता निहायत व्यक्तिगत और आत्मीय है और वह वहीं तक रहेगा। हर क्षण यह दिखाते रहना कि आप लेखक हैं, बाकी लोगों के साथ व्यवहार में एक तनाव और दूरी बनाए रखेगा। हर सम्बन्ध में आप एक विशेष व्यवहार की अपेक्षा करेंगे और जगह-बेजगह लेखक होने को भुनाएँगे...लेखक के प्रति विशेष सम्मान, लिहाज, या सावधान दया, कहीं भी व्यवहार को स्वाभाविक नहीं रहने देगी। आप लेखक हैं और रहेंगे, मगर हमेशा ऐसा दिखाई देते रहना क्यों जरूरी हो? लेखक आप सिर्फ अपनी मेज पर या अकेले कमरे में होंगे—बाकी समय एक साधारण आदमी हैं—लोगों में घुलता-मिलता, हँसता-बोलता...इसी लेखकीय द्वन्द्व में मैंने सन् 1950 से पहले एक कहानी लिखी थी 'देवताओं की मूर्तियाँ'। इसी नाम से संग्रह भी आया। कहानी इस धारणा के खिलाफ थी कि लेखक अपने-आपको देवता की मूर्ति की तरह 'बाकी सबसे अलग और महान' बनाकर प्रस्तुत करे...अपने व्यक्तित्व के साथ मेरा सारा संघर्ष यही बना रहा कि सामाजिक-पारिवारिक रूप से मुझे एक सामान्य और साधारण व्यक्ति होना है, लेखन मेरा निजी मामला है। अन्तरंग कक्षों और नेपथ्य में चलनेवाला व्यक्तिगत कार्य-व्यापार...आज जब अक्सर लोग कहते हैं कि मैं अपने व्यवहार या बातचीत में कहीं भी लेखक नहीं लगता तो अपने प्रयास की सफलता पर सन्तोष होता है। मगर हमेशा ही यह स्थिति

इतनी आसान नहीं थी। बाहरी प्रभावों और दबावों से कहीं अपने भीतर के बहुमूल्य को सुरक्षित रखने का गर्व, एक अजीब बहुरूपियापन देता है। लगता है, आप वह नहीं हैं जो दिखाई दे रहे हैं। आप वेश बदलकर लोगों में घुलते-मिलते एक जासूस हैं। 'मैं कैसी आसानी से लोगों को बेवकूफ बना रहा हूँ कि वे मुझे अपने में से ही एक समझ रहे हैं'—यह अहसास भीतर से एक अजीब रोमांच और पुलक से भरे रखता है...और सहसा ही आप किसी विचित्र नाटक के पात्र, सूत्रधार और दर्शक में बदल जाते हैं। लेकिन यहीं सबसे बड़ा अन्तर्विरोध है। सफलतापूर्वक लोगों की निगाहों से अपने-आपको छुपाए और बचाए रखने का सुख और भीतर से उठती कसमसाहट कि 'क्या अब असलियत प्रकट कर दी जाए?' ट्रेजडी और द्वन्द्व यही है—सामान्य होने और दीखने की आकांक्षा और सिर्फ सामान्य के धरातल पर लिए जाने का प्रतिरोध—जैसे एक राजा भिखारी के वेश में लोगों को धोखा भी दिए रखना चाहे और जब लोग उसके साथ सिर्फ भिखारी की तरह व्यवहार करें तो उन्हें जताना भी चाहे कि वह क्या है। मगर मैं राजा कहाँ, सिर्फ राजेन्द्र हूँ।

है न नाटकीय स्थिति? इसी पर मैंने अनेक कहानियाँ लिखीं और बाद में टॉमस मान की अद्भुत कहानी पढ़ी, 'टोनिया क्रोगर।' आदमी और लेखक होने का तनाव और इस यातना से गुजरता द्रष्टा। कोई पूछता है कि "क्या समय आ गया है कि सब कुछ उद्घाटित कर दिया जाए?" सब कुछ स्वीकार या कनफैस करने का यह भीतरी दबाव जब अक्सर एक सवाल के रूप में सिर उठाता है कि "क्या कनफैस करना है? अपने किए सही या गलत में से किसे सार्वजनिक रूप से स्वीकार करना है?"—लेकिन बहुत ईमानदारी से पाता हूँ कि 'किनके साथ कहाँ मैंने गलत किया है,' की सूची के अलावा मेरे पास कुछ भी स्वीकार करने को नहीं है। मैं स्वीकार करता हूँ कि अपने भीतर चलते इस द्वन्द्व, संघर्ष और नाटकीयताओं ने ही मुझे इतना बाँधे रखा है कि मैं अपने लिए स्वयं अपना केन्द्र बना रहा हूँ। इस आत्म-केन्द्रिकता ने न मुझे अच्छा पति रहने दिया है, न पिता, न प्रेमी...सिर्फ मैं दोस्त ही अच्छा हूँ। क्योंकि दोस्ती किस्तों में निभाई जानेवाली जिम्मेदारी है—चौबीस घंटों या पूरी ज़िन्दगी की नहीं। पूरी ज़िन्दगी तो मैंने कहीं और दे रखी है। वहाँ पता नहीं उसका कुछ बना है या नहीं।

जो मेरे बहुत निकट हैं, वे मुझे बहुत बन्द व्यक्ति समझते हैं—अधिकांश की राय है कि मैं बहुत ही खुला और उन्मुक्त हूँ। मैं सिर्फ इतना जानता

हूँ कि मैं मुगालतों में नहीं रहता। हमेशा बहुत कीमती और बहुमूल्य को छिपाने के लिए ही आप चौकन्ने नहीं होते, अपनी दरिद्रता और दयनीयता को लेकर भी आप चौकस होते हैं...

हो सकता है, मेरा सारा लेखन और सारी ज़िन्दगी एक मीडियाकार की जीवनी ही बनकर रह गई हो, मगर मेरे माध्यम से कुछ महान और विशिष्ट हो रहा है—इस मुग़ालते के बिना एक क्लर्क तक नहीं जी सकता तो मैं फिर भी लेखक हूँ...हालाँकि यह भी जानता हूँ कि मुझ जैसे लेखक हर भाषा में दर्जनों भरे पड़े हैं...इस अन्धविश्वास के मारे कि पता नहीं इतिहास कब कहाँ से उठाकर कहाँ रख दे।

मगर इतिहास जिन रास्तों से उठाकर आज किसी को शीर्ष पर रखता है, उनमें से अधिकांश को मैंने खुद ही तो बन्द कर रखा है। लेखन बेहद नाजुक, स्वतन्त्र और पवित्र फूल की तरह है और उसे हर प्रदूषण या गर्म हवा से बचाकर रखना है, इस कुंठा ने मुझे कहाँ कुछ भी करने दिया? मैं खुशामदें और नौकरियाँ कर सकता था, सम्मान और पुरस्कार ले सकता था, समझौते और सौदे कर सकता था। कुछ हिस्से को किराए पर किए जानेवाले काम की तरह करके मकान, फ्लैट और दुनिया-भर की चीजें जमा कर सकता था—आखिर मेरे पास डिग्रियाँ भी थीं और सम्पर्क भी, सूझ-बूझ भी थी और कुछ उपलब्धियों का सम्मान भी। ऐसा तो नहीं है कि मुझे कुछ चाहिए नहीं था। आखिर साथियों और सहयोगियों ने किया ही है—सत्ता के आसपास घूमकर लेखकीय प्रतिष्ठा को भूलकर या भुलाकर! मगर अपनी इस कुंठा का क्या करूँ, जो हर बार हाथ पकड़ लेती है कि जो पूरे सम्मान से और अपनी शर्तों पर मिलेगा, वही लेना है, झूठ, धोखे, खुशामद और तिकड़म से सारी जुगाड़ करना और फिर मंच पर लेखकीय गौरव का गुणगान करना मुझे ऐसा फरेब लगता है जिसके खिलाफ मैं ही क्या, हर लेखक लड़ता रहा है। रग-रग में फैले कैंसर की तरह यही हेकड़ी लेखन और जबान में फूट पड़ती है कि हर समझौता, लेखन की धार को कुंठित करता है। जब आपको कुछ चाहिए ही नहीं, तो फिर खुलकर वही क्यों न किया या लिखा जाए जो आप महसूस करते हैं। आखिर हम नहीं कहेंगे तो कौन कहेगा—पता नहीं जब सचमुच इम्तहान का मौका आएगा तो यह हेकड़ी कितनी रहेगी, मगर इमरजेंसी के आतंक से लेकर हर प्रलोभन को इसने बर्दाश्त किया है, इसका गवाह सिर्फ मैं हूँ। शायद मन्नू भी। और मैं इस बात का भी गवाह हूँ कि इस सबको न मैंने त्याग, बलिदान, उत्सर्ग

का नाम देकर महिमान्वित किया, न माथे पर मोर मुकुट की तरह सजाकर कीमत वसूली...हाँ, अपने चुनाव का परिणाम कहकर अपने लिए सन्तोष जरूर निचोड़ता रहा...

चुनाव के साथ-साथ अक्सर जिन दूसरी बातों पर बार-बार सोचने को मन करता है, वह है लेखकीय मर्यादा, साधना, मुआवजा। सचमुच इन शब्दों का कुछ मूल्य भी है या परम्परा और संस्कार से मिले ये ऐसे कुछ शब्द हैं जिन्हें हम ढो रहे हैं? हमारे अस्तित्व की शर्त है शब्द और आज शब्द अवमूल्यन की जिन तलहटियों में जाकर खो गया है—वहाँ से निकालने की सामर्थ्य और निष्ठा किसमें है? लेखन और उससे जुड़े इन महिमामय शब्दजाल से चिपके रहना कहीं सिर्फ एक अन्धविश्वास ही तो नहीं है? वह सचमुच कितना भयानक मानसिक प्रलय का क्षण होगा जब इस सबसे विश्वास अन्तिम रूप से टूट जाएगा! आखिर यह शंका तो होती ही है कि जब पुस्तक या शब्द-मात्र अपने अस्तित्व की हारी हुई लड़ाई लड़ रहे हैं तो उनसे चिपके आप कहाँ हैं, क्या कुछ बदला है आपने इन चालीस-पैंतालीस वर्षों में? उपलब्धियों के कौन से सूत्र और कौन से कीर्ति-शिखर छोड़ जाएँगे आप? 'देवताओं की मूर्तियाँ' से लेकर 'वहाँ तक पहुँचने की दौड़' कहीं अपनी ही पूँछ पकड़कर चकरघिन्नी खाते कुत्ते का उन्माद भर तो नहीं है? परिवार, प्रियजनों, आत्मीयों को झूठे देवता की बलि चढ़ाकर खुद एक व्यर्थता-बोध में जीते चले जाना, ज़िन्दगी को कौन सा अर्थ देना है? आज जो प्रतिष्ठा या यश है, वह इसीलिए नहीं कि मैंने बहुत कुछ किया है, बल्कि सिर्फ इसलिए है कि मैं मृत्यु को इतने दिन चरका देते रहने में सफल हो गया हूँ। हमारे यहाँ सम्मान या तो मृत्यु को मिलता है या उम्र को। या फिर पद को जहाँ से आप किसी का नुकसान न कर सकें। जो न किसी को लाभ पहुँचाने की हैसियत में हो, न नुकसान, उसे तो संघर्ष की लम्बी राह से गुजरना पड़ता है। समय को ही अन्तिम निर्णायक मानने का सन्तोष जीते हुए...तब क्या 'पद' ही है आपकी प्रतिष्ठा का मूल्यांकन?

और क्या यह सारी ज़िन्दगी यों ही व्यर्थ गई? यह मेरी व्यक्तिगत अर्थहीनता है या एक विशेष समय में होने की नियति जहाँ कुछ भी सार्थक नहीं रह गया है? मुझे अक्सर चेखव के नाटक 'तीन बहनें' की याद आती है। इस व्यर्थता-बोध की मारी इरीनी अवसाद के क्षणों में कहती है, ''काश, जो कुछ हमने जिया है, वह सिर्फ ज़िन्दगी का रफ ड्राफ्ट होता और इसे

फेयर करने का एक अवसर हमें और मिलता!'' सुनते हैं इस पर एक जर्मन या फ्रेंच नाटककार ने एक नाटक लिखा है। इसी वाक्य से प्रेरित एक साहब इस रफ-ड्राफ्ट को फेयर करने बैठे हैं और ज़िन्दगी की एक-एक निर्णायक घटना को उठाकर जाँच-परख रहे हैं कि अगर फिर से वह क्षण आए तो वे क्या करेंगे? हर घटना को सामने रखते हैं, उसका विश्लेषण करते हैं और हर बार अपने-आपसे पूछते हैं कि अगर मैं उस समय यह न करता तो आखिर क्या करता? उस स्थिति में दूसरा क्या निर्णय लिया जा सकता था? मित्रो, प्रेमिका या जीवन के एक विशेष ढर्रे से लेकर हर जगह वे पाते हैं कि उस समय जो निर्णय उन्होंने लिए हैं; सिर्फ वही लिये जा सकते थे। जो कुछ उन्होंने किया, उसके सिवा और कुछ कर हो नहीं सकते थे। रफ हो या फेयर, उनकी ज़िन्दगी वही होती, जो है...

व्यर्थ हो या सार्थक, मैं भी वही हो सकता था जो हूँ...जो कुछ मिला था, अपने भरसक मैंने उसका सर्वश्रेष्ठ उपयोग ही किया है, न शायद इससे ज्यादा सामर्थ्य थी, न प्रतिभा...एक भ्रम और आशा आज भी पाले हुए हूँ कि कभी अपने मन की अनुकूल स्थितियाँ हुईं तो शायद वह कुछ कर सकूँ जो करना चाहता हूँ—अब तक के अपने किए से अलग और श्रेष्ठ...शायद अद्‌भुत अभी मैंने कुछ भी किया ही कहाँ है? अभी असली व्यक्ति कहाँ आया है...अभी तो उसकी प्रतिलिपि भर ही आपके सामने है...

बहरहाल, जो भी कुछ है, वह यही है...अव्यवस्थित, त्रिशृंखलित...
''मेरे वरण वरण विशृंखल; मेरे चरण चरण भरमाए...''

अपने बुजुर्ग कवि नजीर अकबराबादी के शब्दों में कुछ जोड़कर कहूँ तो ''हक़ीर कहो, फ़क़ीर कहो...आगरे का हूँ...''

(31 अक्टूबर, 1989)

अन्त से शुरू

जो दुर्घटनाओं में भी बचा रहता है अर्थात् संकल्प

कानपुर के मित्रों ने गिरिराज के सम्मान का आयोजन किया था। साहित्यिक बातें नहीं होंगी, केवल व्यक्तित्व पर ही केन्द्रित रहेंगे। प्रियंवद के बहुत आग्रह के बाद तय हुआ कि 'राजधानी' से जाऊँगा, अगले दिन रहूँगा और सोमवार को शताब्दी से लौट आऊँगा। मुझे भी लगा, मेरे बिना गिरिराज का आयोजन नहीं होगा। केवल मैं और नरेशचन्द्र चतुर्वेदी थे। इधर जे.पी. दास ने उड़ीसा भवन में फकीर मोहन सेनापति के शताब्दी-वर्ष की आयोजन-समिति में मुझे डाल दिया था, सो वहाँ जाना था। भयानक सर्दी थी। गए। वहाँ से 'अक्षर' और फिर वहाँ से स्टेशन। चन्दर लिपट लिया था; स्टेशन तक गया, मगर प्लेटफॉर्म के टिकट में ही उलझा रहा। ट्रेन चली। साथ में कोई जैन मारवाड़ी थे, जिनकी चाँदनी चौक में कचौड़ी-भुजिया की दुकान है। वे लोग लेते रहे और मैंने अपनी दो घूँट ली। सहयात्रियों का औपचारिक आत्मीय परिचय...खाना हो चुका था। घड़ी देखी, दस बजनेवाले थे और सवा दस तक कानपुर आनेवाला था। सोचा, ठीक दस बजे सामान लेकर बाहर की तरफ चलूँगा। शायद पाँच मिनट थे। तभी बड़ी जोर से धमाका हुआ और बुरी तरह डगमगाता हुआ डिब्बा जैसे धरती पर घिसटने लगा। पहले एक ओर झुका, फिर दूसरी ओर टेढ़ा होकर टिक गया। रोशनी गायब। चीख-पुकार, चीजों का गिरना, बुरी तरह झकझोरा जाना। की होलो, की होलो—की आवाजें...समझ में नहीं आया, क्या हो रहा है! एक्सीडेंट हुआ था—यह तो साफ था, मगर ट्रेन टकराई है, बम फूटा है, कुछ नहीं पता। रोशनी करो, रोशनी करो का शोर...टॉर्च लाओ, माचिस

जलाओ...उस क्षण शायद एक वाक्य मन में गूँजा था, 'सो दिस इज द एंड'—अब अँधेरा था और चारों ओर रोते-चिल्लाते लोग थे। मैंने सीट के नीचे के सामान को देखा—अटैची ठीक थी, किताबों का पैकेट नहीं था और ऊपर लटका थैला मेरे ऊपर और झुक गया था। किसका क्या हुआ, दिखाई नहीं दे रहा था। सिर्फ इतना ध्यान था कि कोई बहुत बड़ा हादसा था, जो गुज़र गया। अब कुछ नहीं हो सकता—का एक निश्चिन्त भाव था और मैं चुपचाप बैठा रहा। सामने की कुर्सीवाली जेब में हाथ डाला, तम्बाकू और पाइप गायब थे। सुबह तक तो यहीं बैठना था, अब क्या करें...?

कभी इधर टॉर्च और कभी उधर माचिस जल रही थी और लोग बाहर भाग रहे थे। कोई सामान ढूँढ़ रहा था और कोई भगवान का जाप कर रहा था। कोई रोक रहा था, बाहर मत जाइए। मैं भी अँधेरे में समझा रहा था, ''बाहर मत जाइए। अँधेरा है और पता नहीं, डिब्बे की पोजीशन क्या है। उतरने पर गड्ढा मिलेगा या रोड़ियाँ। हो सकता है, इधर-उधर से गाँववाले लूटने चले आएँ। हो सकता है, जिन लोगों ने एक्सीडेंट कराया है, वे ही आ जाएँ...बाहर अँधेरा और ठंड है, दस बजे हैं, कहाँ रात-भर पड़े रहेंगे। अब जो होगा, सुबह ही होगा। पता नहीं, 'रैस्क्यू टीम' कब आएगी। बहुत बच गए, दूसरे डिब्बों का क्या हाल होगा। एक साहब का ब्रीफकेस कहीं उछल गया था और वे काफी जोर-जोर से बोलते हुए लोगों को निर्देश दे रहे थे, टॉर्च की माँग कर रहे थे। मैं दो सीटोंवाली लाइन में था—सीट नम्बर 16। दूसरी तरफ तीन सीटों की लाइन झुककर एक दूसरे पर चढ़ गई थी और पीछे किसी का पाँव दब गया था और वह लगातार चीख रहा था कि कुर्सियाँ उठाइए—मेरा पैर टूट गया है। लोग अपना-अपना सामान निकालने के लिए कुर्सियाँ उठाने को जोर लगा रहे थे, मगर वे थीं कि टस से मस नहीं हो रही थीं। कुछ लोग पता नहीं, कहाँ बाहर चले गए थे, उनमें से कुछ वापस आते और स्थिति बताते। आसपास कोई स्टेशन नहीं है। बिल्कुल इसके बगल में कोई और डिब्बा खड़ा है और वहाँ भी वही दृश्य है। मैं वहीं बैठे-बैठे समझा रहा था कि बाहर जाने या इस तरह घबराने से क्या होगा। कुछ लोगों ने अपने ब्रीफकेसों के प्रहारों से दो खिड़कियाँ तोड़ डाली थीं कि हवा आती रहे...पैर दबा आदमी लगातार चिल्लाए जा रहा था। कभी कोई टॉर्च जलती थी, कभी माचिस...मैं कई बार हाथ नीचे घुमाकर देख चुका था, अटैची थी, मगर किताबों का पैकेट नहीं था, सुबह देखेंगे। जब भी कोई टॉर्च से अपनी चीजें देखने आता, मैं बंडल की बात

पूछता और बाहर खिड़की से झाँककर स्थिति का पता लगाने की कोशिश करता...

शायद मृत्यु के किनारे से लौटने का यह चौथा अनुभव था। पहली बार टाटा नगर में गोली लगी थी, कमलाकान्त द्विवेदी के साथ। दूसरी बार शर्माजी के पास एज़ल जाते हुए हवाई जहाज के अनियन्त्रित हो जाने पर और तीसरी बार गोपाल के साथ प्रगति मैदान के सामने अपनी फिएट के ब्रेक फेल हो जाने पर...कैसा लग रहा है, मैं अपने-आप से पूछ रहा था। हाँ, मुझे कोई घबराहट या नर्वसनेस नहीं हो रही। सिर्फ प्रतीक्षा कर रहा हूँ कि यहाँ से आगे क्या है? सुबह रोशनी में स्टाक-टेकिंग होगी। पता नहीं, कहाँ हैं और कैसे जाएँगे...इस बीच काफी लोग बाहर निकल गए थे। खिड़की के पास बहुत दूर दो बत्तियाँ चमक रही थीं। शायद कोई ट्रक या ट्रैक्टर जैसा आया है। एक धुँधली-सी रोशनी हिलती हुई पास आ रही थी, शायद टॉर्च है। वे दोनों रोशनियाँ पीछे स्थिर खड़ी थीं, उनके पीछे काफी रोशनी थी। लगता था, कोई फैक्टरी है या स्टेशन...खासी देर बाद वह रोशनी आई, कोई नीचे से गुजरा। हमारे डिब्बे में से पूछा गया, 'कौन है?' किसी ने कहा—बिना पूछे किसी को मत आने दीजिए। उधर से बताया—पुलिसवाला है। ऊपर आया। उसके पास बड़ी टॉर्च थी। चारों तरफ घुमाई। सब लोग फिर अपना-अपना सामान देखने लगे। फिर वह चला गया। कोई प्रार्थना जैसी कर रहा था। कानपुर या पीछे खबर हो गई होगी। मेरी तरफ की खिड़की से कुछ भी दिखाई नहीं दे रहा था—बस, वही दो बत्तियाँ और पीछे की रोशनी। बत्तियाँ कभी बन्द हो जातीं। फिर दो बत्तियाँ और दिखीं, और घूम गईं। कोई जीप जैसी चीज थी। लोग बिछी हुई कुर्सियों को उठाने या अपना सामान तलाश करने की कोशिश कर रहे थे। यह अनुभव बाद में कभी नहीं मिलेगा, लोग विश्वास नहीं करेंगे—मन में रिकॉर्ड कर लो। मैं अपने से कह रहा था। अभी कुछ भी हो सकता था। हाथ-पाँव-सिर कुछ भी टूट सकता था, झटके से मर भी सकते थे—मुझे कुछ नहीं होगा—का आत्मविश्वास चकनाचूर हो सकता था। पता नहीं, एक सिरे से लोग कैसे आ-जा रहे थे। खिड़की के बाहर कभी दो, कभी एक टॉर्च दूर चमकने लगती थी। कोई बदनीयती से आ गया, तो मुसीबत होगी। सुना है, दुर्घटना के बाद आसपास के लोग लूट लेते हैं। कई हवाई जहाज या ट्रेन दुर्घटनाओं के बारे में देखा-सुना है। अन्दर कोई कुछ सामान कहीं से लाता और दूसरा कहता, यह मेरा है। कुर्सियों के नीचे झाँकना-टटोलना चल रहा था। बंगाली

भद्र बुढ़िया इधर से उधर चक्कर लगा रही थी। आधे लोग बाहर थे। कुछ आ-जा रहे थे। पाँव दबा आदमी बीच-बीच में कराहकर सहायता के लिए पुकारने लगता था। दो-एक लोगों ने उसकी मदद के लिए जोर लगाकर कुर्सियाँ उठाने की कोशिश की थी, मगर वे हिलीं नहीं। मुझे पाइप और पानी पीने की इच्छा हुई। इधर-उधर नीचे टटोला। एक बडा थर्मस हाथ आया। इसे हिलाकर मैं देख चुका था। लगा, अन्दर काँच टूट चुका है। इस बार पानी जैसा हिला। खोलकर दो-चार घूँट पिए। कोई साहब माँग रहे थे, उन्हें दे दिया। अब पाइप का क्या हो? याद आया, एक पाइप और तम्बाकू के थैले में रखा है। ऊपर लटका थैला उतारा। टटोलकर पाइप-तम्बाकू निकाला, दो-एक घूँट पिया। अब तो सुबह तक यहीं बैठना है। किस-किसका ध्यान आ रहा है? मन्नू, टिंकू, नगीना या...प्रभा खेतान। *हंस* का क्या होता? सुबह गिरिराज का आयोजन शोकसभा में बदल जाना... जब यह घटित हो रहा था, क्या तुम्हें भगवान का ध्यान आया था? अरे, अब तो एक घंटा निकल गया है और मुझे भगवान का ध्यान ही नहीं आ रहा? नहीं, मुझे शायद इसकी जरूरत ही नहीं है भीतर से...प्रियंवद क्या कर रहा होगा। अच्छे-खासे दिल्ली बैठे थे, चले आ रहे हैं चूतेए...ताहि न आवै ताहि पर, ताहि तहाँ लै जाए...मैं अपने-आप से मज़ाक कर रहा था। खिड़की के पास अब बहुत सी टॉर्चें हिलती हुई आ रही थीं बाहर शायद घनी झाड़ियाँ थीं। बिल्कुल सिनेमा का दृश्य था, जैसे छिपे हुए लोगों को सर्च पार्टी खोजती है। अन्दर कुछ लोगों ने फिर मिलाकर जोर लगाया और बगलवाली कुर्सियों को सीधा किया। बहुत बोलनेवाले साहब की अटैची मिल गई थी और वे चुप हो गए थे। कुछ लोग "बाहर दरवाजे पर रहो और बिना पूछे अन्दर मत आने दो...क्यों साहब, आपको मिट्टी के तेल की गन्ध आ रही है? हाँ, हाँ, आ तो रही है। यह कहाँ से है? कोई भी माचिस वगैरह मत जलाओ। आग लग सकती है। आग लग गई, तो सचमुच बड़ी मुसीबत हो जाएगी..." इस बार पाँच-छह लोग मिलकर कुर्सी उठा रहे थे और पाँव दबा आदमी पाँव खींचने की कोशिश कर रहा था। उससे पाँव नहीं खींचा जा रहा था, वह रो रहा था। दो-एक लोगों ने उसे खींचा। अब उसका रोना सुनाई नहीं दे रहा था। डिब्बे में पाँच-सात लोग ही रह गए थे। अचानक कुछ लोग आए—हम मेडिकल के लोग हैं, किसी को चोट या मदद। पाँववाले आदमी को इंजेक्शन लगा दिया गया। बाहर शायद काफी लोग जमा हो गए हैं। हमारे डिब्बे के झुकेवाले हिस्से में हथौड़ों की

चोट करके रास्ता बनाया जा रहा था। लगता है, निकलना पड़ेगा। बेकार यहाँ कोई लूटने-मारने वाला घुस आया तो बचाव भी मुश्किल होगा। कोई कह रहा था, आइए साहब, आप भी आ जाइए। रेलवे पोर्टर आ गए थे और सामान निकाल रहे थे। ठोकरों से भोजन की थालियाँ खड़खड़ा उठती थीं।

अब तय किया कि बाहर ही निकलो। देखें क्या है, यहाँ बैठे-बैठे भी क्या होगा। एक पोर्टर को बुलाकर सामान पकड़ाया और बड़ी मुश्किल से बाहर निकला। बीच का रास्ता नाली जैसा बन गया था। पाँव फिसल रहा था। जैसे-तैसे बाहर निकले। दो डिब्बों को जोड़नेवाले रास्ते से जगह बनाई गई थी—ऊबड़-खाबड़। पीछेवाला हिस्सा झुककर जमीन के पास आ गया था। लोगों ने मदद की और नीचे उतार दिया। बाहर भीड़ थी—मेले जैसी। कुछ लोग बीच में आग जलाकर उसके आसपास बैठे या खड़े थे। कहीं रेलवे इंजन आ लगा था और उसकी हेड लाइट ने सारे वातावरण में रोशनी कर दी थी। उधर खेतों के पार से लोग लगातार टॉर्चें जलाते आ रहे थे। कुछ लोग अपने सामान लेकर कहीं जा रहे थे। रेलवे पुलिस, पोर्टर, दूसरे खलासी पहुँच चुके थे, मेडिकल टीमें आ रही थीं। मैं अपना सामान आगवाले घेरे के पास रखे खड़ा था। देखते हैं, आगे क्या होगा...डेढ़-दो घंटे हो चुके थे। पास ही कोई पत्रकार कागज-पैड लेकर कुछ लोगों से सवाल कर रहा था। मैंने पूछा, तो पता लगा 'स्वतन्त्र भारत' के कोई एस।पी। सिंह हैं। मैंने अपना परिचय दिया, तो चौंक पड़ा, अरे आप...क्या इन्तजाम है? मैंने कहा, कुछ नहीं। पूछा, क्या करेंगे? मैंने कहा, जो सबका होगा, वह हमारा भी होगा। शायद सुबह ही कुछ होगा...बोला, आप यहीं रुकिए, मैं अभी कुछ करता हूँ और फिर वह चला गया। कानपुर से यह जगह 50-60 किलोमीटर पहले है—सबसे पास स्टेशन है रूरा...बाहर रोशनी में अपने डिब्बे को देखा, तो धक्का लगा। झुककर तिरछा हो गया था और सामने का हिस्सा इस तरह पिचक गया था, जैसे सिगरेट की डिबिया को मुट्ठी में दबा दिया गया हो—तो मैं इसमें था? अभी भी कुछ लोग डिब्बे में जाते थे और कुछ लोग जोर से पूछते थे, यह ब्रीफकेस किसका है? थर्मस या थैला जिसका हो, ले ले...अजीब आत्मीयता और सहायता का माहौल था... सब एक-दूसरे की मदद करना चाहते थे। काफी लोग कानपुर से आ गए थे, "देखिए, मैं यहाँ का डी।एम। हूँ, आप यहीं खड़े रहिए और ध्यान रखिए, किसी का नुकसान न हो...जो सामान ले जा रहा हो,

उसे रोककर पूछिए...'' डी.एम. सिपाहियों को आदेश दे रहा था। 'मेडिकल हेल्प, मेडिकल हेल्प...' कहते हुए कुछ लोग इधर से उधर घूम रहे थे...साला पाइप पता नहीं कहाँ चला गया, मैं भीतर से परेशान था और सोचता था, डिब्बे से निकलकर कोई आवाज लगाए,''यह पाइप किसका है?'' तभी पास की कुर्सी पर बैठे वह जैन सज्जन आए, ''आपकी तम्बाकू का पैकेट पता नहीं कैसे मेरी कोट की जेब में आ गया।'' उन्होंने पैकेट दे दिया। उछलकर तम्बाकू को भी कहाँ पहुँचना था। पूछा, दूसरी जेब में भी देख लीजिए, शायद पाइप आ गया हो! हम दोनों ही हँस पड़े और मैं सहसा चुप हो गया। लोगों को अपनी जान की पड़ी है और मैं अपना पाइप ही लिये फिर रहा हूँ! यह माहौल हँसी-मजाक का नहीं है। फिर भी पता नहीं क्यों, सब-कुछ सपने में होता हुआ और निहायत 'अनरीयल' लग रहा था...

अचानक सामने ही एक चेहरा देखकर मुँह से निकला, 'प्रियंवद!' ''अरे भाई साहब, आप? आप ठीक तो हैं न? कुछ नहीं हुआ न?'' लगा उसे सहसा विश्वास नहीं हो रहा था। सचमुच, बहुत घबराया हुआ था, ''मैं एम्बुलेंस लेकर आया हूँ, डॉक्टर है, आप चिन्ता मत कीजिए। दो-तीन गाड़ियाँ हैं...'' मैंने कहा, ''मुझे तो कुछ नहीं हुआ, मगर पूछ लो किसी और को जरूरत हो।'' वह बोला, ''अच्छा आप यहीं खड़े रहिए, मेरी भाभी भी इसी गाड़ी से आ रही थीं। मैं उन्हें देख लेता हूँ।'' फिर वह चला गया। उसके बड़े भाई, भतीजे और कुछ मित्र भी साथ थे। मैं अकेला खड़ा जायजा लेने लगा। कोई दाढ़ीवाले साहब हमारे डिब्बे के निकास के नीचे ही एक तरफ पड़े थे। कपड़े फट गए थे और शायद मर चुके थे। लोग देखते थे और बचकर आगे निकल जाते थे। कोई बता रहा था कि सी। फोर में किसी का मानसिक धक्के से ही हार्ट फेल हो गया था। आसपास के गाँववालों ने शायद बहुत मदद की थी और लकड़ियाँ ले आए थे। दो-तीन जगह अलाव जैसे जल रहे थे। जैसे ही कुछ ने सुना कि मुझे लेने कोई आ गया है, सब अनुरोध करने लगे—भाई साहब, जाकर जरा फोन कर दें, घरवाले बहुत परेशान होंगे। पासवाले जैन ने कागज पर दिल्ली, चुरू, जयपुर के फोन नम्बर दे दिए। मैंने सबसे कहा, आप कागज पर लिखकर दे दीजिए। छह-सात चिटें हो गई थीं। कुछ दिल्ली की और शेष कानपुर की...प्रियंवद फिर आया, भाभी नहीं मिल रहीं। उनकी एक चप्पल मिली है, अटैची नहीं है। सारे डिब्बे देख लिए...एक बार फिर देख आएँ,

'एनाउंसमेंट' कराएँगे। मुसाफिरों का खेतों की तरफ दलों में या अकेले जाना और उधर से आना जारी था। परिवार अपने-अपने सामान उठाए, बच्चों को लिये इधर से उधर आ-जा रहे थे। कुछ धैर्य से जमीन या अटैचियों पर बैठे थे। तभी अचानक शोर मचा, 'चोर-चोर'। पता चला, कोई किसी की अटैची लेकर भागा था—अँधेरे में। कुछ लोग भागे, पुलिसवाले भी दौड़े। आगे जाकर पकड़ लिया गया। शायद पिटाई भी हुई। फिर उसे पुलिसवाले ले गए। इंजन बुरी तरह क्षतिग्रस्त हुआ था। ड्राइवर और उसका साथी—दोनों ही बुरी तरह दब गए थे। अब सामनेवाली 'लाश' को स्ट्रेचर पर रखा जा रहा था। डॉक्टर ने टॉर्च से उसकी पलकें उठाकर देखा था। शायद जान थी। एनाउंसमेंट हो रही थी, उधर बसें आ गई हैं। थोड़ी देर में एक ट्रेन और लाई जा रही है। जो लोग बसों से कानपुर जाना चाहें, वे उधर खेतों के पार चले जाएँ। प्रियंवद और दूसरे लोग फिर आए—भाभी नहीं मिल रही थीं...हर डिब्बे की एक-एक सीट देखी है। 50-55 की महिला, अटैची लेकर कहाँ चली गईं? प्रियंवद ने आग्रह किया—भाई साहब, आप उधर गाड़ी में चलकर बैठिए, कुछ लोग अकबरपुर और रूरा के अस्पतालों में पहुँचाए गए हैं, वहाँ भी देख लेते हैं। मैं आता हूँ। और एक साहब ने मेरा झोला-अटैची उठाए। हम दो-तीन लोग अँधेरे में गाड़ियों की तरफ चल दिए।

खड़ी ट्रेन के पास पुलिस और दूसरे लोगों की जीपें, गाड़ियाँ खड़ी थीं। रास्ता या तो धूल-भरा था या मुड़े हुए खेत थे। साथवाला टॉर्च से रास्ता दिखाता चल रहा था। काफी देर चल लिए थे, मगर उनकी गाड़ियों की जगह ही नहीं आ रही थी। मेरे सामानवाला भी पता नहीं कहाँ निकल गया था। एक-डेढ़ किलोमीटर पर उनकी एम्बुलेंस खड़ी थी। सामान रखा गया, मगर एम्बुलेंस को बैक करने में पहिए ऐसी जगह फँस गए थे कि ऊपर ही घूम रहे थे। चार-छह लोगों ने धक्के भी लगाए। अब कहीं से कोई जीप या ट्रक मिले और बाँधकर आगे खींचा जाए, तभी निकल सकेगी। रास्ते-भर बीसियों गाड़ियाँ खड़ी थीं, पता नहीं इतने लोग कहाँ-कहाँ से आ गए थे। आगे कुछ कारों-जीपों में भर-भरकर जा रहे थे। अब तय हुआ कि आगे खड़ी मारुति में हम लोग चलेंगे। एक डॉ। दुबे के साथ उधर चले। काफी आगे मारुति थी। दुबे बोले, ''आपका सामान तो शायद दूसरी गाड़ी में चला गया। आप कुछ देर बैठिए। मैं एक चक्कर और लगाता हूँ। मैं मारुति में पीछे लगभग लेट गया। शीशे चढ़ा लिये। दुबे चले गए। ड्राइवर

भी कहीं और चला गया। अब रेतीले खुलाव में मैं अकेला था। लगा, ठंड काफी है। मारुति की यह कागजी छत क्या बचाव करेगी...शायद दो बजे थे। दो-एक कश लगाकर मैं तिरछा होकर लेट गया, फिर धीरे-धीरे नींद आ गई...

अजीब बनावट है, न घबराहट, न बेचैनी, न उतावलापन, न दहशत...घबराओ राजेन्द्र, तुम्हें पता नहीं, किस हादसे से गुजरकर आ रहे हो, यह तूफान सिर्फ तुम्हारी लाश छोड़ जाता—हाथ-पाँव, पसली-सिर टूट जाते तो बाकी ज़िन्दगी कैसे कटती? हाँ, जो होता, वह हो जाता। अब उसे लेकर इतनी हाय-तौबा क्यों? मर जाते, तो पता भी नहीं चलता। इस समय भी मालूम नहीं कितने लोग ज़िन्दगी और मौत से जूझ रहे होंगे, कितनों के सिर-पसलियाँ टूट चुके होंगे, कौन कहाँ भटक रहे होंगे, लोग सन्निपात में चीख-चिल्ला रहे होंगे—देखा नहीं था, जिसका पाँव कुर्सियों के बीच फँस गया था और घंटे-भर वह गुहारता रहा, 'अरे, कोई मेरा पैर निकालो, टूट गया है।' फिर जब पाँच-सात लोगों ने कुर्सी-जाल उठाया, तो वह वापस खींच नहीं पाया था, दो आदमियों ने उसका पाँव खींचा, तब जाकर उसकी कराह दूर हुई। फिर दो-तीन डॉक्टरों ने आकर उसे इंजेक्शन दिया...और वह डिब्बे के बाहर पड़ी हुई लाश...अँधेरे, कुहरे और ठंड में आड़ा-तिरछा उनींदा मैं अपने को धिक्कार रहा था, मगर भीतर कहीं कुछ नहीं था। मैं सिर्फ सोचने की कोशिश कर रहा था कि कल क्या बोलना है। कहाँ से आया है यह ठंडापन, यह भावनात्मक पठार मेरे भीतर? पिताजी क्या मरीजों को तीस साल देखते-देखते ऐसे ही हो गए थे और मुझे सौंप गए यह पथराया निर्वेद, जहाँ कुछ भी नहीं होता...न गुस्सा आता है, न प्यार...न उद्वेग मथता है, न मृत्युभय...! कठिनाई और संकट, उल्लास और विषाद—मुझे क्यों नहीं कुछ होता...?

बाईं तरफ कहीं दूर रोशनियाँ थीं और सामने एक बस खड़ी थी। अन्दर रोशनियाँ थीं। कुछ परिवार आकर बैठ गए थे, फिर कुछ और आए, तो बस चली गई। कार के चढ़े शीशों के पार आवाजें नहीं आती थीं—बस, ऐसा लगता था, जैसे किसी बहुत ही खर्चीली और भव्य फिल्म की शूटिंग हो रही है, या कोई बहुत बड़ा कारखाना बेआवाज चल रहा है...

पता नहीं कब शीशे पर खटखट हुई। डॉ। दुबे और प्रियंवद थे। कोई एक और। दरवाजा खोला, पूछा, "कुछ पता चला भाभी का?" बताया, अभी खबर मिली है कि वे घर पहुँच गई हैं। पता नहीं, किसके साथ निकल

गईं। किसी ने पुलिस कंट्रोल रूम में खबर दी है। अब चलें। ड्राइवर खोजा गया और हम लोग चल पड़े। साथ में कई गाड़ियाँ थीं—एक तो वही एम्बुलेंस थी। खेतों और उलटी-सीधी पगडंडियों, कच्ची सड़क और घुमावों से गुजरते हुए लगा, इतनी ऊबड़-खाबड़ जगह पर अँधेरे और रात में कैसे पहुँचे होंगे ये लोग? चार-पाँच किलोमीटर बाद एक रोती हुई सी सड़क थी। प्रियंवद ने बताया, यह कालपी रोड है...अब साढ़े पाँच बज चुके थे। कानपुर 50 किलोमीटर।

प्रियंवद अपने देखे-सुने को बता रहा था। बीच-बीच में 'भयानक' शब्द बोलकर चुप हो जाता था। सबसे पहले गिरिराज को फोन करने की बात कहता था क्योंकि एक्सीडेंट की खबर हो गई थी, बहुत घबरा रहे होंगे। बाद में उसने बताया कि सारी रात भगवान से प्रार्थना करता रहा था... हम सब लोग चुप थे, अपने-अपने में उतरे हुए। आसमान उजला होता जा रहा था...अचानक वह बोला, "न जाने कितने-कितने बरसों बाद सुबह देख रहा हूँ—वरना सात-आठ बजे उठकर कहाँ कभी यह सब देखने को मिलता है..." मुझे भी लगा, शायद बीसियों बरस बाद इस तरह अँधेरी रात जागकर देखी है, मैं तो भूल ही गया था कि सूरज का निकलना अब कैसा लगता है! बन्द कमरों और भागदौड़ में यह सब अब हमारी चेतना का हिस्सा भी तो नहीं रहा... अब हम सवेरी सड़कों पर प्रवेश कर रहे थे... लगभग सूरज की दिशा में...

नहीं, वह तारीख छह दिसम्बर नहीं थी, जब बड़ी साम्प्रदायिक दुर्घटना में बाबरी मस्जिद टूटी थी और प्रदेश-देश की राजधानी चकनाचूर हो गई थी। यह तारीख थी 17-18 दिसम्बर, 1993 की रात और मैं टूटी-फूटी राजधानी एक्सप्रेस से निकलकर आ रहा था...

(जनवरी, 1994)

ऐयार (इम्पोस्टर) से सावधान!

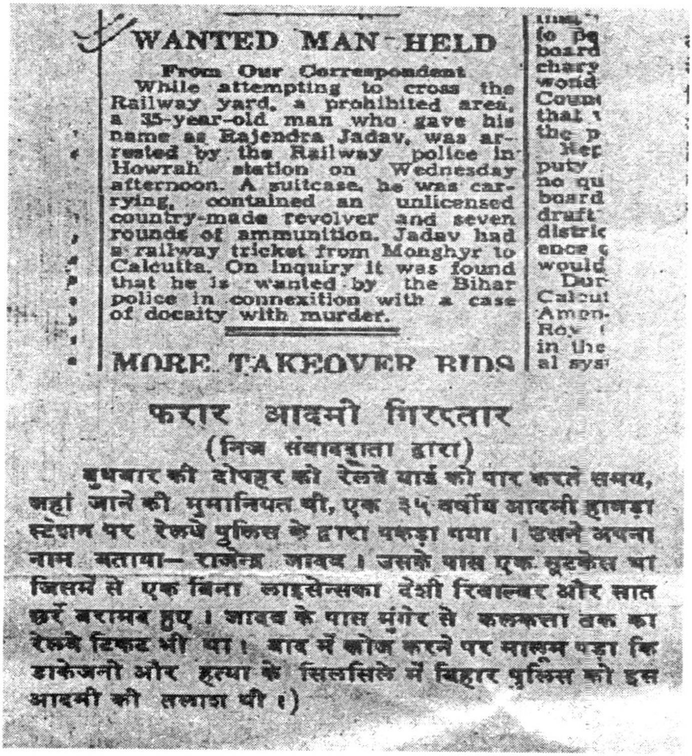

WANTED MAN HELD

From Our Correspondent

While attempting to cross the Railway yard, a prohibited area, a 35-year-old man who gave his name as Rajendra Jadav, was arrested by the Railway police in Howrah station on Wednesday afternoon. A suitcase, he was carrying, contained an unlicensed country-made revolver and seven rounds of ammunition. Jadav had a railway tricket from Monghyr to Calcutta. On inquiry it was found that he is wanted by the Bihar police in connexition with a case of docaity with murder.

MORE TAKEOVER BIDS

फरार आदमी गिरफ्तार

(निज संवाददाता द्वारा)

बुधवार की दोपहर को रेलवे यार्ड को पार करते समय, जहां जाने की मुमानियत थी, एक ३५ वर्षीय आदमी हावड़ा स्टेशन पर रेलवे पुलिस के द्वारा पकड़ा गया। उसने अपना नाम बताया– राजेन्द्र जादव। उसके पास एक सूटकेस था जिसमें से एक बिना लाइसेन्सका देशी रिवाल्वर और सात छर्रे बरामद हुए। जादव के पास मुंगेर से कलकत्ता तक का रेलवे टिकट भी था। बाद में खोज करने पर मालूम पड़ा कि डाकेजनी और हत्या के सिलसिले में बिहार पुलिस को इस आदमी की तलाश थी।)

मैंने पढ़ा तो 'धक' से रह गया (मेरी और उसकी उम्र में तीन वर्षों का अन्तर था)! तो वह आदमी पकड़ लिया गया? मन में मुक्ति की साँस ली—चलो, अब पीछा छूटा। अब मुझे ऐसा नहीं लगेगा कि कोई ऐयार मेरा नाम ओढ़े कहीं घूम रहा है (बंगाल में 'य' तो 'ज' हो ही जाता है)।

लेकिन पीछा नहीं छूटा और बार-बार वही बात दुहराई जाती रही, जिसका मैं जाने कितने सालों से सामना करता आ रहा हूँ। पहली बार जब इस ओर मेरा ध्यान गया था, वह दिन मुझे याद है।

''अरुन बाबू, आप तो बड़ी अच्छी हिन्दी बोलने लगे हैं,'' ज्यॉलॉजिकल-सर्वे में जब मैंने हिन्दी अध्यापक की तरह प्रवेश किया तो एक बंगाली सीनियर ज्यॉलॉजिस्ट आफीसर ने बँगला में तपाक से मुझे बधाई दी।

''जी, हिन्दी मेरी मातृ-भाषा है, और मेरा नाम भी अरुन नहीं है...'' मैं सकपका गया।

''ओ : आइ'म सॉरी...।''

बस में सामनेवाली लड़की मुझे बहुत गौर से देखे जा रही थी। सुन्दर थी इसलिए मुझे भी देखना पड़ता था। बड़ी देर बाद हिचककर पूछा, ''आपने दार्जिलिंग से आकर मुझे खबर नहीं दी? अभी तक नाराज हैं क्या?''

''जीऽऽ?'' मैंने अपने आसपास देखा, कि बात मुझसे ही कही जा रही है या किसी और से, ''माफ कीजिए, मैं तो कभी दार्जिलिंग नहीं गया।'' मुझे हिन्दी-भाषी पाकर वह झेंपकर चुप हो गई, और मुँह चुराकर बाहर देखने लगी।

''आप इंग्लैंड से कब आए?'' दिल्ली में गे-लॉर्ड से निकलते एक सज्जन झटके से मुझे देखते ही रुक गए।

''जी, मैं तो कभी इंग्लैंड नहीं गया...''

''सॉरी...''

''तो यही वे हैं जिनसे शादी की है...हमने तो सुना था कि आपने कॉण्टिनैंट में किसी फ्रेंच लड़की से शादी की है,'' एक बंगाली दम्पति अचानक रुककर बड़े ही आत्मीय भाव से बोले।

''जी, मैं तो किसी फ्रेंच लड़की को नहीं जानता...ये मेरी मित्र हैं...''

कलकत्ता, दिल्ली, कुल्लू, शिमला...हर बार अलग-अलग जगहों पर, अलग-अलग लोगों ने झटके से रुककर ये प्रश्न दुहराए हैं। दो-तीन बार मैंने ध्यान नहीं दिया, फिर खुद ही लगा कि इस भीड़ में जरूर मेरी तरह का कोई आदमी और भी है, बंगाली है, और जो मेरी तरह चलता है, मेरी तरह चश्मा लगाता है, मेरी तरह स्वस्थ है और शायद डॉक्टर है (क्योंकि अनेक बार मुझे 'डॉक्टर साहब' का सम्बोधन भी सुनना पड़ा है), मेरी

तरह मानसिक क्रिमिनल है और मेरा नाम-राशि भी है...।

और सबसे बड़ी बात यह कि वह चुप नहीं बैठता—भीड़-भाड़वाले शहरों में, अकेले पहाड़ों पर बार-बार मुझे छूकर निकल जाता है...पता नहीं, वह सचमुच क्या करता है, कहाँ रहता है, किस हैसियत और किस पेशे का आदमी है, कहाँ हत्याएँ करता और डाके डालता है, कब इंग्लैंड गया था, किस फ्रेंच लड़की से शादी कर लाया और कब लौटा है...और यह आदमी एक ही है या कई हैं...?

लेकिन हैं जरूर...और तब से मैं लगातार उसे खोजता रहा हूँ। अब याद आता है, एक बार उससे मेरी भेंट भी हो गई थी ट्राम में ही। लोअर-सर्कुलर रोड से ऐस्प्लेनेड के लिए ट्राम ली थी। देखा, सामने ही खिड़की से टिका वह खड़ा है। मैं एकदम चौंक गया—जैसे शीशे के सामने आ खड़ा हुआ हूँ। तो ये वे सज्जन हैं जो मुझे छू-छूकर गायब होते रहे हैं? मैंने कई बार उसे देखा, ठीक मेरी ही तरह था, और शायद इस सचाई से वह स्वयं भी परिचित होकर सचेत हो आया था। क्या सचमुच मुझसे इतना मिलता है कि लोग अक्सर भ्रम में पड़ जाते हैं? बार-बार मन में हुआ, उससे बातें करूँ, औरों की तरह उससे पूछूँ—'आप इंग्लैंड से कब आए? नया क्या लिख रहे हैं?' हिम्मत नहीं पड़ी। क्या पूछूँगा? इच्छा हुई किसी आसपास वाले से ही जानूँ कि क्या ये सामने वाले साहब मुझसे एकदम मिलते हैं? लेकिन चुप रहा और ऐस्प्लेनेड पर उतर गया...फिर मानसिक रूप से परेशान रहने लगा...।

अगर मेरे नाम-रूपवाला कोई आदमी है, या कई आदमी हैं भी तो मुझे उन्हें देखने, उनसे बातें करने और मिलने की ऐसी इच्छा क्यों है? क्या उनके मन में भी ऐसी ही बातें आती होंगी? जब वह मिला तो कैसे मैंने जाना कि वह मुझसे एकदम मिलता है? साड़ी-गाड़ी इत्यादि को देखकर हम पहचान लेते हैं कि वह हमारी जैसी है—मगर चेहरे, आदमी और आवाज को कैसे हम कह देते हैं कि हमारी जैसी है, हमारी है? मान लीजिए, अचानक एक बच्चे की तस्वीर मुझे सड़क पर पड़ी मिल जाए और कोई मुझे उसकी बाबत बताने वाला न हो तो क्या मैं देखते ही कह सकूँगा कि यह मेरे बचपन की तस्वीर है? शायद, नहीं। दूसरे लोग बताएँगे तभी मैं जानूँगा कि यह मुझे सँभालकर बैठाए रखनेवाला हाथ बाई—मेरी माँ का हाथ है, पीछे की दीवार आगरे के मकान का वरांडा है, जहाँ बैठा हूँ वह सरकारी अस्पताल के उस पलंग का कोना है, जो पिताजी ने यहाँ सुरीर से

भिजवाया था, उन दिनों वे वहीं डॉक्टर थे, यह फोटो मामाजी ने खींची थी और उन दिनों वे वहीं पढ़ा करते थे...। और इसी तरह के अनेक आसंग बताए जाएँगे, तब मुझे प्रतीति होगी कि हाँ, यह मैं ही हूँ...मैं ही हो सकता हूँ, क्योंकि इस प्रकार के विशिष्ट आसंग किसी और के साथ नहीं जुड़े...।

और इनसे उठाकर जब दूसरे आसंग और सन्दर्भ जोड़ दिए जाते हैं तो मैं कहता हूँ, ''नहीं, यह मैं नहीं हूँ। सॉरी, आप मुझे गलत समझ रहे हैं।'' अच्छा घपला है, अपने से अलग, अपने जैसे आदमी को मैं खोजता हूँ, और जब वह मुझे छूकर निकल जाता है, या 'सामने पड़ जाता है' तो कतरा जाता हूँ—नहीं, यह मैं नहीं हूँ। क्योंकि इसके सन्दर्भ में आसंग मेरे अपने सन्दर्भ और आसंग नहीं हैं।

यानी 'मैं' सिर्फ अपने सन्दर्भों और आसंगों में 'मैं' हूँ—न इनसे कटकर, न दूसरे अपने जैसे नाम-रूपधारी किसी और के सन्दर्भों और आसंगों में बैठकर। अजीब मजबूरी है, अपने से जुड़े इन सूत्रों को तोड़ देता हूँ, तो अपने लिए अपरिचित हो उठता हूँ, उन्हीं में बैठा रहता हूँ, तो अपने कुछ न होने का अहसास काटता है। हम कुछ न हुए, सन्दर्भ और आसंग ही सब कुछ हो गए।

इन्हीं सबमें घुटने और इन्हें तोड़कर अपने को ही न पहचान पाने की स्थिति से घबराकर नए सन्दर्भ और आसंग बनाने, उन्हें पुरानों से जोड़कर परिचित करने की नई प्रक्रिया का सिलसिला शुरू होता है...दूर खड़े होकर अपने को पहचानने, न पहचानने को दुविधा तंग करती है।

मुझे लगता है, मेरा लिखना कुछ इसी खींच-तान का प्रतिफल रह गया है। अपने को अपने आपसे नोचकर, नए, अनजाने, अनसोचे पात्रों, परिस्थितियों, समस्याओं, स्थितियों में फेंक-फैला देना...स्वयं अपने आपसे अपरिचित हो उठना...और फिर अपने जैसे उस 'परिचित' व्यक्ति की तलाश में भटकना और हमेशा यह महसूस करना कि भीड़ में वह मुझे छू-छूकर निकल जाता है।

इसमें मैं कहीं भी कतई कोई आध्यात्मिकता या 'आत्मान्वेषण' और 'आत्म-साक्षात्कार' जैसी योग-साधना नहीं देखता। मेरे लिए तो यह सामाजिक सम्बन्धों में व्यक्ति को पाना और व्यक्ति के अन्तर्बाह्य व्यक्तित्व में सामाजिक सम्बन्ध खोजने की काफी संश्लिष्ट (लेकिन अ-रहस्यवादी) प्रक्रिया है। इस

प्रक्रिया को समझने के लिए मैंने कहानी को चुना है और इस बात की फिक्र कम की है—या की ही नहीं है—कि इस प्रक्रिया में कहानी का अपना रूप क्या रह जाता है।

बात उन लोगों को शायद नाराज कर देगी जो कहानी का नाम ले-लेकर मुझे उसके शिल्प और रूप के क्रॉस पर ही कीलें ठोक-ठोककर लटकाते रहे हैं...लेकिन यह सच है कि कहानी के रूप और शिल्प की मैंने कभी चिन्ता नहीं की। कहानी खिंचकर उपन्यास हो जाती है या उपन्यास सिमटकर कहानी रह जाता है, वह एंटी कहानी हो जाती है या कथानकवादी कहानी, उसका प्रारम्भ कहीं बीच में ही हो जाता है या अन्त शुरू में ही लटका रहता है, उसका प्रतीक बहुत फैल जाता है या एक ही प्रतीक में अनेक बिम्ब धींगा-मुश्ती करते चले आते हैं, अनावश्यक डिटेल्स बहुत हो जाते हैं, या डिटेल्स ही बहुत सांकेतिक बने रहते हैं, उसकी तराश बहुत साफ होती है या नहीं, वह शास्त्रीय अर्थों में बहुत 'एक्जैक्ट' बन पाती है या पतले आटे की रोटी की तरह जिधर मन होता है उधर चल निकलती है—ये सारी बातें न मेरा ध्यान खींचती हैं और न मेरी चिन्ता का विषय बनती हैं...मेरे लिए ये सब प्रक्रिया के अंग और स्तर हैं।

फिर भी शिल्प-संस्कार की कलंगी जब सिर पर रखी जाती है तो मेरा भी मन होता है कि अपने बुजुर्ग कथा-सन्त की तरह आँखें मूँद, कन्धे पर चादर डाल विनीत ऊँचाई और विनम्र अहंकार से बोलूँ, "और भाई, इसी सबमें अगर कहानी के रूप में और शिल्प में भी मेरे द्वारा कुछ हो-हवा गया हो तो मुझे पता नहीं।"

कला के क्षेत्र में 'मुझे पता नहीं' कहना अपने और दूसरों को धोखा देना होता है, वह वमन जैसा 'भीतरी' दबाव नहीं होता जिसमें आदमी को पता ही न हो कि पचा-अनपचा क्या निकल पड़ेगा। वह एक निहायत सचेत क्रिया है और एक अनुशासित, सार्थक अभिव्यक्ति है। इसलिए 'मुझे पता नहीं' का धोखा मैं नहीं दूँगा। मेरे लिए भी कहानी एक सचेत प्रक्रिया है। अपने आपको चाहे जितना मासूम घोषित करूँ, इससे भी इनकार नहीं करता कि कहानी की परम्परा में ही यह सब हो रहा है और उसे कहीं तोड़ने या उसमें अच्छा-बुरा जोड़ने की जिम्मेदारी भी मेरी ही है

क्योंकि कहीं-न-कहीं ज़िन्दगी की परम्परा में भी यही सब हो रहा है और कहानी औरों में फैलाकर देखे गए, तटस्थ लेकिन व्यक्तिगत संस्मरण की ही एक विधा है। और जब तक जीवन की इस परम्परा से कट या उठ

नहीं जाता, तब तक कहानी के लिए अलग से मुझे फिक्र करने की जरूरत ही क्या है?

कभी यशपालजी ने एक बात कही थी, ''मैं तुमसे बहुत नाराज हूँ।''

''क्यों?'' मैं जरा चकराया, कहीं कुछ अपनी झोंक में उलटा-सीधा बोल या कह गया क्या?

''तुम एक कहानी में चार-चार कहानियों का मसाला बर्बाद करते हो। भाई, इसमें थोड़ी सी बनियाबाजी करनी पड़ती है। इस तरह तो बहुत ही जल्दी चुक जाओगे,'' उन्होंने परामर्श के ढंग से कहा।

''सोचूँगा,'' उनसे तो सादर मैंने कह दिया, लेकिन भीतर सच ही सोच में पड़ गया। सलाह ईमानदारी और सद्भावना से दी गई थी। बहुत दिनों द्वन्द्व रहा, फिर हार गया, क्या करूँ, मेरे मन में कहानी कहानी की तरह आती ही नहीं। जीवन का कोई प्रभाव, प्रसंग या टुकड़ा आता है और जब उसे कहानी के गमले में लगाने के लिए उसकी 'धरती' से नोचता हूँ तो, जड़ों के साथ छोटी-छोटी डोरियों और रेशों का उलझा-गुँथा सिलसिला चला आता है। फिर मेरा मन नहीं करता कि जड़ का सारा हिस्सा तेज चाकू से तराश दूँ, और बाकी पौधे को धो-पोंछकर प्लेट में सजाए हुए काउंटर पर ले आऊँ...या किसी भी गुलदान में रख दूँ और वहाँ वह हरा-भरा हो जाए। जिन्होंने कहानी को मनी-प्लांट बना लिया है, उनके लिए यह समस्या ऐसी मुश्किल नहीं है...जब, जहाँ से चाहा काटकर दे दिया और पौधा है कि हर जगह लहलहा रहा है...सुनते हैं माँगकर लाने की अपेक्षा चोरी करके लाने में यह पौधा और भी फलता है। अपनी पीढ़ी के अनेक कहानीकारों के हरे-भरे गमले देखकर तो यकीन होने लगता है कि यह निरा अन्धविश्वास ही नहीं है, बात कहीं सच भी है।

अपनी ज़िन्दगी की अनेक देखी-भोगी कहानियों को मैंने अलग इकाई की तरह देखने की अजहद कोशिश की, मगर हर कहानी के साथ कुछ-न-कुछ और सूत्र भी उलझे-गुँथे चले जाते हैं, जो पहले नहीं दीखते थे।

फिर मन को आश्वासन देता हूँ कि अभी से इस सबमें माथा-पच्ची करने से तो भटक ही जाऊँगा। अभी क्या है, अभी 'उसे' भी तो पकड़ना है, जो कहीं मेरा नाम लेकर घूमता है, कहीं रूप, कहीं मेरी कुछ आदतें चुरा ली हैं तो कहीं कुछ अनुभव। उसे क्या हक है, मेरी अपनी चीजों को यों दुनिया-भर में बाँटने और मुझे परेशान करने का, कि कहीं मुझे चेहरे

की झलक मिले तो मैं उधर लपकूँ, तब तक दूसरी ओर मेरे कपड़े पहने कोई दीख जाए; उधर जाऊँ तो पीछे से मेरी जैसी आवाज सुनाई दे। इस आँखमिचौनी का अन्त करना ही होगा, उसे पकड़कर आप सबसे 'पहचनवाना' ही होगा कि 'बताइए, यह ऐयार मुझसे कितना मिलता है?' इस भाग-दौड़ में जाने कितनी कहानियाँ मिलेंगी, छूटेंगी, बनेंगी और छू-छूकर निकल जाएँगी।

कभी आपकी राजेन्द्र यादव से मुलाकात हो तो यह जरूर निश्चित कर लीजिए कि यह 'मैं' ही हूँ 'वह' नहीं हूँ। मैं 'उसकी' कोई जिम्मेदारी नहीं लेता हूँ और इसी सावधानी के लिए यह इश्तिहार निकलवाता हूँ। धन्यवाद!

(जून, 1964)

अपनी निगाह से

प्रिय...

उत्तर नहीं दे सका, माफ़ी चाहता हूँ! कलकत्ता छोड़ने और अब दिल्ली आकर जमने के चक्करों में इतना उलझा रहा, कि चाहते हुए भी मेज पर नहीं बैठ पाया। यों दोस्तों ने फैला रखा है कि मैं बहुत पत्र लिखता हूँ, लेकिन तुमने खुद देख लिया, इस बात में सच्चाई कितनी है...

इतने दिनों के पत्र-व्यवहार के बाद, इधर मैं देखता हूँ कि तुमने मेरे व्यक्तिगत जीवन में दिलचस्पी दिखाना शुरू किया है, और तुम्हारे हर पत्र में कुछ ऐसे प्रश्न होते हैं, जिनका उत्तर देते हुए मैं अपने को बड़े धर्म-संकट में पाता हूँ। प्रायः ही उनके उत्तर 'फिर कभी' पर टाल देता हूँ—और तुम्हें उलाहने का मौका मिलता है, कि मैं तुम्हारे पत्र ध्यान से नहीं पढ़ता, कि मैं उनसे ऊब गया हूँ, कि बड़े लेखक बहुत व्यस्त होते हैं...!

कैसे बताऊँ कि मैं कतई-कतई बड़ा लेखक नहीं हूँ, न ही होना चाहता हूँ—क्योंकि सचमुच मुझे अभी लिखना है। जो कुछ मैं लिखना चाहता हूँ, या जो भी मैं लिख सकता हूँ, वह तो अभी शुरू ही नहीं हुआ। कभी-कभी बड़ा डर लगता है कि वह कभी होगा भी, या यों ही ज़िन्दगी गुजर जाएगी? विश्वास मानो, मैं सच ही बहुत अच्छा लिख सकता हूँ, और अभी तक के लिखे से, उस लिखे जा सकनेवाले का अनुमान भी नहीं लगाया जा सकता...।

लेकिन ये मन-समझाने की बातें हैं, भविष्य की बातें हैं, जिन्हें किसी ने नहीं देखा। तुम्हें तो मेरे आज तक के लिखे के पीछेवाले व्यक्ति का परिचय चाहिए, है न? इतनी उत्सुकता का कारण जान सकता हूँ? क्या वही-कुछ काफी नहीं है, जो मेरी और मुझे लेकर दूसरों की रचनाओं में है? कलाकार का व्यक्तित्व, उसका परिचय, उसका विश्वास और उसकी प्रतिबद्धता—सभी कुछ उसकी रचना होती है। जो कुछ वहाँ नहीं है, उसका महत्त्व और मूल्य

क्या और क्यों हो? क्षमा करना, मैं उन लोगों के वर्ग में अपने को नहीं पाता, जिनके व्यक्तिगत विश्वास, व्यक्तिगत प्रतिबद्धता और जीवन—अर्थात् व्यक्तित्व, उनके कला-व्यक्तित्व से अलग होता है, और अजीब आध यात्मिकता की धुन्ध-भरी भाषा में जो गाहे-ब-गाहे कहते हैं, कि उनके कला-विश्वास और व्यक्ति-विश्वास दो विरोधी बातें हैं—कि वे एक-दूसरे से मुँह-चुराते, दो विरोधी देशों के गुप्तचर हैं, और दोनों मिलकर आत्मा या परमात्मा के डिटेक्टिव हैं। काश, मुझे भी वे तर्क और युक्तियाँ मिल जातीं, जहाँ मैं कला में 'मनुष्य मात्र को समान' मानता—लेकिन व्यक्तिगत जीवन में कहता कि मेरे अपने गुट, जाति और प्रान्त के अलावा मनुष्य है ही कहाँ? चूँकि मैं उन्हें ही मनुष्य मानता हूँ, अतः 'समानता का रिश्ता भी उन्हीं से रखता हूँ। इसलिए किसी से भेदभाव रखने का प्रश्न ही नहीं उठता। हाँ, उनसे कहीं दूरी रखी हो तो गुनाहगार हूँ...या फिर इतनी साफगोई भी क्यों नहीं मुझसे बनती कि, "मंच और माइक पर हम छुआछूत नहीं मानते, लेकिन घर पर हरेक के हाथ का कैसे खा-पी लें?" —"हाँ यार, लव-वव तो ठीक है, लेकिन घरवाले पीछे पड़ गए तो शादी कर लेनी पड़ी।" या "व्यक्तिगत रूप से मार्क्सवादी हों या गैर-मार्क्सवादी, लेकिन कहानी-उपन्यासों में तो वह सब नहीं आने दिया...।" "कोई जरूरी नहीं है कि मंच पर जो कहें, वही करें भी...कलाकार और व्यक्ति आपस में विरोधी भी हो सकते हैं...इलियट ने कहा ही है कि लेखन अपने व्यक्तित्व से पलायन का दूसरा नाम है—शायद विरोध का भी।"

लेकिन तुम्हारे लिए तो मेरा वही व्यक्तित्व वास्तविक है, जो रचनाओं में है—जो वहाँ नहीं है, वह महत्त्वपूर्ण भी नहीं है। क्योंकि अपने लेखन-व्यक्तित्व में मैं अकेला हूँ, जो कुछ है वह मुझसे गुजरकर है—लेकिन यहाँ तो मैं अकेला हूँ ही नहीं! वह सब भी मेरा व्यक्तित्व बनाता है, जो मेरे आसपास रहा है; वे स्थितियाँ और लोग भी मेरे इस जीवन के हिस्सेदार हैं, जिन्हें अगर गिनाना शुरू करूँ तो तुम्हें बोरियत ही होगी। लेकिन लेखन के पीछेवाले व्यक्ति को इसके बिना पाना सम्भव भी नहीं है!

हाँ, एक बात है—मेरे लिए तुम्हारा प्रश्न एक और अवसर जरूर देता है, और मेरे ये दोनों व्यक्तित्व आमने-सामने खड़े होकर एक-दूसरे को अजनबी निगाहों से तोलने-परखने लगते हैं, अपनी दूरियाँ नापने लगते हैं, एक-दूसरे पर हँसने और मिस्कीन होने लगते हैं, एक-दूसरे को बनाने का श्रेय लेना चाहते हैं, और आज जो भी कुछ बन गए हैं—उसके आरोप से

बच निकलना चाहते हैं, अनेक उलझनभरी पगडंडियाँ पार करके पास पहुँचने को ललकते हैं, और जब मिलते हैं तो जान नहीं पाता कि वे एक-दूसरे का स्वागत कर रहे हैं, या फिर एक और विदा का सूत्रपात...।

फिर एक और विदा...पता नहीं, तुम क्या अर्थ निकालो—मुझे हमेशा लगता है कि मेरा हर सम्पर्क, हर पल एक नई विदाई है...मेरी हर रचना एक ऐसी बच्ची है, जो टा-टा कहकर स्कूल बस में जा चढ़ती है, और जब आती है तो 'वह' नहीं रह जाती...मिलना शायद गति है, और विदाई नियति...और शायद यह नियति ही अपने नक्श छोड़ जाती है...एक-दूसरे को काटती बसें हैं, स्कूटर-टैक्सियाँ हैं—जिनके भीतर से पटरियों का जाल-जंजाल गुजरता है, जहाँ हजारों ट्रेनें एकसाथ इधर-से-उधर चली जाती हैं—और उनमें पंखे नहीं हवाई जहाज लगे हैं, जिनकी हर खिड़की पर प्लेटफार्म और रन-वे बिछे हैं...और हर जगह एक हाथ हिल रहा है, एक रुमाल फहरा रहा है—टा-टा, बाई-बाई! अच्छा, लिखिएगा न...?

2 मई,1964 को उमस-भरी सुबह और हाबड़ा का प्लेटफार्म...कलकत्ता छूट रहा था। एक बहुत बड़ा वर्तमान, अतीत हुआ जा रहा था—और उस वर्तमान को विदा देते विष्णुकान्त शास्त्री थे, कुन्थाजी-लक्ष्मीचन्द्र जैन थे, प्रतिभाजी-मदन बाबू थे, पराक्रम सिंहजी, सुधीर बाबू, शरद देवड़ा थे—अरुणा, जयन्ती और विक्रम थे। सविताजी राह देख रही थीं कि हम उन्हें लाएँगे। प्रतिभा नारायण की गाड़ी टाटानगर गई थी। उन्हें टैक्सी नहीं मिली थी, और वह ट्रेन छूटने के बाद आई थीं...। बहुत लोग ट्रेन छूटने के बाद आए थे—आगरा तक। आज तक। ट्रेन छूटने के बाद पूरा कलकत्ता मेरे साथ आया है...कॉफी-हाउस और चौरंगी, गरियाहाट और कालीघाट, गर्चा-रोड और हाजरा, लेक और दक्षिणेश्वर, मोहिनी-मैंशन और अलेक्जैंड्रा-कोर्ट...पी.के. जैन के साथ विक्टोरिया के चक्कर और नारायण साहब के साथ शतरंज की हारें, फिर रात-रात-भर डायमंड-हार्बर और हुगली के किनारों की भटकन, निहायत फुर्सत से हर दुकान पर पान और चाय लेनेवाले मदन बाबू, ऑक्टरलेनी मानूमेंट के नीचे अँधेरे में बैठकर विष्णुकान्त शास्त्री के साथ का आत्मीय-वार्तालाप और संसार की हर चीज से चमत्कृत ठाकुर साहब का 'वाह-वाह' करना, कैसेनोवाको हिकारत से देखते नागर, और अपनी कंजूसी के कारण ही लुटते हुए गिरीशजी...'अनामिका' के कार्यक्रम और हॉल के बाहर की उत्साही गोष्ठियाँ—सभी तो मेरे साथ यात्रा करते हुए आए हैं...।

ट्रेन चलती रहती है, और बरसात की मक्खियों की तरह—सुने-कहे वाक्य कानों के आसपास मँडराते रहते हैं...''इधर मत भागो, टिंकू बेटे, रेल के हिलने से गिर जाओगे।''—पता नहीं, दिल्ली में कैसा मकान मिलेगा—कहाँ मिलेगा...हिसाब लगाता हूँ—दिल्ली-प्रवास के बीच के डेढ़ वर्ष निकाल दो, तो कलकत्ते में आठ साल हो गए...,''जरा थर्मस उठा दीजिए...!''

जीजी ने बुलाया था,''कलकत्ते की पूजा देख जाओ।'' भूपेन्द्र छोड़ने आया था,''क्या करेंगे भाई साहब, वहाँ जाकर?—यहीं रहिए...घर का मकान है, हम लोग हैं...।'' अन्तिम बार समझाकर, बुजुर्गी से बोला,''वहाँ घड़ी-वड़ी बेचने की नौबत आए, तो हमें लिख दीजिएगा। टी.एम.ओ. कर देंगे। जी नहीं लगे तो लौट आइए।''—इसमें अभी से इतनी समझदारी आ गई है! मैं आँसू-भरी आँखों से उसे देखता हूँ, ''रिसर्च करूँगा—योग-दर्शन और 'हिन्दी कविता' पर।''...

''इतना बड़ा फ़्लैट है, यहीं क्यों नहीं रहता? उस कमरे में कोई तंग नहीं करेगा। जब हमारा ट्रांसफर हो जाए तो देख लेना,'' जुबिली लाइंस में जीजी समझाती हैं।

''नहीं, मैं अलग ही रहूँगा!''...

डायमंड-हार्बर रोड पर हमारे पास दो कमरे हैं। हम तीन आदमी हैं—कृष्णाचार्यजी, कमलाकान्त और मैं। कमला आई.ए.एस. की तैयारी कर रहा है। कृष्णाचार्यजी को हर नए से नफरत और हर दो सौ साल पुराने के प्रति असीम श्रद्धा है... ''आचार्यजी, आप यार, दो हजार साल कहाँ फरार हो गए थे? इतने लेट आए हो दुनिया में! तुमने प्राचीन इतिहास क्या पढ़ लिया है—तुम्हारा बस चले तो हमें खोदकर गाड़ दो, और दो हजार साल बाद उखाड़कर, पुरातत्त्व के प्रमाण बताकर हमारी आरती उतारा करो!''

''देखो दुबेजी, तुम तो हो मूरख! सात दिन में नहाते हो, सो भी बनियान नहीं बदलते!! तुम्हें तो शब्दों की बीमारी है...कोई भी नया शब्द लपक लिया...अरे, हम पुराने ख़याल के ही सही...!!!''

कृष्णाचार्यजी हम दो 'बच्चों' से परेशान हैं, हमारी फैलाई चीजें सँभालते रहते हैं।

''आशा, जरा कैंची देना...!''—और मैं कृष्णाचार्य की प्रलम्बित, सद्यः-स्नाता चुटिया काटकर उनके हाथ में दे देता हूँ। वे चुप हैं—दो दिनों

से। मैं माफी माँगता हूँ।

"नहीं यार, काटना तो मैं भी चाहता था, लेकिन बच्चों के सामने..." —फिर वे गेटे की जान को लग जाते हैं। हर सम्भव, प्राप्य-अप्राप्य किताब लाकर पढ़ते हैं, और गद्‌गद होकर उनके वाक्य दुहराते हैं। मैं उनकी इस लगन पर श्रद्धानत हूँ, लेकिन हमेशा मजाक उड़ाता हूँ। रात-रात-भर बैठकर 'उखड़े हुए लोग' को टाइप पर रिवाइज करता हूँ—पास के 'जू' से शेर की दहाड़, और सड़क से गुजरती मोटरों की रोशनी आती है, और कौवे काँव-काँव करते रहते हैं। विधुर कृष्णाचार्यजी पंखा कम और ज्यादा करते रहते हैं। "राजेन्द्र आसन का पक्का है, लेकिन है बच्चा..."—कुरते का आखिरी बटन बन्द करके वे संगीत का अभ्यास करने लगते हैं। बीच में ही पूछते हैं, "यार, बहुत दिनों से वो लम्बी, चमचमाती गाड़ी तुम्हें लेने नहीं आई? बाहर गई है क्या...? लेखक होने में यही मौज है—पाठिकाएँ श्रद्धालु मिलती हैं...।"

"चलिए, ससुराल में ही खाया जाए," सेंगरजी अपने दोनों हाथों को प्याले की तरह बनाकर एक हाथ की उँगलियों से दूसरे हाथ की उँगलियों को छूते हुए—'लाहौर' या 'अनारकली' रेस्त्राँओं में चलने का अनुरोध करते हैं। वहाँ के सरदारजी ससुर की-सी आत्मीयता से खाना खिलाते हैं। बैरा पवन सूचना देता है, "वो पालक बाबू आया था...।" कृष्णाचार्यजी के लिए पालक, घिया, तोरई परम-सात्त्विक भोजन हैं, इसलिए उनका नाम वहाँ है 'पालक बाबू'...

"देखिए, मैं रिसर्च करना चाहता हूँ, अगर यहाँ कोई ट्यूशन..."

"हाँ, वो तुम्हारा पत्र मिला था। मैंने बातें कर ली हैं। यहाँ एक बहुत ही भले सॉलिस्टर हैं, उनके दो लड़कों को हिन्दी पढ़ाना है,"—श्री भँवरमल सिंघी अपनी आत्म-विश्वस्त आवाज में, मेरी कृतज्ञता को बीच से ही काट देते हैं, "नहीं, कोई धन्यवाद-वन्यवाद नहीं! मेरा इसमें विश्वास नहीं है।"...

"नहीं, सिंघीजी ने शायद बताया नहीं। ट्यूशन जैसा कुछ नहीं है। दोनों बच्चों में साहित्य के प्रति कुछ अभिरुचि पैदा करनी है। दूसरे-तीसरे दिन, जब भी समय मिले...आप बच्चों से खुद ही मिल लें"—श्री भगवतीप्रसाद खेतान अपनेपन और बड़प्पन से बोलते हैं। 'चाँद' के 'मारवाड़ी' अंक' में मैंने भगवती बाबू की तस्वीर देखी थी। बताते हैं, "प्रेमचन्द जब कलकत्ता में थे, तो हम मिलते थे उनसे। अब समय नहीं

मिलता—आपके ही बहाने हिन्दी के सम्पर्क में रहेंगे...।''

एक महीना...दो महीना...तीन...मैं सिंघीजी से जाकर कह देता हूँ, ''मुझे काम बताइए। यों वहाँ जाकर इधर-उधर की बातें, चाय-शर्बत के लिए रुपए लेना मुझे अच्छा नहीं लगता। बच्चे होमवर्क से ही बहुत त्रस्त रहते हैं।''

''तुम अपनी रिसर्च पूरी कर लो।''

''वह भी शायद अब न हो! मेरा मन नहीं लगता। नेशनल लाइब्रेरी में जाकर चेखव की कहानियाँ, लिडिया ऐविलोव के संस्मरण और ओल्गा निपर को लिखे खत पढ़ता रहता हूँ—एस.एन. दासगुप्ता की 'चिति' और 'ध्यान' पर लिखी पुस्तकें खुली पड़ी रहती हैं। सुबह-शाम कहानियाँ लिखता हूँ। एक-एक बैठक में अभी 'जहाँ लक्ष्मी क़ैद है' और 'एक कमजोर लड़की की कहानी' लिखी हैं।''

''कहाँ हैं? सुनाओ।''

''एक 'संकेत' में गई है, दूसरी 'ज्ञानोदय' में। अभी जगदीशजी अपने हस्ताक्षरों में उसकी नकल कर रहे हैं।''

''क्या वे 'ज्ञानोदय' में जानेवाली हर रचना को...?''

''जी, उनका हस्ताक्षर बड़ा सुन्दर है—उसे देखकर वे खुद मुग्ध होते हैं।''

भगवती बाबू स्नेह से कहते हैं, ''सिंघीजी से बात हो गई है। लेकिन तुम आते-जाते रहना! तुम्हें अपनी पसन्द की जो भी किताबें दीखें, उन्हें मेरी तरफ से खरीद लिया करो। पढ़कर दे दो। मुझे कुछ अच्छी किताबों का संग्रह करना है। समय नहीं मिलता, लेकिन सफ़र में या बाहर थोड़ा-बहुत टाइम निकाल ही लेता हूँ।''

बीच-बीच में उनके सेक्रेटरी कृष्णन के पत्र मिलते हैं, ''बहुत दिनों से आपकी कोई सूचना नहीं मिली। मि। खेतान ने पूछा है कि आप यहीं हैं या...'' स्वयं भगवती बाबू का पत्र, ''एक अंग्रेजी लेख में आपका जिक्र देखा था। हो सकता है, आपको पता न हो, इसलिए भेज रहा हूँ''...या ''सर पैट्रिक हेस्टिंग्ज की यह किताब पढ़ लीजिए। बड़े दिलचस्प केसेज हैं।'' या ''आप जो आउटसाइडर दे गए थे, वह बहुत अच्छी लगी। 'नॉशिया' चली नहीं—ज्यादा गम्भीर है। आपने खोसला की किताब पढ़ ली—'मर्डर ऑफ महात्मा एंड अदर केसेज'...? रसेल की 'नाइट पेयर्स' आपके लिए रखी है...।''

दो बार 'ज्ञानोदय' में नौकरी करता हूँ। इससे भी पहले की थी, सहारनपुर में श्री कन्हैयालाल मिश्र 'प्रभाकर' के साथ। 'ज्ञानोदय' कलकत्ते चला आया, और मैं आगरा चला गया। यहाँ एक दोपहर को डॉ। केशवन् बुलवाते हैं, ''बेटा, तुम्हारा उपन्यास—वाटिज दैट, अपरूटेड ह्यूमैनिटी—'उखड़े हुए लोग' पढ़ा। हिन्दी बहुत धीरे-धीरे पढ़ता हूँ। राजनीति उसमें साहित्य पर हावी हो गई है। नौकरी करोगे?''...फिर 'जियॉलॉजिकल सर्वे' में हिन्दी-अध्यापक। बमुश्किल-तमाम छह महीने होते-होते इस्तीफा। सिर्फ गीताजी मेरे पक्ष में हैं, ''इस्तीफा बिल्कुल वापस नहीं लेना चाहिए! आप अपना लिखिए-पढ़िए। कहाँ इस सरकारी नौकरी की चखचख में पड़े हैं...!'' बच्चू बाबू का समर्थन है।

मन्नू बहुत खुले दिल से हँसती है और मुझे उसकी हँसी पसन्द है। उससे भी सहज कहानियाँ लिखती है, एक के बाद दूसरी। कमला भाभी कहती हैं—''मिलेगी नहीं, मन्नू बाई सा'ब जैसी लड़की आपको! घर बसाओ और भले आदमियों की तरह रहो...।''

और फिर दिल्ली...फिर कलकत्ता...''सहजीवन समारम्भ के अवसर पर आपको शुभाशंसाएँ...।'' —ठाकुर साहब सचमुच बड़े भाई की तरह पुलकित हैं...।निमंत्रण और विवाह, कुल छह दिन।

लेकिन मन्नू अपना सारा ध्यान घर में ही लगाती है, और मेरा सारा ध्यान घर और अपने में ही केन्द्रित चाहती है—अगर ऐसा नहीं है तो उसकी उपेक्षा है...।

ट्रेनें दौड़ती रहती हैं, डिब्बे बदल जाते हैं—लेकिन कुछ तार हैं जो टेलिग्राफ के खम्भों पर लिपटे—हर जगह साथ हैं, हर यात्रा के दूर खड़े गवाह हैं...कहीं उन पर नीलकंठ बैठा मिलता है, कभी कौआ—कहीं कटी पतंग लटकी है तो कहीं बरसते पानी की बूँदें...कहाँ से हुई थी इस यात्रा की शुरुआत?

सन् 1952 की बात है—दक्षिण-भारत का चक्कर लगाए साल-भर से ऊपर हो चुका था...

मैं और राकेश दिल्ली से आए थे—रात-भर जागते हुए, पैसेंजर गाड़ी से। राकेश का ताँगा दयालबाग चला गया...। मेरे घर के सामने कुछ लोग बदहवास खड़े थे। मास्टर साहब ने अलग ले जाकर बताया, ''डॉक्टर साहब की तबीयत बहुत खराब है। उन्हें सुरीर (मथुरा) से ले आए हैं।'' और आगे बढ़ता हूँ। छोटा भाई भी सत्येन्द्र मिलता है—

"पिताजी शायद..."

"लेकिन मास्टर साहब तो कहते थे..."—मैं घबरा गया हूँ।

"किसी का दाँत उखाड़ रहे थे, तभी चक्कर आने लगे, दिल डूबने लगा...।"

"अब हालत क्या है?"

...बीच आँगन में ढँका हुआ पिताजी का शरीर है। हम सब लोग रो रहे हैं—माँ, छह बहनें और चार भाई...अपने से 'बड़ा' होने पर अब शायद कोई इतना खुश नहीं होगा...गलत-सही करने की अब शायद कोई छूट नहीं मिलेगी...चुराकर सिगरेट पीने की अब कभी जरूरत नहीं होगी। अब सिर्फ यात्रा का साथी एक अहसास रह जाएगा, कि कभी कोई था—जो एक बीमार लड़के के बेड के पास कुर्सी पर बैठा, घंटों अलिफलैला सुनाया करता था, दास्ताने अमीर-हम्जा सुनाया करता था, और चन्द्रकान्ता-सन्तति के हिस्से खुद पढ़कर उसे दे देता था—क्योंकि वह हिन्दी उतनी अच्छी नहीं पढ़ पाता था (चन्द्रकान्ता के लिए ही उसने हिन्दी सीखी थी, और प्रेमचन्द से आगे नहीं पढ़ पाया) मैं फारसी लिपि में छपी, नवलकिशोर प्रेस की 'हजार दास्तान' की भोंडी तस्वीरों से दहशत में भरा, अनेक बार पढ़ी सिन्दबाद जहाजी, हिन्दी जादूगर और आबेहयात लानेवाले शहजादों की कहानियाँ साँस रोककर पढ़ता रहता, और खलीफा हारूँ अल रशीद के साथ रात-रात-भर बगदाद और समरकन्द की गलियों में भेस बदलकर घूमता रहता। (इन्हीं किस्सों को मैंने अपनी कहानी 'अभिमन्यु की आत्महत्या' में इम्प्रेशनिस्टिक शैली में, जानबूझकर तोड़ते हुए एक-दूसरे में घुला-मिला दिया है—और इस शैली की सूक्ष्मताओं से अपरिचित होने के कारण अश्कजी को उस कहानी में 'ब्योरों की गलतियाँ' लगती हैं। वस्तुतः भारतीय या फारसी कोई भी कहानी वहाँ ब्यौरेवार चलती ही नहीं है, सब एक-दूसरे पर सुपर-इम्पोज्ड तस्वीरों के प्रतीकात्मक अन्दाज़ में आती है। हर कहानी को सही ब्यौरे के साथ सिलसिलेवार पढ़ने के लिए, अश्कजी अलिफ-लैला ही पढ़ लें तो ज्यादा अच्छा है।)

...इस तरह चन्द्रकान्ता, भूतनाथ, सुफेद शैतान या रक्तमंडल के तिलिस्मों में डूबा मैं—हर गड्ढे और खंडहर में एक सुरंग का मुहाना तलाश करता रहता, और भाई-बहनों के साथ रात को भिक्खी चाटवाले की राह देखता... "इसी शर्त पर चाट खाएँगे कि रात को कहानी सुनाने आना पड़ेगा।" वह भी जानता था कि जिस दिन वह अस्पताल आएगा,

उसे खोंचा लेकर सड़क-सड़क घूमने की तवालत नहीं करनी पड़ेगी!... चाँदनी में नहाए क्वार्टर के सामने चारपाइयाँ पड़ जातीं—जमादार, रसोइया, नौकर, कम्पाउंडर और हम सब गर्दन लम्बी कर-करके सुनने लगते। बीड़ी जलाकर भिक्खी शुरू करता, "तो भैयाजी, राजा की इतनी बात सुनकर रानी जवाब देती है, के..." पास ही बेले-चमेली की बड़ी-बड़ी क्यारियाँ चाँदनी के साथ धीरे-धीरे खुलने लगतीं, मेहँदी की घनी बाड़ें गमगमाने लगतीं—जिनके पीछे कुएँ के पास बड़ा सा बबूल का पेड़ था...सियारों की 'हुआ-हुआ' के साथ ही, भिक्खी की कहानी का वेताल उस बबूल के काँटों में लटका दिखाई देता, और चारपाई पर लेटे राजा वीर विक्रमादित्य का गला सूखने लगता...अब भिक्खी की बात काटकर केशी महाराज सुना रहा होता, "बाबूजी, झूठ नहीं है! मेरे देखते-देखते सामने से भेड़िया गायब हो गया...देखूँ तो आगे-आगे, सफेद बुर्राक कपड़े पहने, छम-छम करती ज्वान-जमान बैयरबानी चली जा रही है...अब रात का बखत, अकेला मैं...और उस पर से ऐसी खसबू आ रही कि...।"

उस दिन पिताजी के साथ-साथ बेले-चमेली-गुलाब और मेहँदी की छाँह में पुराने किस्सों की खुशबू विदा हो गई...शुरू हो गई एक नई यात्रा... आँगन में लेटा शरीर तो सिर्फ एक यात्रा-बिन्दु था—प्लेटफार्म...

नहीं, इससे भी पहले शायद इसकी एक हल्की-सी शुरुआत और भी थी...44-45 में...

झाँसी के झोंखनबाग में, पड़ोसी वकील साहब हैं—श्री सुधीन्द्र वर्मा। उनके यहाँ के गढ़-कुंडार, विराटा की पद्मिनी, कुंडली-चक्र, लगन, प्रत्यागत—यानी प्रेमचन्द और प्रतापनारायण श्रीवास्तव के उपन्यास पढ़कर, सुरीर-युग के अपने लिखे तिलिस्मी उपन्यास के आठों खंड बेकार लगने लगते हैं...वे पूरा हाथ ताने, मोटी-मोटी किताबों से घंटों कालिदास और वाल्मीकि को पहले संस्कृत में पढ़ते हैं, फिर स्वयं उनके हिन्दी अनुवाद सुनाते हैं...बाई—माँ के साथ पढ़ी रामायण, महाभारत, सुखसागर अब अपने नए अर्थ-सौन्दर्य के साथ सामने खुलने लगते हैं। 'स्वतन्त्र' के सम्पादक श्री श्यामप्रसाद दीक्षित के यहाँ की शरत-ग्रन्थावली, मुंशी के उपन्यास दिमाग में तैरते रहते हैं...देवदास और पृथ्वीवल्लभ को रोने के लिए ही अनेक बार पढ़ना पड़ता है...ऐसा कोई उपन्यास मैं नहीं लिख सकता? और एक के बाद एक तीन उपन्यास मैं लिख डालता हूँ। उहूँक, मामला कुछ जमा नहीं...अभी और माँजना होगा। लम्बे-लम्बे पत्रों में नानाजी, वीर सावरकर

की रचनाएँ और 'बन्दोजीवन' पढ़ने को उकसाते हैं और लिखते हैं—'मराठी और गुजराती पढ़ो।' उनकी मातृभाषा मराठी है, हिन्दी-गुजराती पर अधिकार है। वर्माजी दाँत पीसकर कहते हैं, "तुम्हारी हिन्दी में कोई मेहनत करता है? एक वो हैं..." जैनेन्द्रजी से वे बहुत नाराज हैं, छायावाद के शत्रु हैं—जिन दिनों 'सुधा' के सम्पादकीय विभाग में थे, उन्हीं दिनों से कहते हैं, "झाँसी की रानी पर मेरे पास ऐसी सामग्री है, कि बस...।" नानाजी अक्सर कहानियाँ लिखने का आदेश देते हैं, देशभक्ति और आवेश से भरी कुसुमाग्रज की कविताएँ उद्धृत करते हैं। तो मैं सख्ती से पत्र लिखता हूँ, "आप जितना भी कहिए, मैं कहानियाँ नहीं लिखूँगा। जब कोई उपन्यास लिख सकता है, तो कहानी क्यों लिखे? कहानी..." और मैं आज के फ़तवेबाज कवि की गदहपचीसी भाषा को अपने शब्द देता हूँ—"कहानी दूसरे दर्जे की विधा है...।" फिर पुराने लिखे को दबाकर रख देता हूँ... झाँसी गुडबाई...पिंजरे की उड़ान...

आगरा। यशपाल, अज्ञेय, रामविलास शर्मा, रांगेय राघव, अश्क, अमृतलाल नागर, अमृतराय, भगवतशरण उपाध्याय और *हंस*...हर बार 'कर्मयोगी' से श्री आर। सहगल का पत्र आता है, और एक कहानी चली जाती है!...चार-छह दिनों बाद भाषा-विज्ञान का छमाही पेपर है, और मैं लालटेन की रोशनी में सुबह तीन बजे तक लिखता हूँ—'खेल-खिलौने'। रघुवीर सहाय से कविता में पत्र-व्यवहार...'प्रतीक' आता है, और महीने-भर से बीमार लड़की के पास पहुँच जाता है। तीसरे दिन एक युवक सामने है..."आपसे एक जरूरी काम है...दरवाजा बन्द कर लूँ न?"

मैं आशंका से सिर्फ उसे देखता हूँ। वापस आकर बैठते हुए कहता है, "यह कहानी आपने मुझे लेकर ही लिखी है न?"

"ऐसी तो कोई बात नहीं है।"

"झूठ मत बोलिए...मेरा एक काम कर दीजिए। बहुत अहसान मानूँगा...। उस घर में आपकी बात बहुत मानी जाती है। मैं सचमुच उसे बहुत-बहुत..." वह देर तक अपनी व्यथा बताता रहता है।

...मैं उधर समझाता हूँ, "सुनो, आज तुम्हारा वह मित्र आया था...।"

बात बीच में ही कट जाती है, "उससे कहिए, सीधे मुझसे ही बात कर ले। मुझे ऐसी बात करने में कोई झेंप नहीं लगती...।"

'खेल-खिलौने'...50-51, फिर एक नई यात्रा का प्रारम्भ...शायद साहित्य और जीवन में स्वीकृत (रिकॉग्नाइज) किए जाने की दुहरी यात्रा

का प्रारम्भ...हर बार टूट-टूटकर नई विदाएँ देती यात्राओं का अटूट सिलसिला... टेलिग्राफ के तारों पर बैठे नीलकंठ, कौए, कटी पतंगें और सरकती बूँदें...सिगनलों की लाल-हरी आँखों के इशारे...और पास की सीट पर, अपनी बात सुनाता कोई हमसफर...यह हमसफर कितनी बार मिला और छूटा है!

घनश्याम अस्थाना बहुत सुन्दर ढंग से कविताएँ सुनाता है, प्यारे गीत लिखता है, मगर सबसे अधिक सुन्दर है उसकी हैंडराइटिंग...मैं वैसा ही लिखने की कोशिश करता हूँ, अक्षर तो वैसे नहीं बनते, मात्राओं और घुमाने का तरीका आ गया है...एक दिन चौंक जाता हूँ...अरे! यह बिल्कुल मेरी हैंडराइटिंग...एक ही हैंडराइटिंग में यह कौन सी ज़िन्दगी शुरू हो गई?

जाने क्या बात है, दूसरों की आपबीती, अनुभव, उनके मुँह से सुनकर या पुस्तकों में पढ़कर, मुझे कुछ भी याद नहीं रहता...आसपास सभी कुछ भूल जाता हूँ...यहाँ तक कि सामनेवाली किताब या व्यक्ति भी अन्तर्धान हो जाते हैं...रह जाता हूँ, मैं और मेरे भीतर से उतरता हुआ अपना ही कोई अनुभव, अपनी ही कोई घटना, जिसका सामनेवाले से कोई सम्बन्ध नहीं होता। मुझे लगता है, हर आदमी दूसरों के कहे-लिखे के बहाने अपने ही अनुभव का पुनर्सृजन करता हैं इसलिए दूसरों की अच्छी चीज से मुझे कभी ईर्ष्या नहीं होती, कभी किसी-दूसरे का भाव उड़ा लेने की बात मेरा अहं स्वीकार नहीं करता...वह मेरे लिए सिर्फ अपने भीतर उतरने का एक यात्रा-बिन्दु होता है। इधर बहुत ही नाकारा हो गया हूँ, इसलिए उस सम्बद्ध और स्फूर्त मनःस्थिति को कागज पर उतारने के श्रम को टाल जाता हूँ... लेकिन उसी मोह में पढ़ना जारी है। हाँ, जो लेखक पसन्द नहीं आता, उसे भरसक नहीं पढ़ता—स्टैनले गार्डनर, क्रॉनिन, मोराविया, अस्किर्न कॉडवेल, अप्टन सिंक्लेयर, लुई ब्रॉमफील्ड, गुरुदत्त, कुशवाहाकान्त और उनके स्कूल की एक-एक किताब से अधिक नहीं पढ़ पाया। पिछले छह महीने से गुलशन नन्दा और बनफूल की एक-एक किताब पढ़ने की कोशिश कर रहा हूँ, कुछ पन्नों से आगे चल ही नहीं पातीं। जो पसन्द हैं, उन्हें बहुत पढ़ता हूँ। मन्नू को शिकायत है कि इन विदेशी-लेखकों ने मेरा दिमाग खराब कर दिया है।

सुनना, छोटे-बड़े दूसरों की बातें-रचनाएँ-पुस्तकें पढ़ना, मेरे लिए सबसे अधिक प्रेरणास्पद क्षण हैं। मन्नू कहती है—इसमें अहं तृप्त होता है। वह खुद अपनी बातें बड़े दिलचस्प ढंग से सुनाती है, सबके साथ मिलकर मेरी

खिंचाई में हिस्सा लेती है, और शिकायत करती है—'इनमें अगर ये-ये बातें न हों, तो बहुत ही अच्छे हैं।' जो बातें न हों उनकी सूची बेहद लम्बी है, और हर पल बदलती है। मैं मान लेता हूँ कि उसके भाग्य में अच्छा पति पाना नहीं है—एक बार अच्छा पति पाने की सलाह देकर सो जाता हूँ।

मन्नू आरोप लगाती है कि मैं जिम्मेदारियों और ज़िन्दगी से भागता हूँ...मुझे लगता है, मैं ज़िन्दगी से नहीं, ज़िन्दगी में भागता हूँ। इसलिए मुझे भीड़-भाड़, बड़े शहर और वहाँ की कैलेडोस्कोपिक—रंग-बिरंगी ज़िन्दगी बहुत पसन्द है—कपड़े, खाना, सोना, गप्पें सभी कुछ बहुत पसन्द है; जीवन का अच्छे-से-अच्छा रूप मोहता है, लेकिन बुरे-से-बुरे के साथ बिना खलिश निबाह किए जाता हूँ। चाहता हूँ, सारे संस्कारों को तोड़कर अपने को इस समन्दर में निर्बाध छोड़ दूँ, और सच्चे अर्थों में बोहेमियन-ज़िन्दगी जीकर देखूँ—यह क्या कि घर-बार बसाए, मध्यवर्गीय मूल्यों को सहलाते बैठे हैं। लेकिन दृढ़-संकल्पी माँ के दिए संस्कार, जिनसे कदम-कदम पर लड़ना पड़ता है, और अपनों का मोह रोक लेता है...मन्नू की सबसे बड़ी आरोप-तुरप है, कि मैं बेहद निर्णय-दुर्बल हूँ। छोटे और बड़े किसी भी मसले पर तत्काल निर्णय लेकर, मर्दों की तरह उस पर जमे रहने की इच्छाशक्ति मुझमें नहीं है। नहीं जानता, निर्णय-दृढ़ कौन है—मैं नहीं हूँ, यह 'साँच कहूँ लिख कागद कोरे।' हर वह व्यक्ति नहीं है, जिसका परिस्थितियों पर नियन्त्रण नहीं होता। कसम खाकर निकलता हूँ कि बस के अलावा किसी सवारी में सफर नहीं करूँगा—घंटे-भर बस की राह देखकर अर्थात् बस की सम्भावनाओं को पूरी छूट दे चुकने पर स्कूटर कर लेता हूँ—एक दर्जे का टिकट लेकर उससे ऊपरवाले दर्जे में जा बैठता हूँ—निर्णय-दुर्बल जो हूँ...पता नहीं, संकल्प गन्तव्य तक पहुँचने में है, या यात्रा के साधनों को बहुत गम्भीरतापूर्वक लेने में...गन्तव्य को लेकर मन की दुविधा होती तो शायद आज मैं आगरा में प्राध्यापक होता, कहीं सम्पादक होता, या डलहौजी-स्क्वायर के किसी दफ्तर में बैठा-बैठा एक्सपोर्ट-इम्पोर्ट के आँकड़े निकाल रहा होता...।

आज आश्चर्य होता है, कैसे एक-एक बैठक में मैंने कहानियाँ लिखी हैं, और नियम बाँधकर, महीनों, रोज उपन्यासों को आगे बढ़ाया है। अब तो दोपहर एक बजे के बाद कुछ भी लिखना सम्भव नहीं लगता। यह एक बजे तक बैठना भी महीने में कुल चार-पाँच दिन हो पाता है, जब बैठे बिना निस्तार ही न हो। पता नहीं, कैसे होते हैं वे लोग, जिनके लिए लिखना सबसे सुखकर और सब कुछ भूल जाने का क्षण होता है...! मेरे

लिए लिखना सिर्फ एक यातना है, एक सजा है... शायद आजीवन सपरिश्रम कारावास जैसी, जिसे लेकर मन में सन्तोष भले ही न हो, अफसोस भी नहीं है। हाँ, जी जरूर चुराता रहता हूँ और अपनी जेल वार्डर को चरका देने की कोशिश करता हूँ...लेकिन यह भी जानता हूँ, कि इसका कोई शॉर्ट-कट नहीं है। लोगों को देखता हूँ—जो लेखन, कला और उसके विभिन्न आन्दोलनों को लेकर बेहद दुबले रहते हैं, और कृश्न चन्दर के शब्दों में, ''सुअर जैसी मनहूस शक्ल बनाकर' कला के स्तर-प्रस्तरों का विश्लेषण करते हैं; कहानी की अरथी चैख़व ने निकाली थी या हैमिंग्वे ने—इसे जीवन-मरण का सवाल बनाकर रात-रात भर नहीं सोते। सोचता रहता हूँ, क्या यह सब इस सारे सिरदर्द के लायक है? क्या होगा इस सबका? उपन्यास 'एक इंच मुस्कान' में लेखक अगर एक जगह कहता है, 'ज़िन्दगी जैसी है, उसे जीने की अपेक्षा, यों बैठकर उसे लिखना किस तरह महान काम है? मैं अपने कमरे में गढ़े हुए पात्रों की परिस्थितियाँ बयान कर रहा हूँ, ठीक इसी क्षण संसार की हजारों भाषाओं में, लाखों लेखक बैठे-बैठे—इसी सब बकवास में टनों कागज बरबाद कर रहे होंगे...आखिर क्यों? इससे फायदा?''...समय के प्रति ईमानदारी का कीर्तन करते हुए, अपने अस्तित्व की गहराई से लिखो, और कूढ़-दृष्टि प्रकाशकों को कन्विन्स करो कि कैसे यह रचना संसार की सबसे बड़ी बेस्ट-सेलर होने जा रही है...। प्रकाशक अपनी जगह निहायत सही है—'देखिए साहब, हम बिजनेस करने बैठे हैं। लिखने से कहीं रुचि और दुनिया बदलती होगी!...जिसे ठेके लेने होंगे, कम्पनियाँ खरीदनी होंगी, स्मगलिंग करना और इनकम-टैक्स बचाना होगा, प्राइम-मिनिस्टर बनना होगा, फाँसियाँ लगानी होंगी और ऐटम बम फोड़ने होंगे, वे आपके लाख चिल्ल-पों मचाने के बावजूद वह सब करेंगे। हम तो उन घटनाओं की राह देखेंगे, और बीच के अवकाश को लिख-लिखकर पाटेंगे; कभी-कभी सम्मिलित हस्ताक्षर करके विरोध छपवा दिया करेंगे... वह भी बाहर के अत्याचारों पर—घरेलू विरोधों में खतरा है। क्रान्तिकारी और अन्याय-विरोधी बुद्धिजीवी का सेहरा भी, और घर पर कोई असुविधा या जिम्मेदारी भी नहीं।

बहुत ही कन्फ्यूज्ड हो गया हूँ न? क्या करूँ, कोई रास्ता ही नहीं दिखाई देता...और अँधेरे के गीत गाना—अपने साथ, दूसरों के साथ विश्वासघात लगता है। मेरी लेखनी 'सूर्यधर्मा' भी नहीं है। साथ ही येंटरटेनर की स्थिति स्वीकारते भी नहीं बनती।

पता नहीं, इस सबसे मेरे लेखन के पीछेवाले उस व्यक्ति की कितनी तस्वीर उभरती है, जिसे जानने को तुम बहुत उत्सुक हो। देखो न, कितनी देर से अपनी-ही-अपनी बके चला जा रहा हूँ। अब बस करता हूँ। कोशिश करूँगा कि अब अपने बारे में यह सब न लिखना पड़े। बहुत काम का है भी नहीं। विश्वास मानो, मुझे अपने और अपने लिखे के बारे में बातें करने का बिल्कुल शौक नहीं है—प्रायः मैं नहीं करता। वह मेरा नितान्त व्यक्तिगत युद्ध-क्षेत्र है, और वहाँ मुझे अकेले ही लड़ना है। वहाँ मेरा साथ कोई भी—शायद तुम जैसा सहृदय भी नहीं दे सकता। जब नियति यही है, तो क्यों बार-बार अपना युद्ध-क्षेत्र छोड़-छोड़कर यह बताता रहूँ कि देखो, मैंने यह तीर मारा, यह तलवार मारी...। मुझे लगता है, जो ऐसा करते हैं, वे दुहरी हार स्वीकार करते हैं—युद्ध छोड़कर चले जाने की हार; और जो वहाँ न कर पाए, वह सब कह-सुनाने की मानसिक हार। और युद्ध धरतियों के पाने या छोड़ने से नहीं हारा-जीता जाता—मन से हारा-जीता जाता है। मैं अभी से यह हार क्यों स्वीकार करूँ? माफ करो तो एक बेहूदे विज्ञापन की एक लाइन के साथ पत्र समाप्त करने को मन होता है—'अभी तो मैं जवान हूँ!'

बस!

सस्नेह

—राजेन्द्र यादव

अक्तूबर, 1964

मुड़-मुड़के देखता हूँ...

फर्लांग-भर से कुछ लम्बी, कमर से काफ़ी ऊँची, लाल-ईंटों की बनी एक दीवार है और यह दीवार एक डामर की सड़क के किनारे-किनारे चली गई है। इसके दो लोहे के फाटकों में से एक हमेशा बन्द रहता है, दूसरे पर हमलोग अक्सर ही झूलते हैं और उसे इस सिरे से उस सिरे तक ले जाने में हवाई जहाज का आनन्द पाते हैं या हाथ-पैरों में चोट लगाकर रोते हुए घर आते हैं। पच्चीस-तीस बीघे का लम्बा-चौड़ा अहाता, बीच में लाल-ईंटों की अस्पताल की बिल्डिग, एक सिरे पर मरीज़खाना...यानी एक लाइन में बनी बरांडेवाली कोठरियाँ; कम्पाउंडर का क्वार्टर, और तब इस सिरे पर डॉक्टर का मकान। उससे लगे छः सीधे खम्भों पर फूस का छप्पर या शेड जिसे सब लोग 'बंगलिया' कहते हैं; पास ही जमादार के रहनेवाली झोंपड़ी, कंजर-परिवार की झोंपड़ियाँ—कुआँ और फिर दो-दो खेत की जगह। सड़कों के पार खुले खेतों के बीच जाती हुई सड़क के उस ओर थाना, मस्जिद, स्कूल और बहुत बड़ा बरगद का पेड़—आधे पोखर को ढँके हुए; तब कस्बा। बीच की उस पक्की सड़क द्वारा एकदम काटकर अलग कर दिए गए इस अस्पताली-द्वीप से ही मेरी रचना-यात्रा शुरू हुई। चारों तरफ के खेत, बम्बे, कच्चे रास्तों और फरास-बबूल के झुंडों से काँटेदार तारों या कच्ची-पक्की मेड़ों द्वारा अलग कर दिए गए घेरे के बीच से। यानी कपड़े फाड़कर, खरोंचें लगाकर और दुनिया-भर के काँटे-चोटें स्वीकार करते हुए इन सीमाओं से भागने की प्रक्रिया के दौरान।

कंजर, जमादार, चौकीदार, महाराज, कम्पाउंडरों के आते-जाते परिवार, मौलवी साहब, मास्टर साहब और पिताजी से मिलने-जुलनेवाले दोस्तों का किसी भी समय आना-जाना, मरीज़ों-घायलों का सिलसिला; बबूल, नीबू, नीम, जामुन, अनार, मेहँदी, रेलवे-क्रीपर की बेलों बाड़ के बीच

डॉक्टर के घर के सामने गेंदे, रातरानी, गुलाब-गुलदाउदी की क्यारियाँ। डॉक्टर को उत्साह आता है तो क्यारियाँ लहलहाने लगती है और हम लोग बम्बे से नालियाँ निकालकर सिंचाई करते हैं, कुएँ से पानी खींचकर लाते हैं—वरना सब घास-पौधों में एकाकार हो जाता है। एक माली आ जाता है और कुएँ के पासवाले खेतों में बैंगन, तोरई, मिर्च, प्याज़, टमाटर, गोभी, कासीफल के पौधे हरे हो जाते हैं और हम लोग नारायण के इक्के को अपना क्रीड़ा-केन्द्र बना लेते हैं।

कुछ इसी तरह का रहा है बचपन। सारे दिन खेतों में घूमते हैं, बम्बे के आसपास भटकते हैं, मरीज़ों, कंजरों, जमादार, कम्पाउंडरों के बच्चों के साथ ऊधम मचाते हैं, अस्पताल में जाकर 26 और 8 नवम्बर को शर्बत पीते हैं, ग्लीसरीन और पोटेशियम परमैगनेट मिलाकर आग जलाते हैं, पेड़ों पर चढ़ते हैं और जाने कहाँ-कहाँ से पकड़कर लाए जाते हैं। केशी महाराज का एक काम हमारी जासूसी करना भी है। कैसे भी छिपकर कुछ करो, उसे ज़रूर पता चल जाता है कि कहाँ हम मिट्टी में खेले, किसके खेत की नाली को हमने बदल दिया, किसके हरे चने उखाड़े या कहाँ किससे क्या माँगा। बाई का काम है दिन में दो-चार बार डाँट-डपटकर पिटाई करना, पकड़-पकड़कर नहलाना, दोपहर में अँधेरे-कमरे में बन्द करके सुलाना या सारे दिन किताबें पढ़ना और आधा-सीसी के देशी इलाज करते रहना। हमारे यहाँ किसी भी काम का कोई समय या कायदा नहीं है। दूर से देखते हैं कि थाने के पास की मस्जिद से अज़ान बन्द हो गई है। मौलवी साहब ने दरवाज़े की कुंडी चढ़ा दी है, यानी उनके आ पहुँचने से पहले पाँच ही मिनट हाथ में हैं, छिपना-भागना जो भी हो इसी बीच कर डालो। कभी भाई आवाज़ लगाता है, 'टूटी साइकिल' आ रही है! हिन्दी के सूखे पंडितजी कुछ इस तरह चलते हुए हाथ-पाँव फेंकते हैं कि उनका नाम पड़ गया है, 'टूटी साइकिल!' हम लोगों का सारा दिन इन दो 'देवदूतों' के हमले से बचने की तिकड़में सोचने, भागने-छिपने, पेड़ों-खपरैलों पर जा-चढ़ने या पेट-दर्द, बुखार पैदा करने में जाता है। उर्दू-हिन्दी पढ़ने से ज़्यादा ज़रूरी काम करने होते हैं—पतंग, लट्टू, गेंद, गिल्ली-डंडा, बढ़ईगीरी या किले बनाने के। केशी महाराज शाम को बस्ती की रामलीला में लक्ष्मण या परशुराम बनता है। लेकिन वहाँ तभी जा पाएगा जब यहाँ का काम ख़त्म कर लेगा। तीन बजे उसे जगाने से लेकर उसके साथ सफ़ाई, पानी-छिड़काव और खाना-बनाना और तब उसी के

साथ रामलीला जाकर मेकअप में मदद करना या दरी पर सबसे सम्माननीय स्थान पर बैठना—'डाक्साब के बच्चे हैं!'

पढ़ाई की व्यवस्था या सामान्य वातावरण अच्छा नहीं है, इसीलिए हम दो भाइयों को पिताजी ने भेज दिया है चाचाजी के पास—मवाना कलाँ, जिला मेरठ। यहाँ ज़्यादा अनुशासित माहौल है—कचहरी से लौटकर चाचाजी रोज़ देखते हैं कि हमने स्कूल या घर पर क्या पढ़ा है। हवन, गायत्री और प्रभात-फेरियों का भी जोर है। लेकिन उस दिन स्कूल के मैदान में झड़प हो गई, बलबीर ने टखने में हॉकी मारी तो मैंने पलटकर कन्धे का निशाना बनाया। घर आकर बताया, नया जूता पहनने से टखने में मोच आ गई है। सिंकाई, मालिश और आधे डॉक्टरी, आधे देसी इलाजों के बीच पाँव फूलता चला जाता है। महीने-भर से कोई सुधार नहीं। पिताजी आते हैं और मथुरा ले आते हैं। सिविल-सर्जन व्यक्तिगत दिलचस्पी ले रहा है। एक्सरे, दवाएँ क्लोरोफार्म, ऑपरेशन। घुटने से टखने तक की पूरी हड्डी गल गई है, इसलिए निकालने के सिवा कोई चारा नहीं है। सख्त-गुस्सैल और ज़िद्दी पिताजी बार-बार आँखों पर रुमाल रख लेते हैं...फिर एक और ऑपरेशन...

और फिर वही कम्पाउंड, वही खेत-बस्ती, वे ही लोग। ड्रेसिंग, पट्टियाँ, सिंकाई और लकड़ी के चौखटे में जकड़ी टाँग...सारे दिन मन बहलाने के लिए पिताजी ताश, कैरम, शतरंज, चौपड़ खेलते हैं। मथुरा से नई-नई चीज़ें लाते हैं—लूडो, साँप-सीढ़ी, पतंगें, आतिशबाज़ियाँ या दवाओं के बड़े-बड़े बक्से। इन्हें खुलवाने, घास-फूस हटाने और एक-एक दवा या औज़ार को देखने में हमें बड़ा मज़ा आता है। शाम को आता है चाटवाला भिक्खी। हम लोग जुट पड़ते हैं। खोमचा खत्म। 'इन सब लोगों को खिला दो, पैसे हमसे ले जाना।' हफ्ते में एक बार पिताजी की आज्ञा है। हमारी शर्त यही है, रात को आकर कहानियाँ सुनानी होंगी। खाने-पीने के बाद चाँदनी रात के जादुई माहौल में हमसब लोग चारपाइयों और मूढ़ों पर बैठ जाते हैं और बेले-मेहँदी की गन्ध से वातावरण महकता रहता है। उधर अँधेरे में बरामदे की सीढ़ियों पर बाई (माँ) बैठती हैं। बहुत विस्तार, ब्यौरे और पूरी नाटकीयता से कहानी सुनाता है भिक्खी। बैताल-पच्चीसी और सिंहासन-बत्तीसी स्रोत हैं। शाम को अखबार आता है, शायद 'हिन्दुस्तान टाइम्स'। कस्बे के दो-चार लोग, अगर सम्बन्ध अच्छे हुए तो थानेदार, कम्पाउंडर सब लालटेन के आसपास जमा होकर उसे षड्यन्त्रकारियों की

तरह पढ़ते हैं, बहस करते हैं। लड़ाई शुरू हो गई है। गाँधी और कांग्रेस का जोर है। अंग्रेज़ों के हार से खुशी होती है। मगर गाँधी उन्हें भगा पाएगा इसका विश्वास नहीं है। दिन में अस्पताल के समय के अलावा पिताजी मेरे पास अक्सर ही आराम से मूढ़े पर बैठकर अलिफ-लैला, दास्तान अमीर हम्ज़ा की कहानियाँ पढ़कर सुनाते हैं और जहाँ छोड़ जाते हैं, वहाँ मेरी जान अटकी रहती है। मैं खुद सारे दिन इन्हीं किताबों को पढ़ता हूँ...और धीरे-धीरे हिन्दी-उर्दू के घटना-प्रधान, जासूसी-तिलस्मी उपन्यासों पर आ जाता हूँ। छोटा भाई सत्येन्द्र अब आगरे में पढ़ने लगा है। जब वह आता है तो पतंग, माँझा, चाबीवाले खिलौनों को साथ लाता है, सैक्स्टन-ब्लैक और राबर्ट-ब्लैक के उपन्यास या दरोगा-दफ़्तर सीरीज़ और 'प्रभात किरण' की दो-आना सीरीज़ की उपन्यास-माला की पुस्तकें भी ले आता है। साप्ताहिक 'देशदूत' में गोपाल राम गहमरी का 'झंडा डाकू' इतनाक में दिया जाता है कि हर समय जान वहीं उलझी रहती है। कहानियाँ, अपने रोमांचक अनुभव सुनाता केशो महाराज भी है, मगर भिक्खी के कहानियाँ सुनाने का मज़ा ही दूसरा है—एकदम तस्वीर खड़ी कर देता है, स्थिर नहीं, चलती-फिरती तस्वीरें...

कड़वी-मीठी दवाओं, इंजेक्शनों और पट्टी बदलने के बीच यों बँधे-बँधे लेटे रहने से मेरी कल्पना बहुत तेज़ हो गई है और उसमें समिधा देती हैं ये पढ़ी-सुनी हुई कहानियाँ। मैं सारे दिन सपने देखता हूँ, उड़ता हूँ और समझने की कोशिश करता हूँ कि सोते समय राजा का हाथ रानी के गले या छाती पर ऐसे किस तरह और क्यों पड़ गया कि उनका नौलखा हार बिखर गया? उपन्यासों में जो बार-बार प्यार और मुहब्बत की बातें आती हैं, उनका क्या मतलब है? या मरजीना ने घडों में जब गर्म तेल डाला तो अन्दर छिपे चोर कैसे तड़फड़ाए? सिन्दबाद का जहाज़ जब टूट गया तो वह तख़्ते से चिपका कैसे, कितने दिनों में किनारे आया होगा? पीर-तस्मा-पा को कन्धे पर चढ़ाते ही उसने कैसे चमगादड़ की तरह सिन्दबाद की गर्दन अपनी टाँगों में भींच ली? क्या संटियाँ मार-मारकर चौबीसों घंटे उसे हाँकता ही रहता था, 'चल, इधर चल, उधर दौड़, खबरदार जो रुका तो।' क्या टाँगों में गर्दन फँसाए ही सोता था? पहाड़ों से आती हुई वह आवाज़ कैसी थी जिसे सुनकर हातिम बेसाख़्ता उधर दौड़ पड़ा?

सचमुच तब मुझे कतई अहसास नहीं था कि अपने भीतर के पहाड़ों

से आती किसी आवाज़ को मैं भी तो ठीक उसी तरह सुनने लगा हूँ। सिर्फ इतना पता था कि मैं सारे दिन बैठकर कुछ-न-कुछ लिखने की कोशिश करता रहता हूँ। परसा चौकीदार है, पहले भी यहीं था। किसी ने कुछ खिला दिया तो लगभग अन्धा हो गया। बीवी किसी के साथ चली गई। पिछले डॉक्टर की भी उसके साथ 'गड़बड़' थी, इसीलिए निकाल दिया गया। पिताजी ने ज़िद करके उसके अन्धेपन के बावजूद उसे बुला लिया। कुछ-कुछ दिखाई देता होगा, तभी सारे अस्पताल में बड़े अकड़ और विश्वास के साथ घूमता है। कहीं से एक लड़की ले आया है, साँवली-सुन्दर। कहता था ब्याहकर, मगर शायद खरीदकर। वह ब्रजभाषा नहीं, खड़ी बोली, यानी हमारी 'सरकारी बोली' बोलती है, औरों के मुकाबले साफ़ रहती है। हम लोगों के निकट आने की कोशिश करती है, लेकिन बाई उसे घर के पास नहीं फटकने देती, 'ऐसी औरतों का क्या ठिकाना!' वही पिताजी और नर्स वाला पुराना बखेड़ा खड़ा हो और उन्हें साल-छः महीने के लिए नानाजी के पास रहना पड़े। पिताजी पर उन्हें विश्वास नहीं है। 'मुझे भेजकर तेरे पिताजी उसे अपने पास सुलाते थे।' मगर लड़की सारे अस्पताल का आकर्षण-केन्द्र है। उर्दू बहर में मैं उस पर लम्बी कविता लिखता हूँ—'परसा ने एक दिन चने जो चुराए...' उसमें परसा एक दिन चने चुराते पकड़ा जाता है, अन्धा होने के कारण छिप या भाग नहीं पाता। उसकी पिटाई होती है और तब कहीं से उसकी शहरी-बीवी आकर उसे छुड़ाती है, उसका रूप निहारते हुए लोग कुछ बोल ही नहीं पाते...इसी तरह के आसपास के लोगों पर कविताएँ लिखकर मैं तिलस्मी उपन्यास लिखने में जुट जाता हूँ 'देवगिरि'। तय है कि चन्द्रकान्ता-सन्तति से बड़ा होगा, ज़्यादा जटिल होगा। रहस्य-रोमांच देशभक्ति, क्रान्तिकारिता और एडवेंचरिज़्म सभी कुछ होगा उसमें। बाई जो बन्दी-जीवन, सावरकर, आजाद-भगत सिंह या 'चाँद' के फाँसी अंक की कहानियाँ सुनाया करती थीं, वे ही नसों में सनसनाती रहतीं। काश, मैं भी किसी ऐसे क्रान्तिकारी को देखूँ, मिलूँ! बम बनाने की कोशिश सिर्फ गन्धक-शोरा और पिसा कोयला मिलाकर पटाके बनाने तक रह जाती है। मेरी दुनिया आधी कल्पना की बनी है, आधी-वास्तविक। ज़िन्दगी में जितना भी एक्शन नहीं है, लिखने में उतना ही बढ़-चढ़कर आता है : दौड़ लगाते घोड़े, दसियों लोगों को मार गिराने वाले नायक, गोलियों को झुठलाते और किलों की ऊँची-ऊँची दीवारों को इच्छानुसार फलांगते

रूप बदलते अय्यार...आज लगता है कि इन रचनाओं के बहाने मैं देश-काल दोनों को फलांग जाना चाहता था। पिताजी सोचते, चलो कहीं तो लड़के का मन लगा है। वे या भाई-बहन घंटों शतरंज और कैरम खेलते। मन बहलाने के लिए पशु-पक्षियों को पालने का शौक भी साथ ही चल रहा है। कुत्ते, बिल्ली, बन्दर, तोते, मोर, मुर्गे, खरगोश, कछुआ, हिरन, नेवला, काँटेदार चूहा—सभी तो पाले हैं। गाँव के छोटे से पुस्तकालय की सारी किताबें चाट डाली हैं। 'बाल-सखा' में 'इनकी रचनाएँ नहीं छपेंगी' में एकाध बार नाम भी आ चुका है। छपा तो सही!

उपन्यासों में नायिका के रूप में किसकी तस्वीर उभरती है? दरोग़ाजी की लड़की की, बर्तन माँजनेवाली छः-फुटी नाइन की परसा की बीवी की या कम्पाउंडर की मुन्नी की? सपनों की नायिका से इन सबका सम्बन्ध जोड़ना मुश्किल है।

पढ़ाई फिर से बाक़ायदा शुरू हो गई है। पं। रामस्वरूप शर्मा सिर्फ़ पढ़ाते ही नहीं हैं, पूरे व्यक्तित्व के विकास में दिलचस्पी लेते हैं। पिताजी के सबसे अच्छे मित्र हैं। दोनों ही अक्सर मेरे भविष्य को लेकर चिन्तित रहते हैं। मैं ब्रजभाषा के कवित्त और सवैयों में सत्यनारायप की कथा लिख डालता हूँ, जिसे ये सारे कस्बे में दिखाते फिरते हैं। विशेष रूप से इसलिए कि हमारे घर कथा-पूजा का कोई वातावरण नहीं है, सिर्फ त्योहार ही ज़ोर-शोर से मनाए जाते हैं। पिताजी को आस्था नहीं है और बाई आर्य-समाज के संस्कार लेकर आई हैं। मगर हालत आज जैसी बुरी नहीं है—अभी पिछले दिनों दिल्ली में एक विदेशी महिला को किसी हिन्दू भगवान की तस्वीर दिखानी थी। सारा घर छान मारा, किसी देवी-देवता का न तो कैलेंडर मिला, न किसी चीज़ की पैकिंग पर आई कोई तस्वीर। गीता और रामायण का तो कोई सवाल ही नहीं। बहरहाल, मास्टर साहब के साथ मैंने हिन्दी और उर्दू के मिडिल और एडवांस कर लिए हैं, पिताजी की सिगरेटें चुराकर पीने और छिपकर कोकशास्त्र पढ़ने या 'कौतुकरत्न भंडागार' से तरह-तरह के मन्त्र और सिद्धियाँ पाकर विलक्षण कर दिखाने का ज़माना बीत गया है।

अगली पढ़ाई के लिए झाँसी। मवानावाले चाचाजी इन दिनों यहीं हैं, झोंखनबाग में। वहाँ वह सब कस्बाई जंगलीपन नहीं है, सब कुछ क़ायदे का है। साफ़ कपड़े, पढ़ने-खाने-सोने के समय, तहज़ीब—तमीज़ और चाचाजी की पूजा-पाठी, लेकिन परम हस्तक्षेपकारी दिनचर्या। परांठों की पुंगी बनाकर

रज़ाई में घुस जाने और खाते-पीते सो जाने का तो कोई सवाल ही नहीं। मुझे वहाँ का सारा अनुशासन अंग्रेज़ों की नकल लगता है और अपना तौर-तरीका राष्ट्रीय। बहसें होती हैं और मैं अपने आपको राष्ट्रीय बनाता चला जाता हूँ। पड़ोसी वकील साहब, सुधीन्द्र वर्मा के पितामह झाँसी की रानी से सम्बन्धित रहे हैं और इस पारिवारिक सामग्री पर वे एक उपन्यास लिखना चाहते हैं। कभी 'सुधा' के सहायक सम्पादक थे, इसलिए सुधा-माधुरी की सारी फाइलें; प्रेमचन्द, प्रसाद, वृन्दावन लाल वर्मा, देवीप्रसाद धवन 'विकल', कौशिक इत्यादि की सारी रचनाएँ वहाँ हैं। शायद श्रीमती वर्मा की छोटी बहन ने दुलारेलाल भार्गव से विवाह किया है, इसलिए गंगा-पुस्तक-माला की सारी पुस्तकें हैं। उधर 'स्वतन्त्र' के सम्पादक, श्यामप्रकाश दीक्षित, जीजाजी के सहपाठी और क्रान्तिकारी कार्यों के सहयोगी, शरत्‌चन्द्र के भक्त हैं। गाँधीवादी साहित्य से लेकर 'गाँधीवाद की शव-परीक्षा' सभी कुछ चाव से पढ़ते हैं। मानसिक रूप से इस दुनिया में रहनेवाला मैं, कोठी के आधे हिस्से में रहनेवाले सी।आई।डी। इंस्पेक्टर शर्मा को अपना जानी दुश्मन मानता हूँ। क्रान्तिकारियों पर दो-एक कहानियाँ लिखी हैं। मगर छपी नहीं हैं। आजाद-हिन्द-फौज के जुलूसों में शरीक होना अपनी निगाह में बहुत-बहुत महत्त्वपूर्ण बना देता है।

कॉलेज में पढ़ने के लिए आगरा कॉलेज। उससे भी पहले विशारद-साहित्य-रत्न के लिए नागरी-प्रचारणी-सभा। बेहद ही हलचल के दिन हैं। लालकिले में सहगल ढिल्लो शाहनवाज पर मुकदमा चल रहा है। बम्बई के नाविकों ने विद्रोह कर दिया है। जयप्रकाश नारायण और अरुणा आसफ अली की विशाल मीटिंगें होती हैं। झाँसी और फिर आगरा में दो सामाजिक उपन्यास लिख डाले हैं। मूलतः वे किशोर भावुकता के रोमानी उपन्यास हैं। शायद उन दिनों मेरी पीढ़ी के सभी लेखक 'गुनाहों के देवता' ही लिख रहे थे। कहानियाँ शुरू होती हैं और पहली कहानी छपती है अपने-अपने ढंग से, 'चाँद' के भूतपूर्व सम्पादक रामरख सिंह सहगल के 'कर्मयोगी' में 'प्रतिहिंसा' शायद मई, 1947 में। इससे पहले 'जागरण' 'सैनिक' के विशेषांकों में कुछ छपा हो तो छपा हो। फिर 'हंस' में गुलदस्ता और अप्सरा... आगरा में उन दिनों अनेक तरह की गतिविधियाँ हैं। सबसे प्रमुख है, प्रगतिशील लेखक संघ। डॉ। रामविलास शर्मा और रांगेय राघव के बीच केवल औपचारिक सम्बन्ध हैं। पढ़ाई-लिखाई का एकेडेमिक वातावरण रामविलास शर्मा की ओर है, उन्मुक्त और रचनात्मक

रांगेय राघव की ओर। उदीयमान युवक सबसे पहले पद्मसिंह शर्मा 'कमलेश' के आसपास होते हैं, और इन दोनों से भी सम्पर्क रखना चाहते हैं, शायद इसीलिए कमलेश से अलगाव की प्रक्रिया शुरू हो जाती है। घनश्याम अस्थाना, प्रकाश दीक्षित, राजनाथ, राजेन्द्र शर्मा, मैं, कुलदीप सभी अपने-अपने ढंग से लिख रहे हैं। राजेन्द्र रघुवंशी अपने इप्टा का झंडा बुलन्द किए हैं। हर समय साहित्य, नाटक, राजनीति और पढ़ाई-लिखाई या कमलेशजी की आत्म-संवर्धक संघर्ष की कहानियों का माहौल है। कभी राहुल जी आ रहे हैं, कभी भगवतशरण उपाध्याय। अमृतलाल नागर के तो ससुराल और ननिहाल दोनों ही गोकुलपुरे में हैं। बाद में जब रामविलास शर्मा के पन्त, राहुल, रांगेय राघव, शिवदान सिंह चौहान—सभी को ध्वस्त करते हुए विध्वंसक लेख आने शुरू हुए तो आगरा जैसे सारे साहित्य का गढ़ हो उठा। उस समय बड़ी उत्तेजना लगती थी और तब कोई अनुमान नहीं था कि यह सिलसिला आगरा को न जाने कब तक के लिए बंजर बनाकर रख देगा। पिछले चालीस वर्षों से किसी भी साहित्यिक नक्शे में आगरा कहीं नहीं है, सिर्फ मसान-साधक की तरह रामविलास शर्मा की तपस्या चल रही है। बाद में वे भी वहाँ से दिल्ली आ गए।

सन् 1950 के आसपास आगरा से ही मेरा एक संग्रह आया, 'रेखाएँ, लहरें और परछाइयाँ'। रांगेय राघव ने कवर बनाया था। दूसरा संग्रह आया 'देवताओं की मूर्तियाँ' बीकानेर से। वहाँ से चम्पालाल राँका लक्ष्मीकान्त शर्मा और चन्द्र ने 'नई चेतना' निकाली थी और उसे शिवदान सिंह चौहान का आशीर्वाद प्राप्त था। उस समय का खौलता हुआ वातावरण आज भी याद करने की चीज़ है, जब हर दिन कुछ-न-कुछ लिखने की स्फूर्ति लगातार मन में बनी रहती थी। विभाजन और 'यह आजादी झूठी है' का दौर भी उर्दू-हिन्दी को प्रभावित कर रहा था। इलाहाबाद, बनारस, आगरा, लखनऊ, बम्बई, दिल्ली सभी जैसे उद्वेलनों के केन्द्र थे।

हम राजामंडी बाजार में पुरानी हवेली में रहते थे। बाद में यहीं बासु ने 'सारा आकाश' की शूटिंग की। उन दिनों हमारे यहाँ बिजली नहीं थी। सारी रात लालटेन के पास चिपका मैं कहानी लिखता रहता था, कभी-कभी पास सोए मित्र को देख लेता। नीचे की मंज़िल का गलीवाला कमरा था। राजेन्द्र (डॉ। राजेन्द्र प्रसाद शर्मा) ने सोते समय कहा था कि अगर आँख खुल जाए तो चार बजे जगा दूँ। गली की बदबू, सूअरों की

धमा-चौकड़ी, कुत्तों का रोना, ट्रेन की सीटियाँ और फिर पास आकर गुज़र जाना। कभी किसी का बातें करते हुए निकलना...चप्पलों की फटफटाहट और कहानी में डूबा हुआ मैं...खत्म करके घड़ी देखी, चार बजे थे। चिमनी काली हो गई थी और शरीर थकान से टूट रहा था। राजेन्द्र को जगाकर मैं सो गया। दो दिन बाद ही शायद भाषा-विज्ञान का पेपर था। वह कहानी थी, 'खेल-खिलौने'।

आज लगता है, कहानी बहुत भावुकता के साथ लिखी गई है, और बात को ढंग से कहने के शिल्प के अलावा उसमें बहुत कम नया है; मगर मेरे लिए नया था वह दर्द, जिसे लिखते हुए मैंने खोजा और मूर्त्त किया था। उसी कहानी ने मुझे कहानी-क्षेत्र में मान्यता दिलाई थी और उसी ने जीवन में...स्वीकृति का एक अनकहा मधुर आश्वासन दिया था। कहानी पीछे छूट गई है, लेकिन उसे लिखते समय जिन बिम्बों में मैं जिया था, वे अभी तक याद हैं...शायद सबसे अधिक याद है वह अँधेरा कमरा, पास सोया मित्र और बदबूदार सँकरी गली, जिसके फर्श से ऊँचा मेरा कमरा था और कभी-कभी नाक पर रुमाल रखना पड़ता था, और आसपास की बीभत्स आवाज़ें उबकाई पैदा करती थीं...इस सबके बीच कुछ सुन्दर सिरजने की नाजुक-सी खुशी।

उन्हीं दिनों 'प्रेत बोलते हैं' (बाद में सारा आकाश) के माध्यम से हुई मित्रता ने मुझे कुछ इतना छा लिया था कि सारे दिन खुशबूदार कीमती लिफ़ाफ़ों की राह देखता रहता था, उन्हें ही पढ़ता और जीता था। विश्वास और अविश्वास के बीच में रहने ने, कल्पना-शक्ति को अद्‌भुत तीव्रता दे दी थी...जो पत्र लिखता है वह कैसा है? कहीं कोई बना तो नहीं रहा? तब सारी दुनिया बारिश-भीगे खिड़की के शीशे के पार चली गई थी, और उसे मैं, 'उखड़े हुए लोग' के पन्नों में पकड़े रहना चाहता था। अब हम लोग अपने नए घर में आ गए थे।

नया-नया कलकत्ता आया तो यादें थीं और अनदेखे हाथों के अपनत्व-भरे पत्रों का चलता सिलसिला था। एक निराकार-सी छाप मन में कौंधती थी। आगरे की गर्मी के दिन थे। 'सैनिक' में काम करनेवाले विश्वनाथ भटेले और श्रीराम वर्मा (अब अमरकान्त) से नई-नई दोस्ती हुई थी। दयालबाग के रास्ते की छोटी सी पुलिया पर बैठकर भटेले ने आगरे की दो बहनों का किस्सा सुनाया था, और मैं नीचे गड्‌ढे के पानी में क़ैद चाँद को ताकता रहा था। वही छोटे से पानी के टुकड़े में जुड़ा मेरी चेतना में क़ैद

चाँद, डायमंड हार्बर, कलकत्ता के कमरे में, रात-रात-भर मेरे सामने चमकता रहता था। सोता था तो ठीक आँखों के सामने बाल्कनी के पार स्कूल के पेड़ों के पीछे की बत्ती चाँद का भ्रम देती रहती और कृष्णाचार्य पंखे का कान उमेठते रहते...सारे दिन कलकत्ते में भटकने के बाद तीन कहानियाँ लिख डालीं—रात-रात-भर जागकर, 'एक कमजोर लड़की की कहानी', 'जहाँ लक्ष्मी कैद है' और शायद 'त्याग और मुस्कान'। आगरे से लिखकर लाए गए 'उखड़े हुए लोग' का रिवीजन हो रहा था, और 'शह और मात' की अनजान तैयारियाँ। दिमाग में कुलबुला रही थीं, 'कुलटा'। नारी की विवशता की इन सारी कहानियों में उन पात्रों में छाई निराशा और अवसाद भी शामिल हुए थे या नहीं, यह आज बता पाना मुश्किल है। लेकिन लिखी वे इसलिए गई थीं कि बता सकूँ...कलकत्ते ने मुझे खाया नहीं है। बदबू और गन्दगी से घिरे हुए भी 'सुन्दर' की डोर हाथ से छूटी नहीं है। उन्हीं दिनों अपनी वर्ष-गाँठ पर पत्र के रूप में एक कहानी लिखकर भेज दी, 'अभिमन्यु की आत्महत्या'। कुछ अजीब से आत्मविश्वास और आत्मदया, अकेलेपन और आत्मलीनता में सब कुछ गुज़र रहा था—आसपास और अपने भीतर...भीतर थी एक ज़िन्दगी, बहुत समृद्ध, बहुत मधुर, निरन्तर बहती धारा की तरह...बाजरे के हरियले खेतों की गीली मिट्टी पर बैठे हुए, सामने के दूसरे किनारे की ऊँचई को उलटे पेड़ों की कतार के साथ धारा की आधी चौड़ाई तक आते हुए देखना.. .लगता था, जैसे सभी कुछ धीरे-धीरे सरकता चला जा रहा है...मैं देख रहा हूँ, और मेरे साथ कई 'मैं' देख रहे हैं...बहुत भरा-पूरा और नाटकीय लगता था यों कई-कई 'मैं' के साथ रहना...लाटरी खुल जाने के रहस्य को अपने भीतर ही समेटे घूमना...

कहीं रहो, आगरा खींचता था—गन्दा, सँकरा, ठहरा और गतिहीन। आज भी खींचता है। इसी को शायद मिट्टी का खिंचाव कहते हों। जब-जब राकेश मिलता था, एक ही ज़िद, 'तू दिल्ली आ जाए तो मैं भी इधर आने की योजना बनाऊँ...।'

साल-भर के लिए दिल्ली आया तो वे सारे 'मैं' आपस में लड़ने लगे थे, एक-दूसरे को दोषी मानने लगे थे...आपस में काटती गूँजोंवाला ताजमहल टुकड़ों में बिखर गया था, और फुल पंखे के नीचे भी कुहनियों-तले तौलिया रखे, बाँहों का पसीना पोंछता मैं 'छोटे-छोटे ताजमहल' लिख रहा था, 'खेल' और 'मज़ाक' लिख रहा था, 'नए-नए

आनेवाले' लिख रहा था। अक्सर ही कलकत्ते के दिनों की एक और कहानी 'नौकरी' लिखने की बात तय करता और दूसरी ही कहानी लिख डालता। वह कहानी आज तक नहीं लिखी गई और क़र्ज की तरह आत्मा पर लदी हुई है। साहब की शादी हुई तो नौकरानी यह कहकर गाँव चली गई—'हम ही क्या बुरे थे?' हक माँगनेवाली उस औरत की दृढ़ता और दीप्ति से मेरे साथ रहनेवाले मित्र डर गए थे—सोसायटी में कहाँ उठाएँगे-बैठाएँगे?... उधर एक और दृढ़ता और दीप्ति मुझे भी खींच और झटक रही थी...और एक बार मैं फिर से पुराने को रिवाइज कर रहा था, यानी 'प्रेत बोलते हैं' का 'सारा आकाश' कर रहा था। लेकिन पाया कि बदला कुछ नहीं है, न वह लगाव—न वह रचना—सिर्फ इधर-उधर से रिटच करके मैंने नाम बदल दिया है।

कहानी सबसे पहले मेरे लिए याद थी, जुड़े हुए सूत्रों के स्रोत की खोज और पुनरवलोकन थी...फिर 'सम्बोधन' होने लगी, फिर क्रमशः संवाद...दिल्ली से कलकत्ता वापस आकर पाया कि मैं सिर्फ 'किनारे से किनारे' के बीच भटक रहा हूँ। घर बन गया है, फिर भी लगता है जैसे मैं घर के लिए नहीं बना हूँ।

'प्रतीक्षा' और 'लौटते हुए' उन्हीं दिनों लिखी गई। स्मृतियों के साथ-साथ अपने परिवेश को समझने, आसपास ही सन्दर्भ खोजने की कोशिश उन कहानियों में आज साफ़ दिखाई देती है—अतीत की ओर लौटने की नहीं, वर्तमान पर ठहरने की; जलती हुई तात्कालिकता को स्वीकार करने की झिझकती-सी हिम्मत। 'सम्बन्ध' जैसी कहानियों में आतंकप्रद असलियत को अपने लिए पाना ही प्रमुख रहा है—हो सकता है, 'मरनेवाले का नाम' इसी सच्चाई की तस्दीक करनेवाली कहानी हो और 'भविष्यवक्ता' में केवल अदृश्य की आशंका ही मूर्त हुई हो। या 'टूटना' अपनी बाहरी उपलब्धियों के भीतर रेंगती निरर्थकता की स्वीकृति...अपने भीतर चलती वितृष्णा और हीन-भावना को रचनात्मक स्तर तक लाने का आश्वासन, एक पुनर्मूल्यांकन ही चाहता रहा हो।

अपने-आपको संक्रमित करने, 'अनदेखे अनजाने पुल' की निन्नी के माध्यम से अपने को पार करने की इस प्रक्रिया में कहीं आत्म-दया और आसपास के प्रति विक्षोभ है, (अतीत के आसपास मँडराता भविष्य) कहीं अपने को नए आदमी की बौनी निगाह से जाँचने-तौलने की यातनाप्रद पड़ताल (मेहमान) या अपनी खोई हुई अस्मिता (आइडेंटिटी) की तलाश

(अनुपस्थित सम्बोधन) बहरहाल, यह अहसास तो है ही कि कहीं—कुछ टूट-टूटकर बिखर गया है, लेकिन सभी कुछ टुकड़े-टुकड़े होकर भी जिन्दा है। (एक कटी हुई कहानी)

शायद यह तलाश कई और स्तरों पर उतरती या विकास की किन्हीं और मंज़िलों तक ले जाती। तभी आ गया 'अक्षर'—यानी शब्दों के अर्थ अचानक खो गए और अर्थ के शब्द की लाश पर चीलों की तरह मँडराने लगे। भोजन बनने और बनाए जाने की स्थिति के खिलाफ विद्रोह। लगावों और सम्बन्धों को मोहरा बनाकर करवटें बदलनेवालों की शतरंजी मुद्राएँ। शहीदाना अन्दाज़, लेकिन भावना पर स्वार्थों की तरजीह। विरोध और विद्रोह के मुहावरों के नीचे जोड़-तोड़, सौदे और पुरस्कार। भीतर को स्थगित करके बाहर की दुनिया के सीधे संघर्ष में पाया कि जो दीखता है, कहा जाता है उसका कोई अर्थ नहीं है। शब्दों और व्यवहार के पीछे के आशय ही असली होते हैं। तब क्या असलियत को पकड़ने का सीधा रास्ता यही नहीं कि दिखाने वाली वास्तविकता के पार मन्तव्यों की वास्तविकता को पकड़ा जाए? इस 'ढोल' के भीतर घुटते और सिसकते आदमी तक पहुँचा जाए? 'गुलाम' और 'सिंहवाहिनी' जैसी कहानियों का यही समय है, क्योंकि तब फैंटेसी या रूपक-कथाओं के माध्यम से ही, अपने से ही अपने कथ्य को तलाश करने की इच्छा होने लगी थी...दस-पन्द्रह साल पहले पढ़े काफ़्का से लड़ते और बचते हुए...

और अब लम्बे पड़ाव की तैयारियों जैसी मानसिकता अपने भीतर पाता हूँ। भीतर की चुप्पी के आतंक में निरन्तर लिखते चले जाने की दयनीयता की बजाय मैंने अन्तर्समृद्ध मौन को स्वीकार किया है, यह बहुत लोगों को समझा नहीं पाता। रचना-यात्रा में रुकना हमेशा ही चुकने का पर्याय नहीं होता। 'वहाँ तक पहुँचने की दौड़' (जिसे कमलेश्वर ने 'गर्दिश के दिनों' में छापा है) अपने आपको स्थगित करने की, यानी फ़रार और अंडरग्राउंड जीवन की आन्तरिक सुरंगों की लम्बी कहानी है और उसमें एक वाक्य है, 'चौबीस घंटे बाप-बाप कहने से ही आदमी बाप नहीं होता, उस समय भी बाप होता है जब ऊपर से बिल्कुल वैसा नहीं दीखता।' यानी लेखक होना बाप होने जैसे प्राकृतिक और मज्जागत अवस्था में होना है तो हर समय उसकी मुनादी या उसे 'प्रमाणित' करते जाना उसे छोटा बनाना है... इन सारे वर्षों में शायद ही कोई दिन रहा हो जब मैंने अपने और दूसरों के बहाने इस लेखक के साथ दो-चार घंटे न बिताए हों...

यह समय उस सबकी समीक्षा का है। इसलिए ज़्यादा समीक्षा और विवेचना ही लिखी है।

कुछ लेखकों को अपनी पुरानी और प्रारम्भिक रचनाएँ दोबारा पढ़ने में सुख मिलता है। वे बार-बार वहाँ से 'आश्वासन' निचोड़ते हैं। उन्हीं को सजाने-सँवारने या फिर से लिखने की प्रेरणा होती है। मुझे पुरानी कहानियाँ फिर देखना मुसीबत लगती हैं। भरसक बचता हूँ। बरसों से टाल रहा था। आखिर हिम्मत करके देखना शुरू किया। जैसे कोई पच्चीस-तीस वर्ष की लड़की अपनी उस तस्वीर को न फेंक सकती है, न खुलेपन से दिखा पाती है जब वह दो-तीन वर्ष की थी और तस्वीर में एकदम नंगी खड़ी थी।

पता नहीं, कैसी होंगी वे कहानियाँ, उनकी भाषा, उनकी थीम? आज उन्हें अपना कहते शर्म महसूस होगी या नहीं? हिम्मत हो पाएगी यह कहने की कि यह मैं हूँ और आज जहाँ आ गया हूँ उस यात्रा का प्रारम्भ इन कच्चे अनगढ़ क़दमों से हुआ था? उनके पास जाना एक घने जंगल में जाना है, जहाँ आप प्रकृति के सहज रूप के बीच तो होते हैं, मगर साथ ही जंगल का घनापन, अँधेरा भी डरा रहा होता है; आशंका होती है कि जब जंगल से बाहर निकलेंगे तो क्या वहीं रह जाएँगे, जो पहले थे?

लेकिन मेरा यह जंगल, बहुत परिचित जंगल है। इसमें वापस जाना रोमांचक भी है और आत्मज्ञान भी। अच्छा, यह नाला क्या इतना-सा ही है? यह पेड़ उस समय कैसा बड़ा और भयानक लगता था? यहाँ से देखने पर यह रास्ता उस दिन कितना स्वप्निल और रोमानी लगा था! अरे, यह तो इतनी जल्दी ख़त्म भी हो गया, तब तो ऐसा लगा था जैसे कभी इसका अन्त ही नहीं होगा, पता नहीं कहाँ भूलकर भटक जाएँ। छोड़ो, यह तो कुछ भी नहीं, आम जंगलों जैसा साधारण जंगल है। वे लोग जो उस समय साथ थे, जिनके साथ भय, आतंक, रोमांच और आनन्द में हिस्सेदारी की थी, अब कहाँ होंगे? कैसे हो गए होंगे...? कहीं एक चेहरा, कहीं एक वाक्य, कहीं एक याद, कहीं एक स्थिति—झलक दिखाकर गायब...जंगल दुहरे-तिहरे स्तरों पर ,अनुभव में उतरने लगता है। उसी भ्रम में अपने-आपको देखते जाना, और आज उस भ्रम के स्तर-स्तर टूटते जाने को महसूस करना...शायद यह उस जादू के टूट जाने के डर से कतराने की वृत्ति ही रही होगी कि जंगल के पास जाते, उधर देखते

भी डर होता है। आज जैसा कुछ है, उसके वैसा होने पर विस्मय होता है।

पुरानी कहानियों को दोबारा पढ़ते हुए मैं इन सब बारीक जटिलताओं से गुज़रा हूँ, कच्चेपन पर शर्म भी आई है, 'कैसे किसी को दिखा पाऊँगा?' का संकोच भी हुआ है और 'तब भी क्या मैं इतनी बातें सम्झता था, ऐसा कुछ लिख लेता था?' का गर्व भी हुआ है। किसी दूसरे की ऐसी रचनाएँ पढ़ता तो क्या इतनी ही 'छूटें' दे सकता था जो अपने को दिए चला जा रहा हूँ? यह कहानी किन स्थितियों में कहाँ लिखी थी? कौन था तब मन में, आसपास कौन-कौन से लेखक थे, जो भाषा, शब्दों और ट्रीटमेंट में से झाँक रहे थे? छपी थी तो किसने क्या प्रतिक्रिया की थी? यह चरित्र क्या सचमुच इतने गहरे मन में बैठ गया था? तब कि वास्तविक मनःस्थिति और कहानियों में दिए गए विवरणों में कितनी दूरी है? इस कहानी को आज लिखें तो इसका स्वरूप क्या हो जाएगा? आज बरसों कोई अनुभव इतना बेचैन क्यों नहीं करता कि कलम लेकर बैठ जाऊँ? तब क्या था जो प्रायः हर रोज, कभी कहानियाँ, कभी यात्रा-विवरण तो कभी उपन्यास लिखता था? कितनी सर्जनात्मकता थी उन दिनों...लेखन के वे आदर्श आज कहाँ छूट गए हैं पीछे? कहाँ चली गई वह प्रकाशित होने की पुलक?

मैं ही तो अकेला नहीं हूँ। सभी तो ऐसे ही डगमगाते कदमों से चलना सीखे हैं, सभी तो बचपन में नंगे, दुबले, हास्यास्पद और हीनता के मारे रहे हैं। फिर मुझमें ही ऐसा क्या कुछ विशेष रहा है जिसे लेकर शर्म, संकोच या छिपाव महसूस किया जाए? आज भी पाठकों के जानकर कुछ आश्वासन ही मिलेगा कि सभी जन्मजात, सिद्ध संगीतज्ञ नहीं होते। न जाने कितने सीधे-उलटे, कच्चे-पक्के रागों की भूल-भूलैया में भटककर रास्ते तलाशे गए हैं; रियाजों और अभ्यासों के बाद विश्वास आया है। यह निहायत, सामान्य और सब-जैसा होने का भरोसा ही अपने कच्चेपन को सामने लाने की हिम्मत देता है।

कितनी अच्छी हैं वे कलाएँ जिनके रियाज साथ-साथ ही समाप्त होते जाते हैं! संगीत में बरसों आप 'सा-रे-ग-म' कहते रहिए, सभी कुछ साफ़ होता जाता है। जब कला सध जाती है तभी उसे रिकॉर्ड करने की बात सोची जाती है या श्रोताओं के सामने प्रस्तुत किया जाता है। लिखने का पहला रियाज़ ही आपके सामने है; उसे बचाए रखने का मोह बना रहता

है। साथ ही रहती है छपवाने-सुनाने की बेचैनी। 'वह तो मेरा अभ्यास था' कहकर आप पिछले को नष्ट नहीं कर पाते। अपने विवेक के सिवा कोई क़सौटी नहीं है जो यह बताए कि यहाँ तक का लिखा अभ्यास था, इसके बाद का वास्तविक! जिन आधारों पर आज मैं बड़ों की रचनाएँ पसन्द करता हूँ या बड़ों-बड़ों की रचनाएँ सामान्य कहकर नकार देता हूँ? कड़ाई और तटस्थता से वही निकष इस्तेमाल करूँ, तो आज तक के लिखे को मुझे जला देना चाहिए। मगर मेरे पास तर्क है; कला भीतर से स्फुरित होती है, वह श्रम और स्फुरण का संगम है। भीतर की यह प्रेरणा पता नहीं कब, किस क्षण आपको 'महान रचना' का माध्यम बना ले। इस क्षेत्र में अभ्यास कुछ भी नहीं है या फिर ज़िन्दगी-भर सिर्फ अभ्यास ही है। न यहाँ कोई रास्ता है न कोई मंज़िल—सिर्फ चलते चले जाने की क्षमता या थककर गिर जाने की नियति है...जिन रचनाओं को अपने पक जाने पर मैं सन्तोषजनक मानता हूँ, वे कल उतनी ही अधकचरी लगेंगी। पहली रचनाएँ जब लिखी गईं थीं, जब प्रकाशित हुई थीं, जिनके कारण प्रशंसाएँ और बधाइयाँ मिली थीं, 'विशिष्ट' और सम्मानित होने का गौरव मिला था, तब क्या कम सन्तोष मिला था? ज़िन्दगी क्या कम सार्थक महसूस हुई थी?

लेकिन झाँसी आने तक की रचनाएँ मैंने नष्ट कर दी हैं—यानी सन् 1945-56 तक की। दोहे-सवैए थे, अपने ढंग से कवित्तों में लिखी सत्यनारायण की कथा थी, बेवकूफ़ाना शायरियाँ थीं और तिलिस्मी उपन्यासों के हजार-डेढ़ हजार पन्ने थे, 'देवगिरि' के किले की जटिल दुर्जेयता की गौरवगाथा। मेरे नाना का परिवार महाराष्ट्रियन था और अमरावती-यवतमाल से, माँ के विवाह के बाद ही अशोक नगर (मध्य प्रदेश) आया था। नानाजी घनघोर साहित्यिक पत्र लिखते थे; मराठी से अनुवाद करते थे और कर्मठ समाजसुधारक, आर्यसमाजी कार्यकर्ता थे; पुस्तकालय चलाते थे। माँ जब आइ तो हिन्दी नहीं बोल पाती थीं। 'चन्द्रकान्ता' जैसे-तैसे पढ़नी शुरू की और पढ़ती ही चली गईं। पिताजी इतने मुखर राष्ट्रवादी नहीं थे—मान्यताओं में प्रायः आर्य-समाज के निकट। दोनों के सम्बन्ध न बराबरी के थे, न मधुर। माँ, पति के गुस्से से डरनेवाली साधारण गृहिणी थी। पर्दा भी था। बहरहाल, दोनों पढ़ने के शौक़ीन—कभी 'बन्दी जीवन' कभी 'भारत में अंग्रेजी राज' कभी चाँद का फाँसी अंक, मारवाड़ी अंक। क्रान्तिकारियों के लिए माँ के मन में एक भावुक श्रद्धा! और ज़ब्त किताबों

के लिए जबर्दस्त खिंचाव।

'देवगिरि' उपन्यास लिखने में मुझे सभी कुछ एक साथ मिल गया था—नाना-नानी की धरती की पुकार, यादवों के कीर्तिस्तम्भ 'देवगिरि' की शौर्य और गौरव से भरी कहानियाँ और विदेशियों या तुगलकों से लोहा लेने की रोमांचक गाथा। लेकिन बहुत शीघ्र ही मुझे लग गया कि दूसरी 'चन्द्रकान्ता' लिखना मेरे बस का नहीं है। सम्भव-असम्भव की काल्पनिक कहानियाँ बेहद बचकानी हैं। बेटे-बेटियों के बड़े हो जाने पर भी पालने और झुनझुने सँभालकर रखनेवाले बाप की तरह मैंने उसे सन्दूक में रखा और अपने समय की आवाज़ को समझने की कोशिश की...

सन् 1942 हो चुका था, नाविक विद्रोह, आजाद हिन्द फ़ौज ताज़ा थे और सारा देश सागर-मन्थन के आलोड़न से गुज़र रहा था। मन में प्यार की भूख उगने लगी थी। रोमांस और राष्ट्रीयता तो पहले से ही थे। सभी कुछ स्वप्निल था। साल-डेढ़ साल बाद जब झाँसी से आगरा आया तो—तीन-तीन सौ पन्नों के दो उपन्यास और कुछ क्रान्तिकारी जीवन की कहानियाँ साथ थीं। कविताएँ भी रहीं होंगी। सब मिलाकर एकान्त का अभ्यास या गुसलख़ाने के गुनगुनाने...जैसा ही था।

बहुत बार सोचा, 1950-51 से पहले की लिखी सारी रचनाएँ, डायरियाँ, तस्वीरें भी बिल्कुल उसी तरह नष्ट कर दी जाएँ, जैसे कवित्त-सवैए या तिलिस्मी उपन्यास किए हैं। इन बचकानी रूमानी कहानियों से क्यों इतना मोह रखा जाए? 1950 में छपा कहानी-संग्रह 'रेखाएँ', 'लहरें और परछाइयाँ' क्या किसी को दिखाने लायक़ हैं? मगर नहीं कर पाया... हर बार लगता, कुछ तो है जो इतना बेकार नहीं है। कम-से-कम आज जो शक्ल बन गई है उसकी कुछ धुँधली-सी रेखाएँ तो वहाँ झलकती ही लगती हैं। कितने लोगों ने इस उम्र में ऐसी भी रचनाएँ लिखी हैं? अज्ञेय और यशपाल ने तो काफी समझदार होने पर लिखना शुरू किया—इसलिए उन जैसी सँवार मैं कहाँ से ला सकूँगा? उनके अनुभवों और समझ ने उन्हें जो सधाव और दृष्टि, पहली रचनाओं में ही दे दी है, वह मेरे पास उम्र और अभ्यास से ही आएगी। यही काफी है कि मैं अपने आसपास और अपनी भावुक अनुभूतियों को ही केन्द्र में बनाए रखूँ...या यह भी हो सकता है कि वे मुझसे भी अधिक निर्मम रहे हों, और उन्होंने सब रचनाएँ ठिकाने लगा दी हों।

शायद तभी से कहानियाँ दो तरह की हो गईं—मुझसे जुड़े तत्काल

आसपास की और मेरे भीतर, यानी मेरे अपने किशोर सपनों, कल्पनाओं और मानसिकता की। 1951-52 यानी, 'सारा आकाश' तक की रचनाओं को देखने पर लगता है कि मैं भीतर और बाहर सामन्तवादी संस्कारों, मूल्यों, मान्यताओं और आचार-संहिता से ही लड़ रहा था और इस प्रयास में बिना अपनी ज़मीन छोड़े, ज़्यादा यथार्थवादी और प्रामाणिक होने की कोशिश कर रहा था। सामन्तवादी प्रवृत्तियों से मुक्त होने की परीक्षाओं और प्रक्रियाओं से गुज़रे बिना ही हमारा समाज अचानक साम्राज्यवाद और उपनिवेशवाद से 'मुक्त' हो गया था और हमारे पास भारतीयता के नाम पर रह गया था सड़ा-गला पुनरुत्थानवाद। नए युग की टकराहट स्तर-स्तर पर उसी से थी।

मेरे लिए यह वह समय था जब आपसी लड़ाई-झगड़े, टुच्ची मतलबपरस्ती के साथ परिवार का अर्थ, भावनात्मक स्तर पर सभी से जुड़े होना था, मेले-त्योहारों के लिए सचमुच उत्साह था। दशहरे की रामलीलाएँ, टेसू के गीत, राम की बारात या कृष्ण-जन्माष्टमी की झाँकियाँ बड़ी सूझ-बूझ और कल्पना के साथ बनाईं जाती थीं, दीवाली की प्रतीक्षा की जाती थी, होली की तैयारियाँ होती थीं और राखी के लिए दूसरे शहरों में भी बहनें जाती थीं, या भाई आते थे। राखी आगे चलकर 'पाप-बोध' का सबसे बड़ा कारण होती थी। सगी-चचेरी और अड़ोस-पड़ोस की लड़कियाँ, महिलाएँ, बहनें, चाचियाँ थीं। किशोर-किशोरियों के मिलने, लड़ने-झगड़ने और प्रेम करने के भी ये ही क्षेत्र थे। जिसे बहन कहते थे वह क्रमशः भावना और भावुकता का केन्द्र बनने लगती थी। उसे न दोस्त कह सकने की सुविधा थी, न प्रेमिका कहने का साहस। लेकिन सम्बन्धों का स्वरूप यही कुछ बन जाता था। वह मन और प्राणों से प्यारी हो जाती थी। अजीब प्लेटोनिक और उलझा रिश्ता था, जहाँ बहन के छोटे कपड़े प्रेमिका के शरीर पर ओछे पड़ने लगते थे। सम्पूर्णता से उसे बहन न मान पाने का पाप-बोध भी आत्मा को कचोटता था और प्रेमिका के इतने निकट बने होने का गोपन रोमांच भी तन-मन को पुलकित किए रखता था—जिसे न युवक अपने आप से स्वीकार करता था, न युवती...यह उलझी और जटिल स्थिति अक्सर ही युवक-युवतियों के बीच बेहद आत्मघाती नैतिक संकट को जन्म देती थी। हममें जो बुद्धिवादी थे, वे प्यार और वासना की बहस में रातें गुज़ार देते थे। प्यार पवित्र है और वासना निन्दनीय; प्यार भगवान है, और वासना शैतान। इसी द्वन्द्व में

'चित्रलेखा' जैसे उपन्यासों के माध्यम से पाप-पुण्य की समस्याएँ तय होती थीं, इसी पापबोध से लड़के घर छोड़कर भागते थे और लड़कियाँ आत्महत्याएँ करती थीं। शरीर का पहला परिचय भी यही मिलता था।

चूँकि यह 'प्यार' बहुत स्पष्ट, बेबाक और साहसी नहीं था, इसलिए दोनों ही पक्ष जानते थे कि 'जीवन भर प्यार करने' के चाहे कितने ही आश्वासन दिए जाएँ, साथ निभाया नहीं जा सकेगा। बाकायदा दान-दहेज के साथ एक दिन लड़की की शादी होगी या वह किसी ऐसे व्यक्ति से जुड़ेगी जिसे खुलकर, वर्जनाहीन ढंग से अपना प्रेमी या पति मान सके... ('एक कमज़ोर लड़की' कहानी का प्रारम्भ) यानी इन भाई साहब को तो हर हालत में 'विश्वासघात' और 'प्रेम में निराशा' ही मिलनी थी। 'एक लड़की की ज़िन्दगी खत्म हो गई और वे सिर्फ देखते रहे' का अपराध-बोध इन्हें अनेक आत्मिक और मानसिक स्तरों पर तोड़ देता था। बहुत ही कम स्थितियों में ये 'भाई-बहन' या दीदी-दादा, प्रेमी-प्रेमिका या पति-पत्नी बन पाए हैं—वह भी अपने परिवार और परिवेश से अलग होकर ही। किसी की वह कहानी मुझे अभी तक याद है जहाँ चचेरे भाई-बहन ऐसे ही परिवेश में प्रेमी-प्रेमिका हुए, फिर भागकर दूसरी जगह पति-पत्नी बन गए। मगर शीघ्र ही लड़की अहिल्या (फ्रिजिड) हो गई और युवक नपुंसक...गलत और अनैतिक करने का अपराध-बोध आपसी सम्बन्धों को ही खा गया।

सीधे-सीधे ये सम्बन्ध अनैतिक और अस्वीकार्य लगते थे, इसलिए अक्सर बीच में कोई आदर्श लाया जाता था। ज़्यादा प्रबुद्ध परिवारों में यह आदर्श देश की स्वतन्त्रता का था, दूसरी जगहों पर सिर्फ लड़की की शिक्षा-दीक्षा और व्यक्तित्व के स्वतन्त्र विकास का। लड़की का क्षेत्र चूँकि अभी भी परिवार के अन्दर ही था इसलिए उसे 'जगाने' का उत्तरदायित्व इन्हीं 'भाई साहब' का होता था, क्योंकि वे ही बाहरी दुनिया के सीधे सम्पर्क में थे। 'हमें कौन सा लड़की को पढ़ा-लिखाकर नौकरी करानी है?' के माँ-बापी मोर्चे का जवाब भी इन्हीं साहब को देना होता था। शायद कहीं अनजाने स्त्री-जागरण के माध्यम से प्रबुद्ध युवक, अपनी साथिन को अपने योग्य और बराबर बना रहा था। आदर्श, प्यार, सेक्स, भ्रातृत्व और गुरुत्व का यह अजीब धूप-छाँही घपला था। मगर यह लड़की आधे रास्ते ही हथियार डाल देती थी और सामन्ती नैतिक व्यवस्था में वापस निगली जाती थी—यानी अपनी परम्परागत सुरक्षाओं में

ही लौट जाती थी। हताश और प्रवंचित युवक सिर्फ खड़ा देखता रह जाता था, या वृहत्तर दुनिया के संघर्षों में आत्महत्या के भाव से जा कूदता था।

1952-53 तक की मेरी कहानियाँ प्रायः इसी कथ्य के आसपास बुनी गई हैं—'कमज़ोर लड़की की कहानी' तक इनमें व्यक्तिगत अनुभवों के अलावा पहले के सारे लेखकों के प्रभाव हैं। मूलतः ये रोमानी विद्रोह की कहानियाँ हैं। इन्हें छायावादी प्रभावों से निकलने के प्रयास की कहानियाँ भी कहा जा सकता है। इसलिए भाषा भी काफी बनावटी और शब्दाश्रयी है। यानी यहाँ शब्दों और स्थितियों की कुछ विशेष रीतियों या रूढ़ियों से मोह और लगाव है। चूँकि अपने आप से या वास्तविक स्थिति से सीधे सामना करने का साहस नहीं होता है, इसलिए छायावादी धुन्ध में छिप सकना आसान है। वहाँ आँख नहीं, नयन कहा जाता है; गहरी साँस नहीं उच्छ्वास होता है। अन्धकार घना नहीं, निबिड़ होता है, लहरें वीचियाँ कहलाती हैं, किनारा कूल और दुपट्टा दुकूल बनकर दुहरे अर्थ देता है, चाँद-चाँदनी, पेड़-पौधे, नदी-लहरें, उषा, सन्ध्या प्राची, प्रतीची की भरमार है। आसमान को गगन कहना कितना काव्यात्मक लगता है। वार्तालापों और विवरण की भाषा में फर्क करना मुश्किल है। संस्कृत के तत्सम शब्द प्रसादवादी गरिमा देते हैं। लेखक और पात्र साथ ही उच्छ्वसित होते हैं।

बहरहाल, ये सब और यथास्थिति को बदलने की बेचैनी भी एक ज़िन्दगी की सच्चाइयाँ रही हैं और उनसे गुज़रकर आना कम दिलचस्प यात्रा नहीं है। कम-से-कम इन्हें दोबारा देखते हुए यह निगाह तो आई ही है कि भाषा के ज़रिए क्या छिपाया और क्या उजागर किया जाता है? या जब कोई कथाकार भाषा से पाठकों को बहकाने या बेवकूफ़ बनाने की कोशिश करता है तो पीछे क्या मनोवृत्ति काम कर रही होती है। शायद आज मैं कह सकता हूँ कि कोई कथाकार शब्दों और भाषा में विशेष पैटर्न के लिए आग्रही होता है तब या तो रूमानी विद्रोही होता है या सामन्ती ज़हनियत का मारा—या फिर रुद्ध-विकास, जो अभी तक शब्दों और भाषा के जाल में ही उलझा है। यह बात निर्मल, निर्गुण, शिवानी, कमलेश्वर या उर्दू के अधिकांश कथाकारों को देखकर महसूस होती है। भाषा को साधना भाषा के पार जाना भी है। गिरिराज और शैलेश मटियानी जब कीर्तनी अन्दाज में भाषा माहात्म्य की सप्तशती पढ़ते हैं तो मुझे आश्चर्य होता है कि इतने वयस्क हो जाने पर भी इनका मुख्य

सरोकार कथ्य क्यों नहीं है? ये कवि-सुलभ भाषा-मोह से ऊपर कब उठेंगे? रचना अगर सिर्फ़ भाषा है तो अनुवाद को कैसे बर्दाश्त करेंगे?

तो 'दीदियों और दादाओं' की इन कहानियों में स्थितियाँ चाहे परिचित परिवारों और परिवेश की हों, कुछ चरित्र बार-बार नाम बदलकर आए हैं। निःसन्देह मैं उनसे भावनात्मक स्तर पर जुड़ा रहा हूँ। स्वीकार करता हूँ कि इन्हें नष्ट करने के पीछे कहानियों की 'कलात्मकता' से अधिक उस भावनात्मक सोवेनियर (स्मृतिचिह्नों) को बचाए रखने की कमज़ोरी रही है। या तो उस समय तक अपनी भाषा नहीं मिली थी, या जैसे औरों के नाम और स्थितियों की आड़ लेकर असली व्यक्तियों या अपने अनुभवों को बचाने की प्रवृत्ति थी, उसी तरह दूसरों की भाषा लेने की भी मजबूरी थी। एक पुरानी कहानी में जब 'कर-मर्दन' शब्द देखा तो बेसाख्ता हँसी आ गई। प्रतापनारायण श्रीवास्तव के उपन्यासों में यह शब्द 'शेकहैंड' के लिए आता है। वृन्दावन लाल वर्मा और प्रेमचन्द सरल भाषा के लिए भी खींचते होंगे, लेकिन प्रसाद, पन्त या अज्ञेय का दबाव ही मुखर था। वैसे लेखकीय संघर्ष या कला की कुछ समस्याएँ भी फैंटेसीनुमा कहानियों के कथ्य हैं।

शायद मनुष्य और कलाकार के आपसी सम्बन्धों को समझना मेरी पुरानी थीम रही है और इसी से प्रेरित होकर मैंने यथार्थवादी कहानी 'लेखक' लिखी, 'कला और विसर्जन' लिखी, 'अभिशप्त' और 'जब कला मर गई थी' लिखी। यही य़ात्रा 'सत्यं, शिवं, सुन्दरम्' कहानी से 'शह और मात' उपन्यास तक आती है। द्रष्टा और भोक्ता का यह द्वन्द्व शायद कभी सीमित नहीं हुआ—हर बार लगा कि यह रास्ता शब्द से आगे कर्म तक जाता है और यहीं आकर मैं रुक जाता हूँ। संवेदनात्मक और बौद्धिक रूप से ही स्थितियों को तय करने से बात नहीं बनेगी, कर्म के साथ उनका रिश्ता जोड़ना होगा—ठीक उसी तरह जैसे नाटक का आलेख, अभिनय से जुड़कर ही सार्थक और सम्पूर्ण होता है। हो सकता है, आज कहानियों से छूटकर लेखों में आने के पीछे, स्थितियों का सीधे और बेबाक सामना करने का यह दबाव रहा हो।

दूसरी तरह की कहानियाँ अपने आस पास के परिवेश के ढोंग, आडम्बर, दोमुँहेपन, कट्टरता और अन्याय को लेकर लिखी गईं। आश्चर्य ही हुआ कि अपने छोटे-सीमित धरातल पर मैंने दूसरे 'स्वतन्त्रता दिवस' पर इसी नाम से जो कहानी लिखी थी, वह भयानक राक्षस को बचपन

में ही पकड़ पाने की कैसी सच्ची कोशिश है। 'उखड़े हुए लोग' में जो कुछ 1952-53 में आया था, उसी के भयानक रूप को तो आज हम भुगत रहे हैं। सामाजिक या कला-सरोकारों की मेरी ये कहानियाँ 'समय' को अपने भीतर पकड़ने की कहानियाँ हैं। कुछ सीधे और कुछ रूपकों या फ़ैंटेसियों में।

जैसा कि मैंने बताया—लिखा तो और भी है, मगर उन सबको सामने लाने की हिम्मत नहीं पड़ रही, ज़रूरत भी नहीं है। 'अभिमन्यु की आत्महत्या' के बाद की कहानियाँ, मुझे लेखक की तरह गर्वीला-सन्तोष भले ही देती हों, वैसा प्रिय-नास्टैल्जिया नहीं देतीं जो ये देती हैं। शायद इस कहानी के बाद ही मेरी कहानियाँ का लोकेल आगरा या उत्तर प्रदेश से बदलकर कलकत्ता और फिर दिल्ली होने लगा था। 'महानगर' उन गाँठों को अपने-आप खोलने लगा था जो मुझे अपने भीतर की घुटन और एक निराकार दुनिया में बन्द रखना चाहती थीं। हालाँकि 'अभिमन्यु की आत्महत्या' कहानी कलकत्ता जाने के लगभग तीन साल बाद लिखी गई।

पता नहीं, मैं इसे 'आत्महत्या' कहना चाहूँगा या नहीं, मगर इसके बाद मैं शायद कुछ 'दूसरा' ज़रूर हो गया था।

दिल्ली आने के बाद अक्षर की स्थापना, फिर 'हंस' का पुनर्प्रकाशन, या शक्तिनगर से हौज़खास और मयूरविहार तक की यात्रा फिर कभी।

सन् 1950-52 या पहले की कहानियों का समय वह है जब पूरे-पूरे परिवार सौ-डेढ़ सौ रुपए मासिक में रहते थे। एक रुपया आज के दस रुपयों से ज़्यादा क़ीमती था और एक आने में दो बड़ी कचौड़ियाँ आती थीं।

मुड़-मुड़ के देखता हूँ... 2

यह तुम्हारा स्वर मुझे खींचे लिये जाता...

(कलकत्ता प्रसंग)

उस दिन बारिश हो रही थी इसलिए जो खूबसूरत लिफ़ाफ़ा मुझे मिला था उस पर लिखे पते की हरी स्याही कुछ पुँछ गई थी। किसका लिखा है? सावधानी से खोला तो लिफ़ाफे के ही मोटे, खूबसूरत कागज पर नीली एम्बॉसिंग में बाएँ कोने पर छपा था 'हेमलता', नीचे प्रिय राजेन्द्रजी के नाम पत्र। 'प्रेत बोलते हैं' पढ़कर विभोर हो जानेवाली हेमलता ने बताया था कि प्रभा की यातना ने उसे कितना उद्वेलित किया था। उपन्यास की तारीफ़ के बाद मेरी और रचनाओं की जानकारी माँगी गई थी। मैं रोमांचित था और रह-रहकर पत्र पढ़ रहा था। इस तरह किसी महिला का पहला पत्र था। पुरुषों के पोस्टकार्ड या लिफ़ाफ़े तो बहुत मिले थे। रघुवीर सहाय ने जरूर बताया था कि 'प्रतीक' में छपी कहानी 'खेल खिलौने' पर आसाम से एक महिला का पत्र मिला है(वे सहायक थे) कि कहानी ने उन्हें इतना विचलित और बेचैन कर दिया कि आत्महत्या की बात सोचने लगी। यह पत्र पाकर उत्तेजना से मैं समझ नहीं पा रहा था। लगता था, जैसे एक अद्‌भुत ख़ज़ाना मिल गया हो। पत्र सचमुच किसी लड़की ने ही लिखा है या कोई बेवकूफ बना रहा है? कैसी होगी? उम्र, रूप-रंग, घर-परिवार? अमृतलाल नागर से सुना था कि कैसे लड़कियों के नाम से पत्र लिख-लिखकर वे भगवतीप्रसाद वाजपेयी को बेवकूफ बनाते थे—तीसरा पत्र ही लगभग प्रेम-प्त्र हो जाता था। वाजपेयीजी सीधे, सरल कवि-हृदय आदमी थे, गद्‌गद होकर इन पत्रों या लेखिका की आत्मीय शैली की तारीफ करते और 'शुभे' इत्यादि सम्बोधनों में अपनी आत्मा उँडेल देते। यार लोग अपनी गोष्ठियों में सामूहिक पाठ

करते हुए क़हक़हे लगाते, वाजपेयीजी के विश्वस्त अन्तरंग बनकर उनकी कल्पना को उकसाते, मिठाइयाँ वसूलते और नए पत्र के प्रारूप तैयार करते। ज़नानी हैंडराइटिंग में कुछ और बोल्ड हो जाते... मगर शीघ्र ही 'विरहाकुल ग़रीब' पर दया करके सामूहिक रहस्योद्‌घाटन होता और भकुआए हुए वाजपेयीजी की खिंचाई की जाती। अगली बार फिर बेवकूफ़ बनाने की तैयारियाँ होतीं।

लगता है हर भाषा के लेखकों का यह स्थायी मज़ाक है। बाद में फणीश्वरनाथ रेणु ने मुझे और मार्कंडेय को गौरा मुखर्जी नाम से ऐसे ही आत्मीय पत्र लिखे। मार्कंडेय तो गौरा की साहित्यिक प्रतिभा से इतना अभिभूत हुआ कि मिलने के लिए पटना जा पहुँचा। (न जाने किसको गौरा मुखर्जी समझकर पिटते-पिटते बचा) बाद में 'ज्ञानोदय' के सम्पादक बने जगदीश एम.ए.तो सारी ज़िन्दगी बेहद ही सधी सुन्दर लिखाई में ऐसे पत्रों के उत्तर देते रहे। परम गम्भीर दार्शनिक भाव से दूर-पास के चश्मे बदलते हुए उन पत्रों को देखते और विश्वास में लेकर कहते, "भाई राजेन्द्रजी, लड़की बेहद संवेदनशील और कवि-हृदय लगती है। इसके पास भाषा है..." अगर मुझे स्रोत मालूम होता तो उनसे भी ज्यादा गम्भीर होकर कहता, "जगदीशजी, इसमें भी क्या शक है। आपकी हैंडराइटिंग पर तो कोई भी मुग्ध हो जाए—फिर आपकी शैली..." इन पत्रों की मुझसे ज्यादा जानकारी होती पद्‌मधर त्रिपाठी और प्रभाकर द्विवेदी को...वे बनारस से ही उनकी 'बीमारी' जानते थे।

बहरहाल, मेरे हाथ में पत्र था और मैं समझ नहीं पा रहा था इसे कहाँ उठाऊँ, कहाँ धरूँ? पहला पत्र अपनी समझ से बहुत सावधानी और सहज भाव से लिखा। चौथे दिन उत्तर आ गया। उस ज़माने में भारतीय डाक-विभाग संसार के कुशलतम तन्त्र के रूप में जाना जाता था। दोनों ओर से पत्र मिलने के समय पर भरोसा किया जा सकता था। टेलिफ़ोन ज़िन्दगी का इतना बड़ा हिस्सा नहीं था कि पत्र-व्यवहार का ही स्थानापन्न हो जाए। एस.टी.डी. शुरू नहीं हुआ था और ट्रंक व्यावहारिक संकट पर ही किया जाता था। हमारे यहाँ टेलिफोन था भी नहीं। इधर दो दशकों में एस.टी.डी. ने हर तरह के पत्र-व्यवहार का सत्यानाश कर डाला है। सबसे दयनीय स्थिति है प्रेम पत्रों की। यह विधा तो जैसे समाप्त ही हो गई है...

आठ-दस पत्रों तक मैं मानकर चला कि मेरे साथ खेल किया जा रहा है। साफ-सुथरी प्रवाहपूर्ण सधी हैंडराइटिंग, हरी स्याही, नीचे सिर्फ हेम... उधर "प्रिय राजेन्द्रजी" थे कि बेहद सावधानी से उत्तर दे रहे थे: 'पकड़'

भी लिए जाएँ तो शर्मिन्दा न होना पड़े। आज लगता है जैसे दो शतरंज के खिलाड़ी सोच-समझकर चालें चल रहे हों। उधर सहजता ज्यादा थी। शीघ्र ही मेरा चौकन्नापन पकड़ लिया गया और बताया गया कि "मेरे पत्र सीधे मेरी ही मेज पर आते हैं, उन्हें कोई नहीं छूता..." यानी मैं चाहूँ तो खुलकर लिख सकता हूँ—मज़ाक नहीं है। तो यह पत्र लड़की ही लिख रही है। सचमुच मेरी हालत पागलों जैसी ही हो गई थी। हर पत्र को दर्जनों बार पढ़ता और मन-ही-मन लम्बे-लम्बे उत्तर लिखता। हर समय या तो उन पत्रों की भाषा छाई रहती या लिखे जानेवाले पत्रों के लिए शब्द तैरते रहते। सारी दिनचर्या पत्र पाने और लिखने में ही सिमट गई थी। आज मेरा पत्र मिल गया होगा, परसों तक जवाब हाथ में होगा। शालीनता की सीमाओं में ही दोनों अधिक 'व्यक्तिगत' हो रहे थे। दोनों ओर से अपनी पढ़ी हुई रचनाओं पर बातें होतीं। "कहीं कोई है जो मेरी रचनाओं का प्रशंसक है और मुझे विश्वास में लेकर पत्र लिखता है" यह एक ऐसी स्थिति थी जिस पर न विश्वास होता था, न अविश्वास...मैं जैसे हवाओं में तैरता और आसमानों में घूमता था। एक लॉटरी मेरे नाम खुल गई थी और उसे न सँभाले बनता था न छिपाए। मैं हरेक को रास्ते में चलते रोककर बताना चाहता था कि देखो, कोई है जो मुझे पत्र लिखता है...मोहन राकेश से परिचय हो चुका था और मैंने उसे विश्वास में लेकर पत्र दिखाए तो कुटिल मुस्कान से बोले, "साले, इस चक्कर में मत पड़। मैं भुगत चुका हूँ। मिलेगा तो आसमान से गिरेगा..." इसके बाद वह पत्र-लेखिका का ऐसा ख़ाका खींचता कि लगता मानो कोई ताड़का मुझे पत्र लिख रही हो। "ये प्रशंसिकाएँ बहुत खतरनाक होती हैं" शीलाजी से उसकी शादी ऐसे ही पत्र-व्यवहार से हुई थी। उसके हिसाब से 'शेखर' और 'नदी के द्वीप' के उद्धरण मारकर शीलाजी ने अपनी साहित्यिक रुचि का ऐसा रौब ग़ालिब किया कि पंजाबी क्रूडनैस से मुक्ति और इलाहाबादी हिंदी के सॉफ्स्टिीकेशन का सपना उसे शीलाजी की ही शरण में जाने में ही दिखाई दिया। कहने की जरूरत नहीं कि शीघ्र ही वह सपना टूट गया और अब अपने अनुभव से वह मुझे सावधान कर रहा था।

वे मेरे कलकत्ते जाने के दिन थे। वहाँ जाने से पहले मैं एक वार स्थिति देखने गया। मेरी प्रिय चचेरी बहन राजकुमारी जीजी कलकत्ते में ही थीं और बहुत आग्रह करके उन्होंने कलकत्ता बुलाया था पूजा में। मैं सारे दिन

पूजा के पंडालों में घूमता, ट्राम और बसों की यात्राएँ करता। भीड़-भाड़ मुझे अच्छी लगती थी। पति मेजर थे और फोर्ट विलियम एरिया की जुबली लाइंस पर हेस्टिंग्ज में रहते थे। पन्द्रह-बीस दिन रहा। बंगाली उपन्यासों ने कलकत्ता को अजीब रहस्य और रोमांच का शहर बना दिया था। वस्तुतः मैं उसी मानसिक कलकत्ता में घूम रहा था। हर जगह चन्द्रमुखी और पारो दिखाई देतीं—कहीं किरणमयी तो कहीं सावित्री। परिचय बहुत नहीं था। इसलिए कभी धर्मतल्ला तो कभी कालीघाट के चक्कर लगाता। काली मन्दिर और वैलूर मठ भी गया। काली मन्दिर में बकरों की बलि, गर्भगृह की गर्मी, खून, कीचड़-पसीने की चिपचिपाहट, अँधेरा और भीड़, काली की भयानक, बीभत्स, घिनौनी और भयानक मूर्ति देखकर मन इतना खराब हुआ कि फिर कभी नहीं गया। हालाँकि 'ग्रीक चर्च रो' से वह जगह पैदल दस-पन्द्रह मिनट की दूरी पर ही थी। बनारस के विश्वनाथ मन्दिर से इसी तरह घृणा हुई थी। हिन्दू मन्दिरों ने मुझे कभी आकर्षित नहीं किया। हाँ, विक्टोरिया मैमोरियल के पास सेंट जॉर्ज चर्च में अपने आप ही कई बार जाना अच्छा लगता था। आउट्रम घाट पर अकेला बैठकर समुद्र और नावों को देखता रहता। छोटे-छोटे जहाज़ों या बड़ी नावों के खुले हिस्सों में, उतरती साँझ, मल्लाह जैसे लोग गोल घेरे में बैठे झाँझ-मँजीरे बजा-बजाकर कुछ गा रहे होते या लालटेन जलाए मसाले पीसते रहते। काली लहरों पर रोशनी की लकीरें—दूर हावड़ा-ब्रिज की छाया, स्टेशन पर जलते बल्बों की झालरें, सब कुछ बड़ा रोमानी लगता। काश, इसी तरह की किसी नाव में ज़िन्दगी गुजरती। आज यहाँ तो कल वहाँ, दुनिया के अनेक देशों और भूगोलों से परिचय होता। इस सपने के साथ मन में लहराते अनदेखी हेमलता के पत्र, मीता के औपचारिक से पोस्टकोर्ड या इनलैंड, घनश्याम अस्थाना की चिट्ठियाँ। मीता से मामला अभी प्लैटोनिक ही चल रहा था और खुलकर 'डार्लिंग' लिखने की स्थिति दोनों तरफ कसमसा रही थी। जीजी बहुत अर्थपूर्ण मुस्कुराहट के साथ मुझे डाक देतीं और अधिक से अधिक जानना चाहतीं। उन पर मेरा बहुत विश्वास था। उसी फ्लैट में नीचे रहते थे मेजर वहल। मिसेज वहल बेहद जीवन्त और सुन्दर महिला थीं और अक्सर ऊपर आकर जीजी से या मुझसे दुनिया-भर की गप्पें लड़ाती थीं। भारी मुच्छाड़ मेजर वहल टिपीकल मिलिटरी आफिसर थे। उन्हीं के फ्लैट के बाहर मैंने देखा था दरवाज़े पर सजावट की तरह लगा गोलियों का फूल...'कुलटा' कहानी के पात्र और स्थितियाँ मुझे इसी कलकत्ता-प्रवास

में मिली थीं।

हेमलता के पत्रों का सिलसिला निर्बाध चल रहा था। वे दुनिया भर की बातें लिखती थीं—खासतौर पर अपनी दिनचर्या...आज कौन-कौन आया, किस-किस से मिले...पिकनिक या पार्टी में किसने कितने कम्प्लीमेंट्स दिए। पत्र कभी बम्बई से आते तो कभी मसूरी से। खूबसूरत लेटर पैड, लिफाफे और हरी स्याही। सुन्दर और आत्मीय लिखावट...आज सोचकर आश्चर्य होता है कि कैसे यह पत्र-व्यवहार घनघोर रूप से छः-सात साल चला। काफ़ी कुछ पत्र खो और बिखर गए हैं, मगर उन्हें तारीखवार लगाऊँ तो दैनिक डायरियाँ लगें। हो सकता है इसी तरह मेरा भी मानसिक रोज़नामचा वहाँ हो। कितनी बातें थीं, कितना कुछ लिखना होता था—दुनिया-भर के सपने, अनुभव, इच्छाएँ, पढ़े-लिखे के ब्यौरे—कभी बहुत व्यक्तिगत तो कभी सिर्फ बाहरी विवरणों भरे। आसपास के लोगों की बातें...हमेशा मुझे लिखने को उकसातीं, आगे बढ़ने की प्रेरणा देतीं, मनुहारें, बेकार समय बिताने पर रूठने-मनने की मनस्थितियाँ। अजीब खुलापन और ऊष्मा थी उनके शब्दों में। कौन है यह जो इतना अपना होता चला जा रहा है? उम्र क्या होगी? देखने-सुनने में भी क्या इतनी ही आकर्षक होंगी जितनी पत्रों में है?

कुछ बातें शुरू में ही साफ हो गई थीं, "राजेन, जानते हो, हम तुमसे दो साल बड़े हैं..." और तब मैं उन्हें दीदी लिखने लगा था। मेरे लिखने पर बाद में वे इस तरह छा गई थीं कि अनेक मित्रों और आलोचकों ने मुझे 'दीदीवादी' कथाकार कहना शुरू कर दिया। चन्दर, राकेश और मनमोहन ठाकौर मेरे इस दीदी-प्रेम का खुलकर मजाक उड़ाते...किसी भी महिला को देखकर छेड़ते—गौर से देख ले, तेरी दीदी तो नहीं है? या "यार, हमको भी तो मिला कभी अपनी दीदी से..." की छेड़छाड़ के परे मेरे भीतर अपनी निजी दुनिया थी और वहाँ या तो मीता थी या दीदी...धीरे-धीरे मुझे पत्रों से ही यह जानकारी भी मिल रही थी कि वह अलग वर्ग और अलग दुनिया के लोग हैं, वहाँ मैं इससे अधिक प्रवेश नहीं पा सकता था। वहाँ लकदक ड्राइंग रूम थे। सेक्रेटरी और ड्राइवर थे, रोल्स-रॉयस, डॉज, शेवरलेट, हिलमैन, पैकार्ड, वॉक्स-वैगन, मर्सडीज़ गाड़ियाँ थीं, दिल्ली-बम्बई-कलकत्ता, मसूरी की निजी कोठियाँ थीं और हेमलताजी कहीं भी सहजता से आती-जाती रहती थीं। उनसे पत्र-मित्रता के दौरान मैं यह

याद ही नहीं कर पाया कि वे उस शोषक-वर्ग की सदस्या हैं जिनके खिलाफ हम पता नहीं कब से लिखते आ रहे हैं। बल्कि उस वर्ग को और अधिक निकटता से देखने का तर्क ही उधर खींच रहा था। यह तो बाद में जाना कि उस वर्ग में स्त्री भी उतनी ही शोषित है जितना हमारे समाज में दलित या सर्वहारा...मैंने अपनी चिढ़ मारवाड़ियों की आलोचना के रूप में अनेक पत्रों में निकाली। शुरू में काफी बहसें हुईं। मारवाड़ी सिर्फ पैसा जानता है, न उसे घर-बार की चिन्ता है, न खुद खाने-पीने की। वह पिछड़ा हुआ दकियानूसी है—उद्योगपति हो चुकने के बाद भी उसकी मानसिकता व्यापारी और परचूनियों की है। कला-संस्कृति उसके लिए निहायत अपरिचित और फालतू क्षेत्र हैं। वह हमेशा गद्दी पर बैठा-बैठा मुटियाता, जाँघ खुजाता, मुनीमों और व्यापारियों से घिरा 'खरीद ल्यो जी, बेच द्यो जी' करता रहता है। उसके घरों में या तो पंडे-पुजारी आते-जाते हैं या ज्योतिषी-जौहरी...हालाँकि जब मैं कलकत्ता पहुँचा तो अधिकांश बड़े मारवाड़ी, बड़ा बाजार और कलाकार स्ट्रीट छोड़कर अलीपुर, सदर्न एवेन्यू जैसी जगहों में पहुँच चुके थे—मगर उनकी गद्दियाँ वही थीं। मेरी सारी प्रगतिशीलता इन्हीं का मजाक उड़ाने में व्यक्त होती थी—उधर दीदी उनका बचाव करती कि नई पीढ़ी वैसी नहीं है, कि बिना अन्दर से जाने मुझे इस तरह किसी के बारे में राय बनाने का कोई हक नहीं है। स्वयं उसका रहन-सहन, मिलना-जुलना या अन्य गतिविधियाँ इसका प्रमाण थीं। उधर राकेश और मोहन सिंह सेंगर जैसे मित्र मारवाड़ियों को आधुनिक होने की ये छूटें देने को तैयार नहीं थे। राकेश कहता, "तू जिससे टकराया है, हो सकता है वे कुछ एडवांस हों, मगर..." फिर वह मोटी सेठानी का थुल-थुल चित्र खींचने लगता...

मगर मैं तो जानता ही नहीं था कि मैं किससे जा टकराया था। महीने में आठ-दस पत्रों की आवाजाही के बावजूद मिलने की पहल दोनों ओर से नहीं हो रही थी। पन्द्रह दिन कलकत्ता में घूमकर मैं फिर आगरा आ गया था। तय कर लिया था कि अब कलकत्ता ही रहना है। हेमलता भी उकसा रही थीं कि कलकत्ता का खुला जीवन और तरह-तरह के अनुभव मेरे लिखने में सहायक होंगे, मेरा व्यक्तित्व ज्यादा समृद्ध होगा। उनसे जो भी सलाह या सहायता सम्भव होगी, वे जरूर करेंगी। आखिर मैं उनका सबसे प्रिय लेखक हूँ, "राजेन, तुममें बड़ी प्रतिभा है। हमें तो तुम्हारे बाद किसी का लेखन पसन्द ही नहीं आता। कल कुछ नई किताबें मँगाई थीं...तुम्हारी

कोई नहीं थी, इसलिए लौटा दीं...'' उधर मैं अपनी तरह दिमाग में साफ था कि यह सिर्फ एक लेखक और पाठिका के बीच की दोस्ती है, हो सकता है कुछ अधिक आत्मीय हो। मगर इससे आगे कुछ नहीं। शायद वह सोचती थीं कि मैं उसकी तरह आर्थिक निश्चिन्तता में रहता हूँ। इसलिए मैंने शुरू में ही अपनी स्थिति साफ़ कर दी थी कि मेरा वर्ग वही है जो 'सारा आकाश' में समर का है। एक बार उन्हें लिखा—इन बड़े लोगों को शिकायत है कि इन लेखकों-वेखकों से परिचय करो या उनकी किसी रचना को पसन्द करो तो या तो अगले क्षण पैसे माँगने लगते हैं या इश्क़ फ़रमाने लगते हैं...और मैं यह तस्वीर बिल्कुल नहीं देना चाहता था। लेखकीय स्वतन्त्रता को लेकर शायद उन दिनों आत्मसम्मान कुछ ज्यादा ही उग्र था। इसलिए सारे पत्र-व्यवहार के बावजूद व्यक्तिगत रूप से उनके बारे में जानने की कभी कोशिश भी नहीं की। वे सम्पन्न, समृद्ध और स्वतन्त्र हैं, यह तो धीरे-धीरे पता लग गया था, लेकिन वे देश के चार-पाँच बड़े उद्योगपति घरानों में से एक की महत्त्वपूर्ण सदस्या हैं, यह लगभग डेढ़-दो साल बाद ही जान पाया। वह भी स्वयं उनसे नहीं, दूसरे स्रोतों से। कलकत्ते के बड़ा-बाजार में 'विशाल भारत बुक डिपो' अक्सर जाना होता था। बेहद दबंग और परम गप्पी ठाकुर साहब (शायद अयोध्या सिंह) उसके मालिक थे। उन्हें साहित्यिक दुनिया की ही नहीं, हर मारवाड़ी घर की जानकारी थी। या तो वहाँ उनकी किताबें जाती थीं या कोई-न-कोई आता रहता था। सेठों और उनके घरों के किस्से रस ले-लेकर सुनाना कलकत्ता की हिन्दी किताबों की दुकानों का प्रिय विषय था। लेखकों-पत्रकारों के वे स्थायी अड्डे थे। कॉफी-हाउस में साहित्य और पुस्तकों की बातें होती थीं तो यहाँ व्यक्तिगत स्कैंडल...वहीं मैंने जानकारी लेने की कोशिश की कि कौन-कौन ऐसे सेठों के घर किताबों के शौकीन हैं जहाँ ठाकुर साहब के आदमी नई किताबों के बंडल लेकर जाते हैं, छँटवाते हैं और नए ऑर्डर बुक करते हैं. जाहिर है कभी स्वयं ठाकुर साहब भी जाते रहे होंगे, इसलिए उन्हें काफी अन्तरंग जानकारियाँ थीं। इसी सिलसिले में एक परिवार का जिक्र आया। पता लगा उस घर में उत्तर प्रदेश से एक बहू आई थी और बहुत किताबें खरीदती थी, नई-नई सूचियाँ देती थी। कच्ची उम्र में ही विधवा होकर वापस वहीं चली गई है। हमेशा आपकी किताबों के बारे में पूछती है। मायके का नाम सुना तो मैं चौंका—अरे, यह तो वही है। आते ही पत्र लिखा कि ''तुमने हमें यह क्यों नहीं बताया कि तुम उस परिवार की हो...तुम तो यार, बहुत

ऊँची चीज हो। तुमसे अब डरकर रहना पड़ेगा...'' उधर से झिड़क दिया गया कि ये सब बेकार की बातें हमारी मित्रता के बीच नहीं आनी चाहिए। और यह सच है कि उनका बड़े घर का होना कभी बीच में नहीं आया। वह शुद्ध साहित्यिक मित्रता थी, जहाँ दोनों ओर अपनी-अपनी मर्यादाओं का सम्मान रखना एक अनकहा समझौता था।

वहाँ तो नहीं, मगर अपनी स्थिति के कारण मैं ही इस पक्ष में ज्यादा संवेदनशील था। ''जानते हो, आज हमारे यहाँ भवानीप्रसाद मिश्र, शिवमंगल सिंह सुमन या नीरज आए थे। बहुत देर उनकी कविताएँ सुनते रहे। मिश्रजी बहुत सहज हैं। जाते हुए उम्मीद कर रहे थे कि हम उन्हें दान-दक्षिणा जैसा कुछ दें...'' मुझे बुरा लगता था, क्यों जाते हैं ये लोग इस तरह अपनी कविताएँ सुनाने, याचक बनकर? कभी सुनता किसी सेठ के यहाँ दिनकर गए हैं, कभी जैनेन्द्रजी...कोई बेटी की शादी के लिए पैसे माँग रहा है तो कोई अपनी पारिवारिक समस्या के लिए सहायता...यह सब सुनकर व्यक्तिगत अपमान का बोध होता। कलकत्ते के दस सालों में मैं शायद ही किसी सेठ के घर गया हूँगा। हाँ, गोष्ठियों में या बाद में 'ज्ञानोदय' के सिलसिले में दो-चार बार अलीपुर के 'साहू जैन निलय' जरूर गया था। हालाँकि सुसंस्कृत लोग थे मगर वहाँ इनमें से किसी को मेहमान के रूप में देखकर वितृष्णा ही होती। कलकत्ते में तो शायद यह रिवाज ही था कि पूर्वी उत्तर प्रदेश या बिहार का कोई स्कूली टीचर 'साहित्य-साधना' करता हुआ किसी-न-किसी हिन्दी प्रेमी सेठ के घर चक्कर लगाता और छोटी-मोटी पत्रिका निकालने या संस्था बनाने को प्रेरित करता। अपनी या सेठजी की कोई किताब छप जाती, पटना-बनारस का कोई पंडित आकर विमोचन कर देता। दस-बीस हजार की कमाई हो जाती, सेठजी अमर हो जाते और कवि महोदय ख़म ठोककर साहित्य में कूद पड़ते। फिर शीघ्र ही ये कविजी ज़िन्दगी-भर के लिए खुन्दक पाल लेते कि साहित्य की गुटबन्दी इनकी महान प्रतिभा की पहचान ही नहीं रही है। इनका अन्त अधिकांश मंचीय कवि के रूप में होता। न भाषा का ज्ञान, न शब्दों की पहचान। व्याकरण और उच्चारण सब माशा अल्लाह...कहानीकार बँगला के अनुवाद या चोरी की पूँजी से काम चलाते... मगर सबको मुग़ालता यह कि उग्र और निराला की तरह कलकत्ता उन्हें महान बना रहा है। हर बाहर से आनेवाले को अपना दुश्मन समझते कि उनके घर में सेंध लगाने चला आया है या उनके हिस्से का यश लूट रहा है। अनेक बार कॉफी-हाउस में इसी बात पर झगड़ा हो गया। शायद

दुष्यन्त आया हुआ था। मुद्राराक्षस भी था। स्थानीय साहित्यकारों ने अपनी उपेक्षा की शिकायत की। कोई साहब बोले, "हम इन्हें सम्मान से बुलाते हैं, आने-जाने का खर्चा देते हैं, अभिनन्दन और भोज कराते हैं, जाते हुए दान-दक्षिणा, शाल-दुशाले देते हैं—मगर ये लोग हमें साहित्यकार ही नहीं मानते।" पलटकर दुष्यन्त बोला, "कौन सा अपने बाप का पैसा खर्च करते हो? हिन्दी-प्रेम और साहित्य-सेवा के नाम पर किसी सेठ को फँसा लेते हो, उस पर रौब डालते हो कि कितने बड़े साहित्यकारों से तुम्हारा परिचय है। दस रुपए हमारे ऊपर खर्च करते हो तो बीस जेब में रख लेते हो।" जवाब में कलकतिया बोले, "यानी हमारे साहित्य में कुछ नहीं है?" अब तक दुष्यन्त बमक चुका था, "ऐसे साहित्यकार इलाहाबाद-बनारस में खचियाभर पड़े हैं"...बस फिर तो वह ले-दे हुई कि हम लोगों को भागते ही बना। याद नहीं है, शायद कॉलर-वॉलर भी खींचे गए। हालत सचमुच तब यही थी। न किसी का कोई अध्ययन था, न पढ़ने का शौक। बँगला साहित्यकारों के सामने घिग्घी बँध जाती थी। प्रायः पान-चबाऊ, धोती छाप रघुपतिए...पाँच मिनट के लिए रेडियो कांट्रेक्ट आ जाए तो कृतार्थ हो जाएँ... लगता था सत्यनारायण की कथा वाले कोई पंडित जी चले आ रहे हैं। कलकत्ते के हिन्दी-जगत की यही तस्वीर थी। केवल मोहनसिंह सेंगर, पूनमचन्द वैद, मनमोहन ठाकौर, कृष्णाचार्य जैसे लोगों से ही कुछ सन्तोष मिल सकता था। या 'ज्ञानोदय' के सहायकों के रूप में मुद्राराक्षस, राजकमल चौधरी, रमेश बक्षी, प्रभाकर द्विवेदी जैसे लोग। इनमें भयंकर पढ़ाकू थे—पूनमजी। सुबह ही नेशनल लाइब्रेरी चले जाते और शाम को ही आते। इसके लिए अपना सारा व्यवसाय चौपट कर लिया था। स्कूल-कॉलेज शायद ही कभी गए हों। निहायत भ्रष्ट हिन्दी अंग्रेजी-हिन्दी उच्चारण में वह ज्ञान के ऐसे भंडार थे कि हम सबको बार-बार उनकी शरण में जाना पड़ता। उन्हें मालूम था कि हिटलर के गैस्टापो में किस रैंक के कितने अफसर थे या चिली की ट्रक हड़ताल में ड्राइवर कौन थे या रूसी जहाज़ी बेड़े में कितनी तोपें थीं। बाद में मिला शरद देवड़ा। वह बाकायदा यूनिवर्सिटी की शिक्षा लेकर आया था, मेहनती और महत्त्वाकांक्षी था। हो सकता है आज कलकत्ता कुछ उन्नति कर गया हो। मगर तब तक तो शायद यही कारण था कि विशाल भारत, नया समाज, ज्ञानोदय, अणिमा या बाद में वागर्थ तक पत्रिकाओं को उत्तर-भारत की रचनात्मकता पर ही निर्भर करना पड़ता था—स्थानीय 'असन्तुष्टों' के बीच...जब धीरे-धीरे कलकत्ता के इन

'साहित्यकारों' को यह विश्वास हो गया कि मैं उनका हिस्सा बँटाने नहीं आया तो स्वीकृति का माहौल बना। मगर तब दूसरी मुसीबत आ खड़ी हुई। कॉफी-हाउस से चलते हुए रोज कोई अपनी रचना पकड़ा देता या किसी धुएँ-धुन्धभरे चायखाने में बैठकर नया लिखा सुनाने लगता। मैं उसकी भाषा, स्पेलिंग से लेकर कथ्य पर काम करता। इसके पीछे आकांक्षा थी कि ठीक-ठाक करके कहीं छपा दूँगा...

इनमें सचमुच कुछ प्रतिभाशाली भी थे—बृजमोहन तोतला, आलोक शर्मा जैसे लोग कुछ नया करना चाहते थे। आलोक व्यवसायी था और भाषा पर उसका अधिकार था—कथ्य और शिल्प में चकित करनेवाले प्रयोग करता। तोतला जिद्दी और चिपकू था। हर महीने एक उपन्यास लिख डालता। कल्याणमल लोढ़ा, विष्णुकान्त शास्त्री, श्यामानन्द जालान, पृथ्वीनाथ शास्त्री कृष्णाचार्य, भँवरमल सिंघी, लक्ष्मीचन्द्र जैन की दुनिया अलग थी। ये यहाँ के एलीट थे। सुकीर्ति के सिवा महिलाएँ निरपवाद रूप से कवि थीं। कहानीकार थी मन्नू। प्रतिभा अग्रवाल नाटक की दुनिया में उभर रही थी। कुछ समय के लिए पुष्पलता शर्मा भी 'शिक्षायतन' में इलाहाबाद से आकर रहीं। उनसे मिलने धर्मवीर भारती के अघोषित चक्कर लगते। बाद में वे पुष्पा भारती बनीं। प्रभा खेतान, 'कृष्णधर्मा मैं' की मानसिकता में चल रही थी। सब मिलाकर ये सारे लोग कनुप्रिया और रश्मिरथी की संवेदना के लोग थे। इससे आगे की खतरनाक रचनात्मकता से बचे रहना इनकी मजबूरी थी। प्रगतिशील स्वर मध्य कलकत्ता यानी विवेकानन्द रोड, बड़तल्ला की तरफ था—मगर वहाँ न वैसी वैचारिक पुख़्तगी थी, न कलात्मक पकड़। निश्चय ही वे संघर्षशील लोग थे। मुझे सहानुभूति भी होती, मगर अपनी अध्ययनहीनता में ही सन्तुष्ट इन लोगों को देखकर क्षोभ भी होता। हाँ, ऋषि जैमिनी कौशिक और कलाकार सूरज जैसे लोगों के बारे में अफवाहें थीं कि 'भाँग की पकौड़ी' नुमा कुछ लिखते रहते हैं। भाषा और प्रतिभा की दयनीयता के चलते जिन्दा तो रहना ही था। शिक्षा इतनी भी नहीं थी कि किसी निजी स्कूल में ही पढ़ाने लगते। हाँ, छेदीलाल गुप्त, अवधनारायण सिंह, हर्षनाथ, सकलदीप सिंह, इसरायल, विमल इत्यादि अपनी पुरानी यादों के सहारे गाँव और गरीबी की एक-दो 'क्रान्तिकारी' रचनाएँ लिखकर ही आपसी महानता के लिए लड़ते रहते थे। कुछ समय के लिए मुद्राराक्षस, रमेश बक्षी, राजकमल चौधरी, माहेश्वर और भगवान सिंह भी आए।

कलकत्ता से आगरे जाते समय मैं 'भाँग की पकौड़ी' छाप साहित्य ले

जाता, वहाँ के मित्रों के मनोरंजन के लिए। बीच में इलाहाबाद रुकता तो कमलेश्वर, मार्कंडेय, दुष्यन्त उन्हें चुरा लेते। मैंने अपनी हर चीज़ में ताला लगाना शुरू कर दिया। इस पर कमलेश्वर ने मेरे इस ताला-चाबी प्रेम का ऐसा प्रचार किया कि बाद में 'अक्षर' में एक साहब आए, ''मैं आपकी रचनाओं का फ़ैन हूँ। सुना है आपको ताले बहुत प्रिय हैं। मेरी अलीगढ़ में छोटी सी फैक्टरी है। आपके लिए भेंट लाया हूँ।'' उन्होंने बड़े आदर से दो दर्जन 'क्लिक' तालों का डिब्बा मेरी ओर बढ़ा दिया। समझ नहीं पा रहा था कि हँसूँ या रोऊँ। यह 'तालाचाबीवाद' मेरे खिलाफ मन्नू के आरोपों का भी अस्त्र बना, मेरे घुन्ने होने की पुष्टि के लिए।

आश्चर्य की बात है कि बँगला लेखकों से हमारा कोई संवाद नहीं था। दो समानान्तर दुनियाएँ थीं जो एक दूसरे को न कहीं छूती थीं, न काटती थीं। हाँ, शुरू में अक्सर न्यू-एज पब्लिशर्स के सिंहराय से जरूर सेंगरजी के द्वारा परिचय हुआ। शनिवार को कॉलेज स्ट्रीट के उनके दफ्तर में पीछेवाले कमरे में बीयर-पार्टी चलती। उसमें विमल मित्र भी होते थे। उनका 'साहब-बीबी गुलाम' वहीं से छपा था और धूम मचाए था। तभी पता चला कि वहाँ संस्करण का अर्थ था एक बार बाइंडिंग कराई जानेवाली पुस्तकों की संख्या। यानी हजार प्रतियों में चार संस्करण हो जाते थे। विमल बाबू का आठवाँ संस्करण चल रहा था। मेरा कहानी संग्रह 'जहाँ लक्ष्मी क़ैद है' सीधे दो हजार छपा था तो साल-भर में समाप्त हो गया था।

उस समय के कलकत्ते की ये सारी स्थितियाँ किसी-न-किसी रूप में हेमलताजी को पत्रों में लिखी जाती थीं। उधर से अपनी दिनचर्या के साथ झिड़कियाँ मिलतीं, ''राजेन, तुम बहुत समय बर्बाद करते हो। बहुत दिनों से हमने तुम्हारी कोई चीज़ नहीं पढ़ी। हम तुम्हें इसलिए प्यार करते हैं कि तुम्हारी कलम में जादू है...''देखो, अगली पन्द्रह तारीख से बीस दिनों के लिए हम बम्बई जा रहे हैं। पत्र तो लिखेंगे ही, अठारह को चार और पाँच के बीच फोन करेंगे। तुम वहीं रहना,'' उन दिनों चार और पाँच बजे के बीच मेरा अड्डा था रक्षित का दफ्तर। प्रशान्त रक्षित और कमल बोस से मेरा परिचय ठाकौर साहब के माध्यम से हुआ। कमल कलाकार था। मेरी पहली किताबों—*उखड़े हुए लोग, जहाँ लक्ष्मी क़ैद है, अभिमन्यु की आत्महत्या* के कवर उसने बनाए थे। रक्षित सिन्धिया एंडेवयर छापता था या इधर-उधर से छपाई-स्टेशनरी का काम लाकर कुछ दफ्तरों में घूमता था। दिल्ली में

सुविधा नहीं थी इसलिए राजकमलवालों ने *उखड़े हुए लोग* की छपाई की व्यवस्था वहीं कर दी थी। मैं और ठाकौर साहब वहीं बैठकर या घर लाकर उसके प्रूफ देखते थे। रक्षित के दफ्तर में ही आते थे हेमलता उर्फ दीदी के फोन। कलकत्ते होतीं तो एक-एक घंटा बात करतीं—बाहर होतीं तो कम-से-कम छः मिनट...

अजीब बात थी कि इस घनघोर पत्र-व्यवहार के बावजूद लगभग एक-डेढ़ वर्ष मिलने की उत्सुकता न मैंने दिखाई, न उन्होंने। उधर की बात मैं नहीं जानता लेकिन मेरी तो सारी ज़िन्दगी जैसे एक पत्र से दूसरे पत्र के बीच की यात्रा थी। वही तनाव और प्रतीक्षा... कभी दीदी के तो कभी मीता के। उन दिनों की लिखी कविताएँ अभी भी याद हैं "एक पत्र आएगा/रोज़ सुबह लगता है..." या "अब तो मैं/ पत्रों में ही रह गया" और "मेरी ज़िन्दगी है एक लम्बा खत/जिसे हर रोज़ लिखता हूँ" उन्हीं दिनों 'आवाज तेरी है' नाम से एक लम्बी कविता भी लिखी। बाद में ज्ञानपीठ से इसी नाम का संग्रह आया। "यह तुम्हारा स्वर मुझे खींचे लिए जाता/ कि जैसे डोर बंसी की तड़पती मीन को खींचे/ कि जैसे ज्योति की रेखा पथिक ध्रुवहीन को खींचे/ कि जैसे ऐन्द्रजालिक मोहिनी से चेतना घेरे/ कि जैसे दीप की लौ को सुबह का सारथी टेरे..." इत्यादि... आज भी हमारे बीच हुई बातें चाहे न याद हों मगर हेमलता की मधुर आवाज कानों में निश्शब्द सुनाई पड़ती है। अजीब-सी कशिश और आत्मीयता थी उनकी आवाज में। देखा नहीं था, मगर यह स्वर मेरी कल्पना को पंख लगा देता और मैं पता नहीं किस ऐन्द्रजालिक दुनिया में जा पहुँचता। *शह और मात* की राजकुमारी के रूप में मैंने अपनी इसी अनदेखी नायिका की ही तस्वीर खींची है। शायद 'जहाँ लक्ष्मी क़ैद है' की नेपथ्यवासिनी लक्ष्मी भी वही है। बाद में मैंने और मन्नू ने 'एक इंच मुस्कान' नाम से जो उपन्यास लिखा उसकी अमला भी वही है। उन दिनों कहानी-उपन्यास जो भी लिखे उनमें कहीं-न-कहीं हेमलता हैं—कहीं सीधे-सीधे तो कहीं चेतना बनकर। अपने जन्मदिन पर पत्र के रूप में मैंने जो कहानी उन्हें भेजी वह थी 'अभिमन्यु की आत्महत्या'। उसके काफ़ी बिम्ब और प्रतीक 'आवाज़ तेरी है' में भी आ चुके थे। एक बार उन्होंने लिखा, "सुनो, पिछले हफ्ते हम इलाहाबाद गए थे। तुम्हारे धर्मवीर भारती से दो घंटे बातें हुईं। कभी उनका 'गुनाहों का देवता' हमें बहुत पसन्द था। न जाने कितनी बार पढ़ा और रोए। भारती बहुत अच्छी बातें करते हैं। कह रहे थे कि मौसमों के नाम फूलों के नामों पर रखे जाने

चाहिए...उन्होंने अपनी किताब 'सात गीत वर्ष' हमें दी। हमने जानबूझकर तुम्हारा नाम नहीं लिया। क्यों बताते कि हम तुम्हें कैसे और कितना जानते हैं।'' बाद में शायद कान्ताजी के साथ भारती उनसे मिलने भी गए। एक दिन मुझे डाक से मोटा सा लिफाफा मिला। ''भारती ने हमें यह लिखकर भेजा है। हमें तो अच्छा लगा। तुम बताना कैसा है।'' भारती की हैंडराइटिंग के आठ-दस पन्नों में जो ललित निबन्धनुमा चीज थी उसका नाम था शायद 'लालटेनवाली नाव' यह उनकी रचनावली में भी शामिल है। यानी भारती ने अपनी मूल रचना को दोबारा लिखकर भेजा था। तब तक फोटोस्टेट का चलन नहीं हुआ था। पहली बात दिमाग में आई ''तो भारतीजी भी वहाँ लाइन मार रहे हैं...'' अब तक हेमलता की साहित्यिक रुचि का जो परिचय मुझे मिला था उसके अनुसार भारती निश्चय ही मुझ पर भारी पड़ते थे। वे अधिक रूमानी भाषा लिख सकते थे। मैंने तत्काल जवाब दिया कि ''रचना निश्चय ही बहुत सुन्दर है...भारती की शैली का तो जवाब ही क्या? मगर मोहतरमा, भारती ने यह सारा चित्र चैखव की कहानी से उड़ा लिया है जहाँ अँधेरे में बहती नाव है, उस पर जलती लालटेन है और जैसे काल के प्रवाह में अनजाना सफर है...'' इसके बाद शायद भारती से पत्र-व्यवहार बन्द हो गया। हो सकता है वह प्रतिभा पुष्पाजी की सेवा में समर्पित होने लगी हो...बहरहाल, आज भी भारती की वह रचना कहीं मेरे कागजों में बची हो...राकेश तो मेरे इस सम्बन्ध को जानता ही था, अब भारती भी जानने लगे उन्हीं दिनों और बाद में भी भारती से अनेक बार मिलना हुआ। हँसी-मजाक सभी चलता था, मगर मैं इसे भारती की गरिमा ही कहूँगा कि हेमलताजी को लेकर उन्होंने कोई हल्की बात नहीं कही।

आज मुझे रह-रहकर आश्चर्य होता है कि इतने घनिष्ठ पत्र व्यवहार के बावजूद साल भर हम आपस में मिले क्यों नहीं? सिर्फ पहल का इन्तजार करते रहे या दूसरा भी कोई कारण था? यह शुरू से ही तय हो गया था कि हमारे बीच पैसा नहीं आएगा। मैंने उनसे कभी संकेत में भी नहीं माँगा। उस धरातल पर मेरे अपने संघर्ष थे। मगर मित्रता के दौरान वे कुछ-न-कुछ भेजती जरूर रहती थीं। उनका नगर आगरा और कलकत्ता के बीच पड़ता था। मेरी यात्रा उन दिनों ठसाठस भरे थर्डक्लास में ही होती थी। ''सुनो, गाड़ी में तुम कहाँ घुसे बैठे थे? हमारे आदमी ने एक-एक डिब्बे में दो-दो बार झाँककर देखा। तुम मिले ही नहीं। तुम्हारे लिए छोटी सी चीज थी।''

वह चीज कभी कलम होती तो कभी खूबसूरत फाइल या कीमती लेटर पैड। एकाध बार सूट-लैंग्थ, कमीज या शॉल जैसी चीज़। बहुत बाद में अपने हाथ से बना स्वेटर...कलकत्ते में मेरी हालत उन दिनों अपने मित्र सूरजप्रकाश आनन्द जैसी थी। विभाजन के दौरान जब वे लाहौर से भागे तो अन्य कीमती चीज़ों में शादी की शेरवानी भी थी। बुरे दिनों में देहरादून में फलों-सब्जियों का ठेला लगाना पड़ा। लोग हँसते और बिना खरीदे आगे बढ़ जाते—पाँच हजार की शेरवानी और ठेला। लोगों को नाटक लगता। किसी को क्या पता कि भीतर बनियान तक नहीं है। मेरे पास भी एक-से-एक अच्छी चीज़ होती, मगर बस-ट्राम या चाय-कॉफी के पैसों के लिए गणित चलता रहता। उन दिनों मैं लेख या कुछ पत्र टाइप करके भेजा करता था। दो-एक बार शायद उन्हें भी भेजे। पत्र आया कि "तुम हमें पत्र टाइप करके नहीं भेजोगे। दफ्तरी लगता है। फिर हमें तुम्हारे टाइप के अक्षरों की बनावट पसन्द नहीं है। हम दूसरा नया टाइपराइटर भिजवा रहे हैं।" और लीजिए साहब, दो दिन बाद उनका ड्राइवर रेमिंग्टन का पोर्टेबल टाइपराइटर दे गया। मेरे पास अपना ओलिवेत्ती था। उसे मैंने सतीशकुमार के यहाँ बनारस में एक जापानी लड़की से खरीदा था। वह मैंने गिरीश अस्थाना को बेच दिया।

वे भी मेरी मदद से आगरा छोड़कर कलकत्ता आ गए थे और हाजरा रोड पर रहने लगे थे। जब हेमलता कलकत्ते में होतीं तो लगातार संवाद बना रहता। कभी उनके टेलिफोन आते कभी सन्देश। मैं जहाँ भी जाता गिद्ध की तरह टेलिफोन ढूँढ़ता। ये सारे उपहार देने अलीपुर से लम्बी-सी गाड़ी आती और लानेवाले होते कभी कोई लड़की या युवक..."बुआजी ने भेजा है।" उन्हीं में से कुछ बाद में बड़े-बड़े उद्योगों के मैनेजिंग डायरेक्टर या चेयरमैन बने। मैं हमेशा लड़ता, "दीदी, तुम हमें याचक बनाकर छोड़ोगी। एक तो इतनी कीमती चीजें मुझसे चलती नहीं हैं, दूसरे जिस फटीचर ढंग से हम रहते हैं, उसमें ये सब बहुत असंगत लगती हैं।" मगर फिर उनका एक ही वाक्य मुझे ठंडा कर देता, "तुम सिर्फ अपना ही सोचते हो, तुम्हें दूसरे की भावनाओं का कोई खयाल ही नहीं है...देखो, ईडन गार्डन में उदयशंकर का नया शो लगा है। दो टिकट भेज रहे हैं। अपनी किसी दोस्त के साथ देख आना..." या "फलानी फिल्म बहुत अच्छी है, हमने देखी है, तुम्हें भी देखनी चाहिए। टिकट इस पत्र के साथ है।" जाहिर है किसी नाटक या

फिल्म के सबसे कीमती टिकट लेना मेरे बाप के बस का नहीं था—मगर वहाँ बैठकर बड़ा गर्व होता था। एक बार लिखा, "उस शो में हम तुम्हारे आगे की रो में बैठे थे। तुमने हमें देखा ही नहीं, न जाने किन-किन लड़कियों को घूरते रहे...सच राजेन, तुम बहुत बदमाश हो..." कलकत्ते के बाहर से आनेवाले पत्रों में कभी लगता ही नहीं था कि वह लिख रही हैं। मानो वे बोल रही होती थीं। स्थितियों और दृश्यों के जीवन्त चित्र खींचने की अद्भुत कला थी उनके पास। लगता था उनका घूमना, प्रसिद्ध स्थलों को देखना, किसी घटना में शामिल होना मात्र इसलिए होता था कि मुझे विस्तार से लिखकर भेजना है। मानसिक रूप से उनके साथ उन दिनों मैं दार्जिलिंग, काश्मीर, कन्याकुमारी, शिमला पता नहीं कहाँ-कहाँ घूमा था। कुछ का मैंने अपनी कहानियों में इस्तेमाल भी किया। साथ जाने का मौका केवल एक मिला। वे कलकत्ते से जाने लगीं तो एक टिकट धनबाद तक का मेरा भी था, "वहाँ तो बात करने का मौका नहीं मिलता। कूपे में तुम भी हमारे साथ चलोगे। तुम बीच से चले आना।" एक बार उन्होंने अपने परिचितों में से ही किसी बेहद सम्पन्न व्यक्ति की मृत्यु का वर्णन किया जहाँ आने-जानेवालों के बीच लाश रखी है और परिवार की महिलाएँ पाउडर, लिपस्टिक लगा-लगाकर शव के आसपास बैठने आ रही हैं मानो फिल्म बन रही हो।

मैं अपनी सीमाएँ जानता था और मैंने कभी ऐसी नौबत भी नहीं आने दी कि उनसे कुछ माँगना पड़े। मगर यह सच है कि कलकत्ते के दिनों मैं इसी मैत्री के कारण भयंकर आत्मविश्वास से भरा रहता था। दो-तीन बार 'ज्ञानोदय' छोड़ने के पीछे कहीं यह भावना भी थी कि मुझे इस टुच्ची नौकरी की क्या चिन्ता... कभी भी हेमलताजी के सामने प्रस्ताव रखूँगा और दो-चार लाख लेकर 'ज्ञानोदय' से अच्छा पत्र निकाल दूँगा। किसी को क्या मालूम कि मेरे पास कितना बड़ा खजाना है! आत्मसम्मान की इसी भावना के कारण न मैं किसी पैसेवाले के यहाँ चक्कर लगाता था, न ऐसा कोई काम करता था जो मुझे नीचा दिखाता हो। यह भी सच है कि इसी आत्मविश्वास के कारण मैं इतना कुछ कर पाया कि आज आश्चर्य होता है। नई-से-नई किताबें, पत्रिकाएँ पढ़ना, कलकत्ते के कोने-कोने में भटकना, गप्प-गोष्ठियों में शामिल होना, अपना लिखना और अनुवाद करना—फिर मीता, हेमलता और मन्नू के साथ पत्राचार...दिल्ली आने के लिए कोशिशें...ज्ञानोदय और हिन्दी टीचिंग स्कीम की अस्थायी नौकरियाँ...आर्थिक खींचतान तो बनी ही

रहती थी। दिल्ली में मैंने रामविलासजी के छोटे भाई मुंशी की सहायता से पी.पी.एच. के लिए कुछ उपन्यासों के अनुवाद किए। लर्मन्तोव का 'हमारे युग का एक नायक' तो डीलक्स संस्करण में मॉस्को से सचित्र छपा। कलकत्ते में तब ईस्टर्न ट्रेडिंग कम्पनी रूसी रचनाओं के अनुवाद करा रही थी। उनके लिए मैंने तुर्गनेव के दो उपन्यासों के अनुवाद किए। वे लोग प्रामाणिकता को लेकर बहुत जिद्दी थे। एक-एक शब्द के रूसी अर्थ और उच्चारण तय किए जाते। अलीमुद्दीन स्ट्रीट के 'स्वाधीनता' ऑफ़िस में महादेव साहा और श्रीनारायण झा लगभग मेरी क्लास लेते थे। ओघड़ किस्म के महादेव साहा पार्टी आफ़िस में ही रहते थे। उनका विश्वकोशीय ज्ञान और उसे याद रखना स्तब्ध करनेवाला था। बड़े-बड़ों की किताबों में तथ्यों और तारीखों की ग़लतियाँ निकालना उनका शौक था। सभी के लिए इस तरह बोलते जैसे बाजारू लौंडे-लपाड़े हों, ''वो, प्रिंस द्वारिकानाथ का बेटा, अरे वही रवीन्द्रनाथ। मोतीलाल का छोकरा नेहरू।'' वे हजारीप्रसाद द्विवेदी नहीं 'हज़ारी' कहते। शायद कभी द्विवेदीजी ने उनके बारे में कह दिया होगा कि वे 'क्रुद्ध-वीर्य' हैं। रात में अपने से लड़ते हैं, दिन में दुनिया से। हिन्दी में हम लोग बनारसीदास चतुर्वेदी के कारण तुर्गनेव लिखते थे, वे चार गालियाँ बनारसीदासजी के नाम पर देते और तुर्गनेव के सिवा कुछ नहीं सुनना चाहते थे। यही कारण था कि जब मैंने स्वतन्त्र रूप से चैखव के नाटकों के अनुवाद किए तो तीन अंग्रेजी अनुवादों का सहारा लिया। इतना ही नहीं, सेंगरजी ने जब 'नया समाज' का विश्व-कहानी अंक निकाला तो उसमें आधी से अधिक कहानियाँ हेमलता, नरेन्द्र शिरोमणि और अपने नाम से मैंने ही अनुवाद कर डाली थीं। आज उन दिनों को सोचता हूँ तो अपनी ऊर्जा पर आश्चर्य होता है। अपने उपन्यास- कहानी लिखना, ज्ञानोदय या हिन्दी टीचिंग स्कीम में पढ़ाना, मित्रों के साथ बहसें या जगह-जगह भटकना, लम्बे-लम्बे पत्र लिखना फिर घनघोर पढ़ाकू की छवि बनाए रखना—क्या सचमुच यह सब करनेवाला मैं ही था? मैं तो आज भी अपने को राष्ट्रीय स्तर का आलसी, भुलक्कड़ और आरामतलब मानता हूँ।

तो, अपनी हर रचना के लिए पारिश्रमिक और हर पुस्तक के लिए एडवांस लेने के साथ-साथ अनुवाद भी मेरी लेखन-चर्या का अनिवार्य हिस्सा था। पता नहीं कब, मेरे मन में आब्सैशन की हद तक यह जम गया था कि लेखक को स्वतन्त्र रहना चाहिए...आर्थिक या दूसरी निर्भरताएँ उसकी आवाज़ को दबा या कुचल देती हैं। निर्णय कर लिया था कि घर से खाने-रहने के

अलावा कुछ नहीं लेना है। आखिर डॉक्टर की छोटी सी नौकरी में पिताजी दस भाई-बहनों का इतना बड़ा परिवार कैसे चलाएँगे? वह भी एक घर आगरे में और एक अपनी नौकरीवाली जगह की दो व्यवस्थाओं के साथ। हमारे लिए ही तो वे यह वनवास भुगत रहे थे। कुछ सम्पत्ति हमें पारिवारिक विरासत में मिली थी। हम सब अलग-अलग क्लासों से पढ़ रहे थे। तब मैंने ट्यूशन किए, कमलेशजी के लिए पाठ्यक्रमों के प्रश्नोत्तर लिखे। पद्मसिंह शर्मा 'कमलेश' अपनी कविताओं और इंटरव्युओं के साथ-साथ विनोद पुस्तक मन्दिर के लिए दो या तीन रुपए प्रति पृष्ठ के हिसाब से कुंजीनुमा लेखन करते थे। उसी में से कुछ प्रश्न हमें दे देते ईमानदारी से पैसे मिल जाते। आज के हिसाब से देखूँ तो सस्ते का जमाना था। सौ-पचास रुपए महीने में (जो निश्चित रूप से आज के दो-तीन हजार होंगे) मेरा काम चल सकता था—रहना-खाना सब। इसका एक स्थायी स्रोत बने, इसके लिए पोताड़े के साथ मिलकर प्रकाशन शुरू किया—नाम रखा 'विश्व-साहित्य'। इससे पहले किसी के द्वारा बेवकूफ़ बनाए जाने पर सुअर के बालों का छोटा सा व्यवसाय किया और पिताजी के पाँच-सात हज़ार ठिकाने लगाकर सहारनपुर में 'ज्ञानोदय' के सहायक सम्पादक की नौकरी की—शायद डेढ़-सौ रुपए की। कन्हैयालाल मिश्र प्रभाकर के साथ—महावीर अधिकारी के बाद। या 'प्रवाह' में शचीरानी गुर्टू का सहायक बनने अकोला गया। ब्रिजलाल बियाणी गाँधीवादी उद्योगपति और नेता थे—सम्पादन करती थी दिल्ली बैठकर शचीरानी गुर्टू। वहीं 'उखड़े हुए लोग' के बीज पड़े। ये सारे प्रसंग शायद कभी विस्तार से लिखूँ। मगर अजीब अन्तर्विरोध था कि कमलेशजी की भाग-दौड़ और पंडित जगन्नाथ तिवारी के आदेश के बावजूद आगरा कॉलेज की लेक्चरर-शिप छोड़कर मैं इधर-उधर हाथ-पाँव मार रहा था। शायद इसके पीछे यह भावना भी थी कि मैं आगरे के बन्धन तोड़कर स्वतन्त्र होना चाहता था। परिवार और मित्रों की दुनिया जैसे पूरे अस्तित्व को अपने अंकुशों में बाँधे थी। मैं हमेशा एक छटपटाहट महसूस करता। सब कुछ छोड़-छाड़कर कहीं भाग जाने के सपने परेशान किए रहते। कोई भी नौकरी दो-तीन महीनों से अधिक नहीं की।

बीकानेर के यादवेन्द्र शर्मा 'चन्द्र' और चम्पालाल राँका से मेरा परिचय 'नई चेतना' त्रैमासिक के द्वारा हो चुका था। उसमें मेरी लम्बी कहानी 'मैं तुम्हें मार दूँगा' छपी थी। कहानी में मैंने राष्ट्रीय स्वयंसेवक संघ की हिन्दू मानसिकता के ख़तरनाक सोच को रेखांकित किया था। शायद यह 1949-

50 में लिखी गई थी। बाद में राँका ने किसी के साथ मिलकर 'आलोक प्रकाशन' खोला और वे लेखकों से सम्पर्क करने आगरा आए। रांगेय राघव, रामविलास शर्मा और मुझसे एक-एक किताब ली। मेरा दूसरा कहानी संग्रह 'देवताओं की मूर्तियाँ' वहीं से आया। इसी नाम की कहानी में मैंने लेखकीय स्वतन्त्रता की पुरजोर वकालत की थी। दूसरे शब्दों में अपनी लेखकीय स्थापना दी थी। दो-ढाई साल बाद कलकत्ते से प्रकट हुए यादवेन्द्र शर्मा 'चन्द्र', रामपुरिया प्रकाशन की ओर से। तब तक मेरा उपन्यास 'प्रेत बोलते हैं' दिल्ली के 'प्रगति प्रकाशन' से आ चुका था। मैं उन दिनों हर समय चैखव को ही ओढ़-बिछा रहा था। चन्द्र को मेरी किताब चाहिए थी। मैंने चैखव की लम्बी कहानी 'डुएल' के हिन्दी-अनुवाद (जो बाद में 'अक्षर' से 'टक्कर' नाम से आया) और चैखव के एक इंटरव्यू के लिए अनुबन्ध कर लिए। कहने की जरूरत नहीं कि एडवांस में मिले उन्हीं छह सौ रुपयों ने मेरा कलकत्ता जाना सम्भव किया। यही नहीं कलकत्ता जाने के बाद चन्द्र और उसके सहायक ललित कुमार शर्मा 'ललित' के माध्यम से मैंने वह कलकत्ता भी देखा जो शायद बाद में कभी नहीं देख पाता। चन्द्र के साथ मूनलाइट थिएटर के नाटकों की भीतरी दुनिया से परिचय हुआ। फ़िदा हुसैन नरसी तब नाटक की दुनिया के बादशाह थे। मैं नैतिकता, आदर्श भावुकता, रोमानियत का मारा हुआ था इसलिए सिर्फ़ दर्शक की तरह सोनागाछी, बहूबाजार या बन्द विक्टोरिया में इवनिंग इन पेरिस की खुशबुओं के साथ रैड रोड या हुगली के किनारों की देर-रात सैर की। अनेक बारों और शराब के अड्डों की बैठकें कीं, शहर की यह रात और... याद है एक बार ललित मुझे एक सुन्दर-सी लड़की के साथ बन्द कमरे में छोड़ आया, "इसे कुछ नहीं मालूम। इसे आदमी बना दो–" मगर बातचीत में जब उसने अपना नाम 'राजकुमारी' बताया तो मैं कछुए की तरह अपने भीतर जा घुसा। राजकुमारी मेरी उन्हीं चचेरी बहन का नाम था जिनके यहाँ मैं कलकत्ते में रुका था। बहरहाल ललित शाह खर्च प्यारा युवक था। दरबान का अल्पशिक्षित बेटा था। मगर हम लोगों के साथ मिलकर अपने को साहित्यकार और कहानीकार समझने लगा था। उलटी-सीधी कहानियाँ लिख लाता और आग्रह करता कि मैं उन्हें दोबारा लिखूँ। यह काम मैंने करने की कोशिश भी की, मगर ललित के साथ नहीं, चन्द्र के साथ। उसमें सम्भावना थी और उसके 'दीया जला : दीया बुझा' या 'संन्यासी और सुन्दरी' उपन्यासों को लगभग दोबारा लिखाया। दूसरा उपन्यास तो 'चित्रलेखा' की भ्रष्टभाषा

में नकल था। बाद में दोनों से ही अनबन हो गई। दोनों ही मुझसे आशा कर रहे थे कि 'ज्ञानोदय' या दूसरी पत्रिकाओं में उन्हें छपाऊँ ही नहीं महान कथाकार भी घोषित करूँ। चन्द्र के साथ तो बाद में सम्बन्ध ठीक हो गए, हालाँकि मुझसे बदला लेने के लिए उसने एक उपन्यास लिख डाला। लेकिन 'ललित' ने जो दुश्मनी ठानी वह अन्त तक बनी रही। वह बनारसी 'चिनगारी' ग्रुप के प्यारेलाल आवारा, केशर और गोविन्द सिंह की शागिर्दी कर चुका था। उसने 'सनीचर' नाम से एक अनियतकालीन पत्र निकाला जिसके हर अंक में किसी-न-किसी तरह मेरा तर्पण जरूरी स्तम्भ था। कहने की जरूरत नहीं है कि यहाँ राजकमल चौधरी जैसों की लेखनी मेरे ध्वंस में काफी सहायक सिद्ध हुई। (आजकल यह काम वीरेन्द्र जैन कर रहे हैं) राजकमल से मेरे नक्षत्र शुरू से ही नहीं मिले...मन्नू परिवार में अपनी घुसपैठ न होने देने के लिए वह मुझसे और मनमोहन ठाकौर से सख्त नाराज था। उसने मन्नू और उसकी बहन सुशीलाजी को लेकर एक निहायत बेहूदा कहानी भी लिखी जो 'सनीचर' में ही छपी। याद नहीं है कि सुशीलाजी के लम्बे-चौड़े भानजे सुधीर कोठारी ने राजकमल की पिटाई की या नहीं...हाँ, रामबहादुर 'मुक्त' ने लक्ष्मीचन्द्र जैन परिवार के खिलाफ ऐसी ही एक कहानी लिखने और 'कल्पना' में छपाने पर मुद्राराक्षस की सेवा जरूर कर दी थी। बाद में मुद्रा सब्जी काटने का छोटा सा चाकू लहराता हुआ साढ़े छः फुटे पहलवान 'मुक्त' का वध करने की घोषणाएँ करता रहा। मैंने और ठाकौर साहब ने बड़ी मुश्किल से मामला शान्त किया।

राजकमल और कमल जोशी से दूरी बढ़ने का एक और भी कारण था। राजकमल ने अजमेर की 'लहर' पत्रिका में एक लेख स्टालिन की बेटी स्वेतलाना पर लिखा। उसमें स्वेतलाना की माँ यानी अपनी पत्नी के प्रति स्टालिन कितना क्रूर और अमानवीय था, यह विस्तार से बताया गया। शायद वह पागल हो गई या उसने आत्महत्या कर ली। राजकम्ल ने यह लेख 'मैं' के साथ कुछ इस तरह लिखा मानो बहुत शोध और खोज करके इन तथ्यों की जानकारी उसे मिली हो। शीत युद्ध का ज़माना था। स्वेतलाना की जीवनी या ख्रुश्चेव की डायरियाँ जैसी प्रामाणिक किताबें सी.आई.ए. द्वारा प्रायोजित 'कांग्रेस फॉर कल्चरल फ्रीडम' द्वारा धड़ाधड़ उत्पादित की जा रही थीं। मैं स्वेतलाना और उसकी माँ वाला लेख पहले ही पढ़ चुका था—कल्चरल फ्रीडम की पत्रिका 'एनकाउंटर' में। राजकमल ने उसे ज्यों

का त्यों मार लिया है, यह टिप्पणी मैंने 'लहर' में भेज दी। सुना राजकमल इस पर बहुत नाराज़ हुआ।

यही कुछ कमल जोशी के साथ हुआ। अपनी साफ़-सुथरी कलात्मक कहानियों के लिए कमल जोशी अचानक चर्चा में आ गया था। बहुत सुन्दर सज्जा के साथ उसके दो-तीन संग्रह भी छप चुके थे। 'पत्थर की आँख' संग्रह का नाम भी था और कहानी का भी। अपने ओ'हैनरियन शिल्प और कथ्य के कारण इस कहानी का बहुत शोर था और वह रातोरात महत्त्वपूर्ण कहानीकार हो गया था। कहानी एक गरीब लेखक की है जो बार-बार वायदा करके भी मकान का किराया नहीं दे पाता। हर महीने मकान मालिक घर खाली करने की धमकी देता। आखिर उसका धैर्य भी छूट गया और उसने सामान निकालकर फेंकना शुरू कर दिया। लेखक रोता-गिड़गिड़ाता रहा, अपने बेघर बीवी-बच्चों का वास्ता देता और एक महीने की मोहलत माँगता। आसपास जमा भीड़ ने भी मकान मालिक से प्रार्थना की कि एक महीने की मोहलत और दे दी जाए। आखिर एक शर्त पर जैसे-तैसे वह तैयार हुआ। शर्त यह थी कि उसकी एक आँख पत्थर की है, मगर ऐसी सफाई से लगी है कि फर्क करना मुश्किल है। अगर लेखक बता दे कि पत्थर की आँख कौन सी है तो वह एक महीने की छूट दे देगा। लेखक ने गौर से देखा और बता दिया कि उसकी बाईं आँख पत्थर की है। मालिक ने चकित होकर पूछा कि तुमने इतनी आसानी से कैसे पहचान लिया? लेखक ने बताया कि उसी आँख में मुझे करुणा का गीलापन दिखाई दिया था। निश्चय ही कहानी सुन्दर थी। मगर मैंने किसी अमरीकन संकलन में पढ़ रखी थी। 'ज्ञानोदय' या कहीं और मैंने यह बात लिख दी। शायद किसी और ने भी उसकी कुछ कहानियों के बँगला-स्रोत खोज निकाले। इसके बाद मेरे दुश्मनों में स्थायी रूप से कमल जोशी का नाम जुड़ गया। बाद में शायद दो-चार कहानियाँ छपीं, मगर इसके बाद वे लोप ही हो गए...तभी मुझे यह सूत्र हाथ लगा कि प्लॉटवादी कहानियों की नकल की जा सकती है या समानताएँ देखी जा सकती हैं, मगर जहाँ अपने यथार्थ को अपने ढंग से परिभाषित किया गया हो, वहाँ संवेदना और दृष्टि अपनी ही होगी। शायद यही कारण है कि नई कहानियों पर प्रायः नकल के आरोप नहीं लगे हैं।

कलकत्ता पहुँचने के कुछ महीने बाद ही गोली-कांड हुआ। मैं, कृष्णाचार्य और कमलाकान्त द्विवेदी एक फ्लैट लेकर रहने लगे थे। द्विवेदी सबसे छोटा था और आधुनिक साहित्य पढ़ता था। आई.ए.एस. वग़ैरह की तैयारी

कर रहा था। कृष्णाचार्य पुरातत्त्ववादी थे। ज़ाहिर था मैं और द्विवेदी निकट थे (बाद में वह रैवेन्यू-बोर्ड का चेयरमैन भी बना) वह मुझे बड़ा भाई जैसा मानता था। हर रविवार को अपने भाई के मित्र रामलुभाया अरोड़ा के यहाँ भवानीपुर ले जाता—चौथे तल्ले पर। वहाँ हमें घरेलू वातावरण मिलता। कभी अरोड़ा लोग, जू में या बॉटैनिकल गॉर्डन में साथ पिकनिक पर जाते, कभी वैलूर मठ। सुधा और इन्दु छोटी थीं। सुधा अरोड़ा तो आज हिन्दी की समर्थ लेखिका हैं। इन्दु ने लिखना बन्द कर दिया। रामलुभाया उन दिनों अपने साढ़ू के साथ पार्टनरशिप में चौरंगी पर मैट्रो सिनेमा की बगल में 'कल्पतरु' रेस्त्राँ का मालिक था। उसकी अपनी छोटी सी साबुन-फ़ैक्टरी अलग थी। लुभाया खुले दिल का अफ़ैक्शनेट पंजाबी था। अक्सर 'कल्पतरु' में बुला लेता। ठाकौर परिवार से पहले कलकत्ते में वह मेरा पहला परिवार था। भाभी ने हमें उसी तरह स्वीकार भी किया। चूँकि वहाँ साहित्य नहीं था और सुधा और इन्दु को इस दिशा में आने में समय था, इसलिए मिलना-जुलना कम होता गया।

द्विवेदी ज़िद करके मुझे और रामलुभाया को जमशेदपुर ले गया। उसके भतीजे का नामकरण या ऐसा ही कोई संस्कार था। वहीं आए इटावा के श्रीराम द्विवेदी। इनके निकट सम्बन्धी थे सुरेन्द्र तिवारी और टी.एन.चतुर्वेदी। मगर शायद ये लोग वहाँ नहीं आए थे। श्रीराम की इटावा में 'भारत-भारती भंडार' नाम की बड़ी सी कपड़े की दुकान थी। इटावा के माहौल में हथियार रखना जरूरी था इसलिए उनके पास छोटी सी पिस्तौल थी। इसी से मुझे गोली लगी। यह सारी कहानी मैं अनेक जगह बता चुका हूँ। कुछ दिन अस्पताल में रहकर मुझे कलकत्ते ले आया गया। हमारा फ्लैट तीसरे तल्ले पर था और लुभाया का चौथे पर। तय हुआ कि कुछ दिनों मैं लुभाया की साबुन-फैक्टरी में राजा बाजार रहूँगा। वहीं महीना-बीस दिन मैं दफ्तर के एक कोने में लेटा रहता।

पता नहीं क्यों, उस फैक्टरी का वातावरण, दिन की व्यावसायिक हलचलें, रात के सन्नाटे में आती तरह-तरह की आवाज़ें मुझे आज भी 'हॉण्ट' करती हैं। दिन-भर कैंचीछाप साबुन के बड़े-बड़े टोकरे आते और खिदिरपुर मौमिनपुर के लुंगी लगाए मुसलमान व्यापारी थोक में ले जाते। लुभाया नोटों की गड्डियाँ गिनता रहता। बीच-बीच में मेरे पास आकर चाय पीता। दोनों समय घर से बड़े टिफ़िन में खाना आता। दोपहर में हम दोनों साथ खाते। भाभी एक से एक स्वादिष्ट चीज़ें बनाकर भेजतीं। आज लगता है जैसे

इतना अच्छा खाना मैंने लगातार शायद ही कभी खाया हो। कभी बच्चों के साथ भाभी खुद लेकर आतीं। द्विवेदी अपराध-बोध के कारण दिन में दो-एक घंटे ज़रूर आता। किताबें, लिखने का सामान, पत्र लाता—ले जाता। कभी मनमोहन ठाकौर, कोमल कोठारी, मोहनसिंह सेंगर आते तो कभी ललित और 'चन्द्र'। रात को मैं और चौकीदारनुमा दो-तीन लोग ही रह जाते। 'जहाँ लक्ष्मी क़ैद है' कहानी तो आगरे की है, मगर उसका वातावरण इसी फ़ैक्टरी का है। यहीं मैंने 'उखड़े हुए लोग' के काफ़ी हिस्से का रिवीज़न भी किया। बीच की कुछ जगह छोड़कर एक मेज़, एक तरफ रामलुभाया, दूसरी तरफ़ साबुन के टोकरे। बड़ा सा तराज़ू छत से झूलता हुआ और हमेशा पाँच-सात व्यापारी। साबुन का चिपचिपा वातावरण और सोडे की गन्ध। लगता था मज़दूरों में साबुन काफ़ी लोकप्रिय था। दूसरी तरफ़ मुनीम की चौकी और एक तख़्त यानी मेरी अपनी दुनिया...दीदी और मीता के पत्र। साहस और सपनों के स्रोत...

5-ए ग्रीक चर्च रो, यानी कालीघाट के पहले तल्ले पर मनमोहन ठाकौर का फ्लैट एक बेहद नाटकीय मंच था। मैं कभी डायमंड हार्बर रोड के इकबालपुर मोड़ पर रहता, कभी गड़ियाहाट रोड के यशोदा भवन (चौथे तल्ले) पर। कभी हिन्दुस्तान पार्क में, तो कभी 'निराला' होटल में—सन्ध्याएँ कॉफी हाउस के बाद ठाकुर परिवार में ही कटतीं। दो कमरे उनके पास थे, दो नागर परिवार के। ठाकुर साहब के पिता और नागरों की माँ के कारण दारू का प्रवेश वहाँ तब तक नहीं हुआ था। वैसे भी हम नई-नई दीक्षा ले रहे थे—गुप्त-अपराध की तरह महीने में एकाध दिन कभी किसी 'बार' में चख आते और भाभीजी से वाही-तबाही सुनते। मगर वह था अड्डेबाजी का अद्‌भुत केन्द्र...वहाँ कभी सिन्धिया स्टीम नैविगेशन की यूनियन के नेता धुआँधार बहसें करते (ठाकुर साहब वहाँ सेक्रेटरी जैसे कुछ थे) तो कभी साहित्य की ऐसी-तैसी होती। कभी मेरे-मन्नू के विवाह पर विचार-विमर्श किया जाता तो कभी कृष्णाचार्य-विजयलक्ष्मी के। कभी मदन बाबू, प्रतिभा अग्रवाल से झाँय-झाँय होती तो कभी पृथ्वीनाथ शास्त्री-सुकीर्ति के झगड़े निपटाए जाते। प्रतिभाजी की तस्वीर सीधे गुरुकुल से निकलकर आने वाली परम 'मर्यादा पुरुषोत्तम बहनजी' का प्रभाव देती। उन्हें बाद में मैंने ठाकुर परिवार से मिलकर काफी तंग किया। मुद्राराक्षस, रमेश बक्षी, मैं, चन्दर, मुक्त अपने जीवन के उन दौरों से गुजर रहे थे जहाँ रोज भावनात्मक

सम्बन्धों के उतार-चढ़ाव आ रहे थे। साहित्य तो स्थायी भाव था ही। वह दक्षिण कलकत्ते की साहित्यिक दुनिया का 'हाइड-पार्क' था। जहाँ दीपक रॉय आधी रात को पूरा गला फाड़कर अपने पक्के गाने सुनाता और नारायण साहब-नागर शतरंज बिछाए एक तरफ ज़ोर आजमाते रहते। मैं और ठाकुर साहब 'उखड़े हुए लोग' या 'सिन्धिया एंडेवियर' के प्रूफ देखते। कामू के 'आउट-साइडर' के अनुवाद को मूल-फ्रेंच से मिलाया जाता या तत्काल छपी किसी कहानी पर बहस होती। अमृतलाल नागर, वीरेन्द्र मिश्र, सोम ठाकुर, राकेश, नामवर, भारती सभी आते। नाट्य-मंचन से लेकर पत्रिका-प्रकाशन की योजनाएँ, साहित्यिक सेमिनारों से लेकर भूख हड़ताल, विवाह से लेकर तलाक तक सारे मसलों पर धोबीघाट लगते। ये सारी बातें मैं और ठाकुर साहब अलग-अलग लिख चुके हैं। हाँ, ठाकुर साहब उन दिनों कम सुनते थे इसलिए सामान्य बातचीत भी गर्म-बहस जैसी लगती। अब याद करके लगता है जैसे हम लोग सिर्फ वहाँ लड़ते ही रहते थे। हालाँकि गम्भीर और निजी बातें भी वहाँ अक्सर हो होतीं। निरन्तर चलते इस नाटक में व्यवधान तब पड़ता जब अचानक दरवाज़े की घंटी बजती, जाकर भाभीजी देखतीं और लौटकर बतातीं, "जाओ राजेन्द्रजी, तुम्हारा बुलावा आ गया," यानी नीचे की पतली गली में एक लम्बी-सी गाड़ी आकर खड़ी हो जाती और सफेद वर्दी में लकदक ड्राइवर आकर बताता कि बाई साब ने अमुक रेस्त्राँ में बुलाया है। दीदी वहाँ कॉफी पर इन्तजार कर रही होतीं। दो-चार बार स्वयं भी नीचे गाड़ी में बैठी होतो और हम लोग अक्सर ही विक्टोरिया मैदान जाकर गाड़ी में बैठे-बैठे ही कुछ देर बातें करते। न जाने कब और कहाँ से उग आई गलतफहमियाँ दूर करते। शायद यह भी निरन्तर चलते संवाद का ही हिस्सा था। फिर वह गाड़ी वापस छोड़ जाती और झेंपता हुआ मैं उसी नाटक में फिर शामिल हो जाता। एकाध बार तो भाभीजी झुँझला उठती, "राजेन्द्रजी, तुम बिल्कुल नहीं जाओगे। यह भी कोई बात हुई। नीचे बुला रही हैं। दो मिनट को ऊपर नहीं आ सकतीं?" मैं समझाता कि ऊपर न जाने कौन-कौन हो, इसी से वे नहीं आती होंगी। "हम इसीलिए ऊपर नहीं आते कि पता नहीं किस किसको तुम्हें सफाई देनी पड़े..."

लगता था जैसे मैं तीन-चार धरातलों पर एक साथ रह रहा था। एक धरातल वह था जहाँ मैं बैठकर कहानियाँ उपन्यास लिखता था। अनुवाद-सम्पादन करता था, पत्रिकाएँ और किताबें पढ़ता था; दूसरा मेरे

और मीता के बीच चलता प्रेम-प्रसंग था, कॉफी हाउस और कलकत्ते की साहित्यिक दुनिया थी, ठाकौर साहब की अड्डेबाजी थी, तीसरा कमल कश्यप और चन्दरकांड। और सबसे अलग था यह दीदी-संवाद। वास्तविक और काल्पनिक दुनिया का अजीब सा घालमेल...एक साथ इतने स्तरों पर रहने ने मुझमें जैसे अजस्र ऊर्जा भर दी थी। यह पता ही नहीं चलता था कि मेरी असली दुनिया कौन सी थी। एक अदृश्य डोर से बाँधकर दीदी ने मुझे इतना मुक्त कर दिया था कि सारी कायनात मेरे सामने खुल गई थी। मैं शायद साक्षात् आत्मविश्वास था।

इस आत्मविश्वास का एक ऐसा भी पहलू था जिस पर मैंने शायद आज तक बात नहीं की। मगर अब समय आ गया है कि इसे भी खोल ही दिया जाए। आगरे के दिनों के शुरुआती पत्र-व्यवहार में इतना तो साफ हो ही गया था कि दीदी बिल्कुल एक अलग वर्ग का हिस्सा है। मैं उसके रहने-सहने, कोठी-बँगले, गाड़ी, गहनों, महँगी यात्राओं, मित्र-परिचितों की सिर्फ कल्पना ही कर सकता था जिसे मैंने निश्चय ही उतना बढ़ा-चढ़ा लिया था जितना वह सब शायद नहीं था। खुद दीदी की स्थिति भी उतनी निर्णायक नहीं थी। हम मध्यवर्गीय परिवार के लोग थे। हमारी हैसियत साइकिल, पंखा, रेडियो से आगे नहीं थी। परिचितों रिश्तों में इसी स्तर का उन्नीस-बीस था। जिन दो-एक ट्यूशनों में मैं जाता था वहाँ फर्क जरूर था, मगर बहुत नहीं। सन्तोष मित्तल अच्छे मँझोले सम्पन्न परिवार की थीं। वहीं मेरा परिचय चन्दर से हुआ जो आज तक है। मीता-परिवार तो हमसे भी कुछ उन्नीस ही था। मसूरीवाले मामाजी जरूर ऊँचे लोग थे, जहाँ बैरा, खानसामा, छोटा-बड़ा खाना, क्लब-घुड़सवारी सभी कुछ थे। न वे कभी हमारा आना पसन्द करते थे, न हम वहाँ जाना। मैं शायद एक-दो बार मसूरी गया, वे उपनिवेशी संस्कृति के भारतीय अंग्रेज थे। उन्हीं दिनों मसूरी में राहुलजी से भी मिला था। मित्रों में भी बड़े लोग एकाध ही थे। हमारे लिए जो भी हमसे ऊँचा या सम्पन्न था वह वर्ग या तो अंग्रेजों के पिट्ठुओं का बना था या शोषक सेठों का। जब पोताड़े नाम के अपने मोहल्लेवासी सज्जन के साथ (जहाँ कुल जमा दो-तीन किताबें छप पाईं) मैंने प्रकाशन शुरू किया तो मैं खुद 'शोषक' बन गया। उन दिनों सौ रुपए के मास्टर के लिए डेढ़-दो सौ रुपए का लेक्चरर 'शोषक' था। ठीक यही स्थिति आई 'अक्षर' के समय। स्वतन्त्र रहने के लिए मैंने जवाहर चौधरी के साथ मिलकर 'अक्षर प्रकाशन'

शुरू किया। भाई-बहनों, मित्रों से पैसा लेकर शेयर बेचे, उधार लिया। सोचा जब मुझे और मन्नू को अपनी किताबें बेचने के लिए तन्त्र बनाना ही है तो क्यों न और मित्र लेखकों को भी साथ ले लिया जाए। इस तरह बाक़ायदा प्रकाशन शुरू हुआ। किताबों की जितनी तारीफ होती घाटा उतना ही बढ़ता जाता। मैं न जाने किन-किन जगहों से रुपए लाता। मेरी और मन्नू की रायल्टी तो थी ही। शीघ्र ही स्थिति यह आ गई कि चौधरी मेरी शक्ल देखते ही उखड़ जाता क्योंकि मैं रुपए लौटाने की बात करता। बिना एक भी पैसा लगाए कमलेश्वर राकेश विश्वस्त सलाहकार थे। तीनों ही समझते थे कि कलकत्ते के बड़े-बड़े सेठों से राजेन्द्र के सम्बन्ध हैं, कहीं-न-कहीं से ले ही आएगा। स्थिति यह हो गई कि मैं फ़ाइनेंसर था और चौधरी ख़ून-पसीना बहानेवाला कार्यकर्त्ता। जबकि मैं और जगहों से जैसे-तैसे काम चला रहा था। व्यक्तिगत स्तर पर भावनात्मक तनाव भी अपने चरम पर थे। तब पहली बार मुझे ब्लड-प्रेशर हो गया था। वरना स्वास्थ्य की दृष्टि से मैं न कभी बीमार पड़ा, न सिरदर्द जैसा कुछ जाना।

बहरहाल, मेरे मन की दो गाँठों को खोलने का बहुत बड़ा श्रेय दीदी को है। आज तो शायद असम्भव है, लेकिन पहले भी सिर्फ फ्री-लांसर बनकर रहने के लिए बहुत खींचतान बनी रहती थी। कब, कहाँ से पैसे मिलेंगे यह कभी निश्चित नहीं होता था। प्रेमचन्द, मैथिलीशरण गुप्त, अश्क, यशपाल, वृन्दावनलाल वर्मा, जैनेन्द्रजी इत्यादि ने अपने प्रकाशन खोलकर इस समस्या का हल निकाल लिया था। उसी क्रम में 'विश्व साहित्य' शुरू किया, या बाद में अक्षर प्रकाशन। दोनों बार मुँह की खानी पड़ी। अकेले का काम तो किसी तरह चल जाता था, मगर परिवार चलाने की बात सोचना मुश्किल था। उधर लेखकीय स्वतन्त्रता का दम्भ था कि किसी के सामने हाथ नहीं फैलाऊँगा। कलकत्ता में भी 'ज्ञानोदय' के बाद तीन-चार महीने सरकार की हिन्दी टीचिंग स्कीम में बंगालियों को हिन्दी पढ़ाई। वहाँ की घुटन से निकलने के लिए अगर गीता बनर्जी ने उकसाया न होता तो मैं भी शायद बच्चूप्रसाद सिंह के साथ ही रिटायर होता। बाद में भँवरमल सिंघी की मार्फत श्री भगवती प्रसाद खेतान के बच्चों को हिन्दी पढ़ाने लगा। उनके व्यक्तिगत पुस्तकालय के लिए अपनी पसन्द और जरूरत की किताबें खरीदता और पढ़कर वहाँ लौटा देता। अंग्रेजी की महँगी किताबें मैंने तभी पढ़ीं। जैसा कि मैंने कहा, मेरी इस ठसक को बनाए रखने में कहीं-न-कहीं दीदी से परिचय होना मात्र जरूर रहा था। मेरे मन से पैसेवालों का ग्लैमर

और आतंक उन्हीं के कारण समाप्त हो गया। वह मेरे लिए ऐसा प्रशिक्षण था कि पैसा मुझे अपनी लाइन से भटका नहीं पाया। उसके लिए मैंने कभी कोई समझौता नहीं किया।

दीदी के सम्पर्क ने दूसरी जिस कुंठा से मुझे किसी हद तक मुक्त किया वह मेरा अपंग होना थी। बचपन की दुर्घटना में दाहिने पाँव की मुख्य हड्डी घुटने से लेकर टखने तक निकाल दी गई थी, इसलिए मुझे बैसाखी लेकर चलना पड़ता था। उन दिनों सर्जरी इतनी विकसित नहीं हुई थी कि अटलबिहारी वाजपेयी की तरह घुटना ही बदल दिया जाए या दूसरी हड्डी लगा दी जाए। दूर से दिखाई देनेवाली इस असमर्थता के बावजूद मेरी शारीरिक सक्रियता में शायद कभी कमी नहीं आई। भीतर से मैं चाहे जितनी हीनता महसूस करता रहूँ, बाहर से किसी की भी सहानुभूति या सहायता चिढ़ ही पैदा करती थी। शायद यही कारण रहा होगा कि बचपन की शैतानियों से लेकर बाद की यात्राएँ मैंने दूसरों जैसे आत्मविश्वास से ही कीं। घूमने और दुनिया देखने का शौक था और इस आग में घी डाला 'घुमक्कड़ शास्त्र' (राहुल सांकृत्यायन) जैसी किताबों ने। पहाड़ों से लेकर समुद्रों तक धावे बोले। औरों से ज़्यादा तेज साइकिलें चलाईं। रेल के ज़ोनल टिकट लेकर हफ्तों घूमता रहा। आज भी मन में है कि किसी तीर्थ-यात्रा स्पेशल में एक महीने को कहीं निकल लिया जाए। कन्याकुमारी तक दक्षिण तो घूमा ही था। कलकत्ते में तो लगभग एक साल 'यशोदाभवन' के चौथे तल्ले पर रहता था, जहाँ दिन में तीन-चार बार चढ़ना-उतरना होता। हट्टे-कट्टे स्वास्थ्य के कारण इस सारी भाग-दौड़ में कहीं अड़चन महसूस नहीं हुई। आज तो बरसों याद ही नहीं आता कि मैं लँगड़ा हूँ। यह वही छद्म-सन्तोष था जिसे हम सामाजिक जीवन में रोज़ निचोड़ते हैं। अपने पोर-पोर में जाति और वर्ग में बँटे हम नौकरियों से लेकर शादी-ब्याह या बौद्धिक-जगत में इस बन्दर-बाँट के शिकार हैं, मगर सार्वजनिक जीवन में प्रिटेंड (दिखावा) करते हैं मानों हम बुद्धिजीवी हैं और इन टुच्चताओं से ऊपर हैं, कि ज्ञान और कला की दुनिया में जाति वर्ग नहीं होते—वह सबकी समानता का प्रजातन्त्र है। सब जानते हैं कि इस 'प्रजातन्त्र' का अस्थायी सदस्य होने के लिए दलितों, महिलाओं और पिछड़ों को दुगुनी-तिगुनी प्रतिभा और पसीना झोंकना पड़ता है, तब भी जो स्वीकृति मिलती है उसमें कहीं यह रियायत जुड़ी होती है कि 'इसके बावजूद इन्होंने यह सब कर लिया' वस्तुतः उत्कृष्टता और महानता तो उन्हीं का एकाधिकार है—बाकी तो सब 'घुसपैठिए' हैं।

पहले अपने को समझाता था कि तैमूरलंग भी तो विश्वविजयी था और लॉर्ड बाइरन अपंग होने के बावजूद अपने समाज का आकर्षण-केन्द्र बना रहा। याद है एक बार कमजोर क्षणों में पिताजी चिन्ता कर रहे थे, ''लड़के की टाँग टूटी है, शादी कैसे होगी?'' मेरे कन्धे पर प्यार से हाथ मारकर उनके एक मित्र ने लापरवाही से कहा, ''टाँग ही तो टूटी है। वह तो नहीं टूट गया।'' तब इस 'वह' का अर्थ मेरी समझ में नहीं आया था। बहरहाल, भीतर से मेरे मन में बेचारगी का भाव चाहे न आता हो और इसके लिए मैं चाहे कोई रियायत न लेना चाहता रहा होऊँ, मगर यह एक सचाई थी कि मैं 'लँगड़ा' था। शायद इसीलिए पिताजी ने मुझे हर तरह की स्वतन्त्रता दे दी थी, राजामंडी के मुख्य-बाजार में छः दुकानें और पागलखाने के पास बसनेवाली नई कॉलोनी में तीन हजार गज के बड़े प्लाट पर मेरा नाम डलवा दिया था। वह मेरा अहं था कि इस सबका कोई फायदा मैंने कभी नहीं लिया। आज भी इनके लाभ छोटा भाई ही ले रहा है। शायद उसने अपने नाम भी करा लिया है। 'दयनीय' या दूसरों पर निर्भर होने से मन में बेहद वितृष्णा होती थी। इस शारीरिक कमी को मैं दूसरे स्तरों पर पूरा करना चाहता था।

मुझे इस कुंठा से निकालने में मीता, दीदी और मन्नू तीनों ने ही बहुत मदद की। मैंने तीनों से पूछा था कि ''तुम्हें इस बात में शर्म तो महसूस होती होगी कि मैं लँगड़ा हूँ।'' अलग-अलग अवसरों पर तीनों का एक ही जवाब था, ''दुर्घटना तो कभी भी किसी के साथ हो सकती है। मान लो तुम मिलिटरी में होते और गोली-वोली लग जाती तो क्या हम तुम्हें छोड़ देते?'' हो सकता है, इस बात में सचाई हो या मेरा मन रखने के लिए ही यह सब कहा जाता हो, मगर यह सच है कि इनके अलावा नामवर, मोहन राकेश जैसे मित्रों ने मुझे महसूस ही नहीं होने दिया कि मैं अपंग हूँ। इस दृष्टि से कलकत्ता मेरा सबसे बड़ा उपचार-केन्द्र रहा है। इसे मैं मन्नू का असाधारण साहस ही कहूँगा कि उसने कलकत्ते के बन्द समाज में खुलेआम मुझसे विवाह किया। ''चलो, जात-पाँत को एक बार छोड़ भी दो, वैसे भी आजकल कोई नहीं मानता, मगर मन्नू बाई साब ने क्या सोचकर लँगड़े आदमी को चुना...'' अनेक तरह यह बात मन्नू को जरूर सुननी पड़ी होगी। मन्नू अपने स्कूल की बेहद लोकप्रिय बहनजी थी। लड़कियाँ उसे पूजती थीं। खुशमिज़ाज और कर्मठ। लड़कियों ने जब यह सुना तो सबको धक्का लगा। आज की मेरी घनिष्ठ मित्र प्रभा खेतान ने तो कहीं लिखा भी

है। कहा तो नहीं, मगर मैं जानता हूँ शुरू में मीता के बार-बार शादी की बात करके पीछे हट जाने के पीछे शायद चेतन-अवचेतन में यही भावना रही होगी।

और शायद यही कारण रहा होगा कि पत्रों में बहुत निकट आने के बावजूद मैं दीदी से मिलना टालता रहा। देखकर उसे बहुत धक्का लगेगा। लगा भी होगा, मगर शीघ्र ही हम सहज हो गए। घनिष्ठ होने के बाद इस समस्या पर हमने इस तरह विस्तार से बातें कीं मानो किसी बीमारी के इलाज पर बातें कर रहे हों। एक तरफ बैसाखी लगाने के कारण रीढ़ की पोज़ीशन सीधी नहीं रहती थी, इसलिए जब एकाध बार कमर में भयानक दर्द के कारण चलना-फिरना मुश्किल हो गया तो दीदी ने फ़िजियोथैरापी के इन्फ्रारैड लैम्प इत्यादि भिजवाए...''क्या करें, हम व्यक्तिगत रूप से तुम्हें अटेंड नहीं कर सकते। तुम आगरे से देखभाल के लिए मीता को क्यों नहीं बुला लेते?'' इसी चिन्ता में उसने जिद करके मुझे अपनी एक कज़िन के यहाँ बम्बई भेजा। वे भी बड़े औद्योगिक परिवार में थीं। ऑर्थोपैडिक्स के उस समय देश-प्रसिद्ध डॉक्टर थे ढोलकिया। दो-तीन बार उन्होंने मुझे देखा, एक्सरे इत्यादि का अध्ययन किया। सारे कागज इंग्लैंड के किसी बड़े डॉ। आर्मस्ट्रांग को भेजे। ''सुनो, जवाब आने दो। अगर आर्मस्ट्रांग ने बुलाया तो तुम्हें इंग्लैंड जाना होगा। खर्चे की चिन्ता मत करना। तुम्हें हमारी कसम है, मना नहीं करोगे। हमारी मदद से तुम्हारी आत्मा पर बोझ पड़े तो बाद में धीरे-धीरे करके लौटा देना...'' पढ़कर मेरी आँखों से आँसू आ गए थे। मगर इसकी नौबत नहीं आई। सब जगह से एक ही राय थी कि या तो पैर काटकर नकली लगाना पड़ेगा या फिर घुटना मुड़ना-खुलना बन्द हो जाएगा। नक़ली पैर इस तरह का होगा कि पता भी नहीं लगेगा। डॉ. ढोलकिया ने बताया,''आज डॉ. कर्ण सिंह को देखकर कोई बता सकता है?'' पता नहीं इस बात में कितनी सचाई है। बहरहाल, पैर काटने की बात मथुरा के सिविल सर्जन, डॉ. शैवाल ने उस समय भी की थी जब पहली बार मेरा ऑपरेशन किया था। पिताजी तैयार नहीं हुए। इस बार भी मैं तैयार नहीं हुआ। उठने-बैठने, चलने-फिरने में मुझे कोई परेशानी नहीं थी। कमर का दर्द मेरे कैलिपर पहनने से दूर हो गया...'मुझमें एक शारीरिक कमी है, तो रहे। बहुत लोगों में तरह-तरह की कमियाँ होती हैं, उनके लिए क्या ज़िन्दगी रुक जाती है?'' विश्वास के इस मुक़ाम पर पहुँचने में मुझे किन अन्तसंघर्षों से गुजरना पड़ा यह हमेशा मेरी भीतरी समस्या रही है।

इसी ने मुझे आत्मनिर्भर और स्वतन्त्र होने की चेतना दी—यह भी मेरी निजी सचाई है। अब तो बरसों यह ध्यान भी नहीं आता कि मैं अपंग हूँ।

हाँ, उन दिनों यह ध्यान जरूर आता था जब पत्र-संवाद व्यक्तिगत मैत्री में बदलता था—विशेषकर लड़कियों के साथ। ख़ैर, वे सब बातें अलग हैं। खुद अपने सपनों को 'सत्यदर्शन' से बचाने के लिए मैं कन्याकुमारी जाना दो-तीन बार टालता रहा। अमृलाल नागर और रामविलासजी के साथ सन् 1952 में लगभग सारे दक्षिण भारत की यात्रा में कन्याकुमारी का एक निहायत रोमांटिक चित्र मन में बस गया था। इसे मैंने 'एक इंच मुस्कान' के पहले अध्याय में पकड़ने की कोशिश की है। तब वहाँ आज के जैसे बाज़ार और होटल नहीं बने थे। एकाध होटल कुछ मकान और रेत का विस्तार, समुद्री हवाएँ। रात में वहाँ जाना सचमुच एक सपने में पहुँच जाना लगता था। इस पर मैंने 'मातृतीर्थः जहाँ सागर बँधे हैं' नाम से यात्रा-वृतान्त भी लिखा। सन् 1965 में जब मैं एर्नाकुलम (कोचीन) की एक गोष्ठी में गया तो वहाँ कन्याकुमारी की सैर पर जाना भी एक प्रोग्राम था। छोटे स्टीम-शिप में सौ से अधिक लोग गए थे। सुना था सब कुछ बहुत बदल गया है और मैं उस 'बदलाव' के धक्के के लिए तैयार नहीं था। राकेश और मैं दोनों होटल में बीयर पीते रहे। इसी तरह कलकत्ता के दिनों की बात है। जिन दिनों आगरा में एम.ए. में पढ़ता था तो किशोर साहू की फिल्मों की धूम थी। राजा, कुँवारा बाप, सावन आया झूम के, काली घटा फिल्में हमने कई-कई बार देखी थीं। किशोर की प्रिय नायिका थी रमोला। वह मुझे भी बेहद प्यारी थी। मैं लगभग उसका दीवाना था। अकेले में जब भी उसकी तस्वीर लेकर देखता तो मन में कविता उतर आती। शायद कुछ लिखी भी थीं। कलकत्ता के शुरुआती दिनों अलीपुर एरिया के डायमंड हार्बर रोड (इकबालपुर मोड़) पर 'ज्योति स्टोर' के दूसरे तल्ले पर कृष्णाचार्य के साथ फ्लैट में रहने लगा था। सुना पाँच-छः मकान छोड़कर ही किसी ज़माने की मशहूर एक्ट्रेस रमोला रहती है। कई बार सामने से गुजरा कि शायद एक झलक मिल जाए। सीमेंट के रंग की छोटी सी बिल्डिंग थी। हिम्मत करके एक दिन घंटी बजाई। काफी देर बाद किसी ने बड़ी मुश्किल से दरवाज़ा खोला। लुंगी लगाए, नंगे बदन, साक्षात् मवाली मुच्छाड़ ने दरवाजा छेंककर पूछा, "क्या है? का के चान?" (किसे चाहते हो?) मैंने हकलाकर कहा, "रमोलाजी हैं? मैं अखबार से आया हूँ।" "यहाँ कोई

रमोला-उमोला नहीं रहता...'' और वह दरवाजा बन्द करके जा ही रहा था कि पीछे से किसी ठिंगनी, भारी, साँवली औरत ने झाँककर देखा। आँखें भरी, बाल बिखरे, सिर्फ ब्लाउज-पेटीकोट पहने जिस महिला की झलक दरवाजा बन्द होने से पहले मैंने देखी थी, क्या वही रमोला थी? नुक्कड़ के पानवाले ने बताया कि वही रमोला है। उसका आदमी बदमाश है। सुबह से पीकर झगड़ा, मार-पीट करता है। उसे किसी से मिलने नहीं देता। कलकत्ते में उस दिन मेरा एक छोटा सा सपना टूट गया।

इसी से लगा दूसरा सपना टूटा जब किशोर साहू के साथ दो दिन बिताने का मौका मिला। उन्होंने 'आत्मकथा' लिखी थी और उसे अक्षर प्रकाशन से छपाना चाहते थे। पुरानी फिल्मों के अलावा 'गाइड' देखकर मैं प्रभावित था। तब रमोला की जगह वहीदा रहमान मेरी हीरोइन हो चुकी थी। कच्चे मन पर छाई रमोला के बाद श्यामा जिस तरह अच्छी लगती थी उसी तरह वहीदा मेरी प्रिय थी। किशोर की आत्मकथा कुछ बातों के बावजूद मुझे पसन्द थी। वहाँ नागपुर से लेकर बम्बई तक की साहित्यिक और फिल्मी-यात्रा थी। अमृतलाल नागर उनके स्थायी मित्र-लेखक थे। नागपुर में उन पर छाए थे दिनेशनन्दिनी के गद्य-गीत। आत्मकथा में साहित्यिक 'फ्लेवर' था, मगर सब मिलाकर अपनी सफलताओं की प्रशस्तियाँ थीं। पुस्तक किस तरह छपेगी, इस पर विस्तार से बातें करने के लिए हवाई-जहाज से बम्बई बुलाया था। यह किशोर के पतले दिन थे और वे वारसोवा के एक फ्लैट में आ गए थे। इससे पहले मैं उनके अँधेरीवाले बँगले में जा चुका था। दरअसल किशोर से सीधे मिलने के पाँच-छः साल पहले से उनके पिता कन्हैयालाल साहू से मेरा पत्र-व्यवहार था। पता नहीं मेरी कौन सी रचना पढ़कर उन्होंने महाराष्ट्र के पलाड़ी से पत्र लिखे थे। वे स्वयं कभी कहानियाँ लिखते थे। बेहद लम्बे-लम्बे, लगभग बीस-तीस पन्नों के पत्रों में सारे हिन्दी लेखकों को धुआँधार गालियाँ होती थीं कि इन्हें लिखने की कोई तमीज़ नहीं है, भाषा का ज्ञान नहीं है। सही विराम चिह्न तो अज्ञेय के सिवा कोई लेखक जानता ही नहीं है। साहूजी उर्दू और अंग्रेजी के विद्वान थे और दुनिया-जहान के लम्बे-लम्बे उद्धरण देते थे। पुत्र किशोर के अलावा किसी को लेखक नहीं मानते थे। अपने और किशोर के कहानी-संग्रह भी भेजे। सचमुच सन् 1940-50 के बीच वे कहानियाँ काफी बोल्ड थीं। साफ-सुथरी भाषा। आश्चर्य है मैंने कहीं उनका जिक्र नहीं देखा; जबकि उनकी एकाध कहानी पर खासा हंगामा हुआ था। कन्हैयालालजी के हिसाब से हिन्दी के

सारे लेखक पोंगापन्थी और घसियारे थे, जिन्हें न साहित्य लिखना आता है, न फिल्म लेखन। हमारे बीच यह पत्र-संग्राम उनके अन्त तक बना रहा। सम्पन्न रिटायर्डनुमा व्यक्ति थे और फुरसत से पत्र लिखते थे। कुछ पत्र धारावाहिक होते। कोई भी किताब या रचना ले लेते और बखिया उधेड़ते-चलते। *शेखर* और *नदी के द्वीप* उनके प्रिय शिकार थे। चार पत्रों बाद मैं उन्हें एक कार्ड डाल देता। 'सारिका' सम्पादन के दिनों में कमलेश्वर के बहुत आग्रह के बाद मैं और मन्नू दोनों बम्बई गए। उन दिनों साहूजी वहीं अँधेरी में अपने बेटे के पास थे। फोन से बातें हुईं और उन्होंने बेहद अनुरोध से डिनर पर बुलाया। बा-वर्दी ड्राइवरवाली गाड़ी आई। उस दिन सारे परिवार के साथ खुशनुमा डिनर हुआ। कलफ-चुन्नटवाले मल-मल का सफेद कुर्त्ता-पाजामा, आँखों में काजल-वाजल लगाए कड़क बुजुर्ग कन्हैयालाल जी से वह पहली और अन्तिम मुलाकात थी। परिवार आत्मीय और भरा-पूरा था। किशोर नहीं थे। उनसे मिलने की बात भी नहीं थी।

इस बार वारसोवा फ्लैट में वे पत्नी, पुत्रों-पुत्रवधुओं के साथ थे। ये हैं किशोर साहू? चुचका हुआ चेहरा, दुबले और गंजे...पुरानी फिल्मों का वह खूबसूरत नायक कहाँ है? इस वास्तविकता की सचाई को स्वीकार करने में समय लगा। आत्मकथा पर बातें हुईं। वे इसे लगभग अभिनन्दन-ग्रन्थ की तरह छपाना चाहते थे। दर्जनों फोटोग्राफों के साथ—डीलक्स बाइंडिंग। हिसाब लगाया तो उस समय कम-से-कम पचास हजार का खर्चा था। अक्षर किसी भी हालत में नहीं छाप सकता था। वे बीस-पच्चीस हजार से अधिक देने को तैयार नहीं थे। उस डेढ़ दिन उन्होंने सिर्फ अपनी बातें कीं। शायद उसके बाद इतना आत्मग्रस्त व्यक्ति मुझे नहीं मिला। स्पष्ट था कि बात नहीं बनेगी। लौटते समय फ्रंटियर का टिकट और नायक की मृत्यु का अवसाद था। शायद इसीलिए बाद में, जब दो घंटे एक ड्रिंक पार्टी में स्वयं देवानन्द के मुँह से 'देवानन्द इस सदी का सबसे बड़ा नायक है' नुमा आत्मप्रशंसा सुनता रहा तो अजीब नहीं लगा। या मैरिन ड्राइव पर कृष्णा महल के बैंटलीज़ सर्विसस्यूट में दो दिन रहने के दौरान यह पता लगने पर भी कि इसी बिल्डिग में नीचे सुरैया का भी फ्लैट है, न तो मिलने की इच्छा हुई, न देखने की। हाँ, वहीदा रहमान से आज भी मिलने की कामना है, इसलिए नहीं कि वह मेरी प्रिय नायिका थीं, बल्कि सिर्फ यह देखने के लिए कि कभी लाखों के 'हृदय की रानी' पुराने समय को कैसे दिखती है? मगर डर है कि कहीं रमोलावाला किस्सा दुहराया गया तो?

नहीं, दीदी को देखकर वैसा कोई धक्का नहीं लगा। अधिकांश बातें हम पत्रों में पहले ही जान चुके थे। गेहुँआ रंग, गोल चेहरेवाली, आत्मविश्वास से भरी युवती असाधारण बिल्कुल नहीं थी, हाँ, आँखों में कशिश थी और बहुत नपे-तुले ढंग से मुस्कुराती थी। इसी पर हमने 'एक इंच मुस्कान' उपन्यास लिखा। शरीर अभी तक तो ठीक था मगर आगे जाकर सेठानी का रूप ले सकता था। आत्मीयता से मिली। जिस अतिथि कमरे में मैं ठहराया गया उसकी देखभाल व्यक्तिगत रुचि लेकर करती रही। मेरी हर सुख-सुविधा का पूरा ध्यान रखते हुए। मैं सूँघने की कोशिश करता रहा कि घर में दीदी की स्थिति क्या है, कौन-कौन हैं? दुबली-पतली सुन्दर छरहरी भाभी बाद में स्वतन्त्र रूप से मेरी मित्र हो गई। बला की हाजिर-जवाब, इंटेलिजेंट। उनका वर्ग भी मुझे दीदी से अलग लगा। इधर नौकरों-चाकरों के सिवा पुरुष कहीं दूसरे हिस्से में थे। "देखो राजेन, तुम गलतफहमी बिल्कुल नहीं पालोगे। हमें तुममें नहीं, तुम्हारे लिखने में दिलचस्पी है। हम चाहते हैं तुम खूब-खूब लिखो। नाम कमाओ। हमें इसी में सन्तोष है कि इस सबके पीछे कहीं हम भी हैं। दीदी ने कहा तो बेसाख्ता मुँह से निकला, "वाह, क्या शहादत है?"

मगर नहीं, उन्होंने मुझमें भी दिलचस्पी ली और मेरे परिचित मित्रों में भी। उन दिनों तो नहीं, हाँ, अब लगता है जैसे अदृश्य सूत्रों से वह मेरी गतिविधियों को ही नहीं, मेरे हर सम्बन्ध को संचालित कर रही थी। किसी काम से आगरा गई और आग्रह करके मीता को होटल में बुलाया—चाय पर। दो-एक घंटे बातें कीं। इसके बाद शायद वे दोनों कभी नहीं मिलीं। लिखा, "राजेन, मीताजी मिलने आई थीं। हमने बुलाया था। हमें तो अच्छी ही लगीं। तुम उनसे शादी क्यों नहीं कर लेते?" मन्नू की तो दोस्त ही हो गई थीं। महीने में एकाध बार जब भी वे कलकत्ता होतीं बुला लेतीं। फिर मन्नू पूरे चित्रात्मक विस्तार से उस मुलाकात का विवरण देती। दीदी मुझे समझाती, "मन्नू बहुत प्यारी लड़की है। तुम उसी से शादी कर लो..."

हाँ, दीदी ही नहीं कलकत्ते के हर मित्र ने तूफान खड़ा किया था तब जब कमल कश्यप मेरे साथ आकर रहने लगीं। हुआ यूँ कि दिल्ली में मेरा बहुत प्यारा लेखक दोस्त सत्येन्द्र शरत उषाजी से विवाह करने जा रहा था। वह मेरी और राकेश की न जाने कितनी भावनात्मक समस्याओं का सहभागी रहा था। अनेक बार मीता से या शीलाजी से मिलकर उसने हमारे

पक्ष रखे थे। उस पर हर बात के लिए आँख मूँदकर विश्वास किया जा सकता था। उसे मालूम था कि कलकत्ते में मेरे पास दो कमरे का फ्लैट है। उसका झुकाव कितना था यह तो नहीं पता, मगर कमल उसके लिए पागल थी। वह नहीं चाहता था कि कमल उन दिनों दिल्ली रहें। "ये मेरी दोस्त हैं। कलकत्ते में कोई काम देखना चाहती हैं। कुछ दिनों तेरे साथ रहेंगी, फिर अपनी व्यवस्था कर लेंगी।" एक दिन अचानक लम्बी स्मार्ट-सी लड़की ने मुझे छोटी सी चिट्ठी कॉफी हाउस में दी। शायद सत्येन्द्र ने बता दिया था कि मुझे पकड़ने की सबसे पक्की जगह कॉफी हाउस है। पत्र पढ़कर मेरे सामने कलकत्ते के सारे परिचित-मित्रों के चेहरे घूम गए...कौन क्या कहेगा? ठाकुर साहब, भाभीजी, सुशीलाजी, मन्नू, प्रतिभा अग्रवाल, मदन बाबू, पी.के. और किरणजी...नारायण साहब और प्रतिभाजी...सारे लोग मेरी खाट खड़ी कर देंगे। "यह किसे पकड़ लाए राजेन्द्रजी..." पहले तो मैं सकते में आ गया, मगर सोचा जो होगा सो देखा जाएगा। आखिर वे सड़क पर तो नहीं रहेंगी। इन्हें जगह तो देनी है, फिर सत्येन्द्र का मामला...अगले दिन एक अटैची और बैग लेकर वे दूसरे कमरे में आ गईं। दो-एक दिनों में जरूरत का फर्नीचर भी किराए पर आ गया। उन्होंने कमरा ठीक करके मुझे देखने के लिए बुलाया तो सबसे पहले निगाह गई, मेज पर घड़ी के साथ रखी फ्रेमवाली छोटी सी तस्वीर पर। यह सत्येन्द्र था। मैं चौंका। मुझे उसका अन्दाजा था। वे रेडियो में एनाउंसर थीं। वहीं सत्येन्द्र भी था। उस कमबख्त की पर्सनलटी में ऐसा कुछ इन्नोसेंट आकर्षण था कि लड़कियाँ उसकी ओर आकर्षित न हों, यह असम्भव था। मैं और राकेश खुद उसके प्यार में बँधे थे। 'बेचारी अकेली लड़की है। हताशा के दौर से गुजर रही है!' के भाव से मैं कमल को लेकर अतिरिक्त लिहाज़ी (कन्सीडरेट) हो गया था। खाना-चाय सभी साथ होने लगा। अक्सर वह मेरे कमरे में चक्कर लगातीं। घोष बाबू की तरफ सामने उनकी बहन से बातें करतीं, या कमरा बन्द करके अन्दर रोतीं। मैं उन्हें अन्दर के अँधेरों से बाहर निकालना चाहता था। शुरू में ही तय कर लिया कि खर्चा हम लोग आधा-आधा बाँट लेंगे। अब सहसा ही मेरा कमरा साफ और सलीके से रहने लगा—हर चीज करीने से लगाई जाने लगी। फिर मेज पर फूल भी दिखाई दिए। झूठ बोलने से खुदा बचाए, मुझे यह सब अच्छा लग रहा था। इस तरह मेरी देखभाल स्नेहजी के बाद किसी ने नहीं की थी। शायद इस तरह की शरच्चन्द्रीय नारी-उपस्थिति की कोई चाह भी भीतर रही होगी। वे घंटों मेरे कमरे में

रहतीं—अपने और सत्येन्द्र के किस्से बतातीं और बार-बार आँसू पोंछतीं। उन्हें विश्वास था कि सत्येन्द्र एक दिन जरूर तलाक देकर उनके पास आएगा। मगर यह सच था कि वे नया सहारा तलाश कर रही थीं। ठाकुर साहब कहते, ''साले पहले तेरे कन्धे पर सिर रखकर रोएगी। फिर वहीं लद जाएगी।'' दुख और आश्चर्य होता कि लोग कैसे इतना सरलीकरण कर लेते हैं। हम लोग कभी-कभी बाहर घूमने जाते, सिनेमा देखते। उनके साथ मैं उन स्थानों से बचता जहाँ किसी परिचित से मिलने की आशंका हो। एकाध बार ठाकौर परिवार में ले गया। उधर मेरी आर्थिक स्थिति ऐसी नहीं थी कि पच्चीस-पचास रुपए बाहर जाकर रोज खर्च कर सकूँ। वैसे भी मानसिक रूप से कहीं मन्नू से जुड़ चुका था। मुझे उस स्थिति से उबारा चन्दर ने। वह रेलवे सर्विसेज़ में आ गया था और कहीं उड़ीसा के चक्रधरपुर में आफिसर हो गया था। महीने में एकाध बार आकर मेरे साथ रहता और मेरा बजट खराब करता। जब तक वेतन के पैसे रहते, उसे अपने ऊँचे दोस्तों से फुरसत न मिलती। वहाँ वह बड़ा अफ़सर होने का रौब दिखाता। जेब खाली हो जाती तो मैं और ठाकौर साहब याद आते। वह उन व्यक्तियों में था जिन्हें 'अचूक परोपजीवी' या 'कम्पलसिव पैरेसाइट' कहते हैं। आर्थिक से लेकर भावनात्मक स्तर तक। रातोरात लाखों-करोड़ों बनाने के चक्कर में उसने अपनी बेहद खूबसूरत कभी मिस मिरांडा रहीं पत्नी को इतने सब्ज़बाग दिखाए कि वे विरक्त हो गई। आठ-नौ साल अमरीका में रहकर जब वह आया तो दोनों अलग हो चुके थे और लाजपतनगर-डिफेंस कॉलोनी में आमने-सामने रहते हुए भी कभी नहीं मिलते थे। बहरहाल पहली बार आकर रुका, परिचय हुआ और वह दूसरे दिन ही कमलजी को घुमाने ले गया। पहले तो मुझे मुक्ति ही लगी, मगर जब वह महीने में दो-एक बार आने लगा तो हुआ जैसे मेरा सिर्फ इस्तेमाल किया जा रहा है। ''आपको चन्दरजी इसलिए पसन्द नहीं हैं कि वे मेरे साथ बाहर जाते हैं। आपको तो मुझे बाहर ले जाते शर्म आती है, या आप डरते हैं।'' एक दिन मैंने चन्दर के बारे में कुछ कहा तो कमलजी ने तमतमाकर जवाब दिया...जब मेरे और कमल के बीच तेज़ी से दूरी आ रही थी। वे लोग रात को देर से आते। कमलजी के पास दूसरी चाबी थी ही, ''देर हो गई थी। तू भी सो गया था। मैंने सोचा तुझे क्यों परेशान करूँ। उधर ही सो गया...'' सुबह चन्दर आकर मासूमियत से बताता। जाहिर था कमलजी ज़िन्दगी भर तपस्या तो नहीं कर सकती थीं। आर्थिक या दूसरी तरह से मैं इतना मजबूत भी नहीं

था। चन्दर में वह सम्भावना थी। सही है उन्हें लेकर मेरे मन में कोई योजना नहीं थी। एक आधुनिक युवती के साथ होने का थ्रिल जरूर था। मगर ज़िन्दगी को लेकर मेरे लगाव दूसरे थे। साहित्य के नाम पर वहाँ सिर्फ़ सत्येन्द्र शरत था। इसलिए चन्दर से प्रतिद्वन्द्विता जैसी कोई बात नहीं थी। हाँ, वह मेरे सामने ही कमलजी को मुझसे खींचे ले रहा था। वह अपमानजनक लगता था लड़कियाँ क्या सचमुच बेवकूफ होती हैं? मगर शीघ्र ही कमलजी को किसी प्राइवेट फर्म में सेक्रेटरी की नौकरी मिल गई और बॉस उनका कितना ध्यान रखता है, इस बात के गुण गाते हुए वे कहीं पार्क स्ट्रीट की तरफ शिफ्ट हो गईं। हाँ, इस बीच चन्दर के कारण हमारे बीच काफी कटुता आ गई थी। शायद मेरी भी ईर्ष्या थी। मगर मैं चाहता था कि जाते-जाते कमलजी से सम्बन्ध सहज हो जाएँ। मेरी अनुपस्थिति में चन्दर ने उनका सामान नई जगह पहुँचा दिया। लौटा तो मेरी मेज़ पर हिसाब लिखा कागज, कुछ रुपए और छोटे-मोटे बर्तन थे। अगर सत्येन्द्र की वह तस्वीर भी वे वहाँ रख जातीं तो मुझे आश्चर्य नहीं होता।

इस कमल प्रसंग पर दीदी से लेकर सारे मित्रों तक ने ऐसा हंगामा खड़ा किया कि खुदा की पनाह...''राजेन, तुमने यह क्या लफड़ा पाल लिया...इससे जल्दी-से-जल्दी जान छुड़ाओ...'' दीदी के पत्र आते। सुशीलाजी और भाभीजी ने तो घोषित कर दिया कि ''राजेन्द्रजी का दिमाग खराब हो गया है। ऐ सुनो, खबरदार जो राजेन्द्रजी से मिले। अब हमारे और भंडारी साहब के घर उनका प्रवेश बन्द...'' भाभीजी का आदेश ..उधर स्थिति यह थी कि न हमारा मिलना बन्द हुआ, न किसी घर में प्रवेश. .हाँ, राजेन्द्रजी पर निगरानी थोड़ी सख्त हो गई। उनके 'कन्या-प्रेम' का मज़ा कुछ ज़्यादा ही लिया जाने लगा।

मैं आज तक तय नहीं कर पा रहा हूँ कि मेरे मित्रों परिचितों में विशेषकर महिलाओं में दीदी की दिलचस्पी मेरे लिखने की प्रतिभा को बचाए रखने के लिए थी या स्वयं मुझमें। जहाँ तक सोच पाता हूँ मेरे व्यक्तित्व में ऐसा विशेष कुछ भी शायद नहीं था कि उसकी तरफ कोई आकर्षित होता। हाँ, मेरे पास हुनर था, एक निगाह थी। व्यक्ति और कला के इस द्वन्द्व को मैंने 'अभिमन्यु की आत्महत्या' में समझने की कोशिश की थी...मिथकों और रूपकों के माध्यम से।

कीर्ति के प्रसंग में दीदी ने मुझसे ज्यादा मजा लिया। हुआ यूँ कि मैं 'अनदेखे

अनजान पुल' लिखने रानीखेत गया हुआ था। कीर्ति वहीं भुवाली में थी। डेढ़ वर्ष के पत्र-व्यवहार के बाद भी मैंने कीर्ति को देखा नहीं था, इसलिए सबसे बड़ा संकट यही था कि मैं उसे पहचानूँगा कैसे? पत्र का उत्तर सुबह की डाक से ही मिल गया था, ''तुम किसी भी दिन आ जाओ। मगर दो और तीन के बीच आओ तो सुविधा रहेगी। तब तक हम म़रीजों की सारी दैनिक खानापूर्तियाँ हो चुकती हैं, और हम सब लोग आराम करते हैं, गप्पे लड़ाते हैं। उस समय निश्चिन्त होकर बातें की जा सकती हैं...'' मैं इसी पत्र की राह देख रहा था। दस बजे की बस पकड़कर मैं सैनिटोरियम जा पहुँचा। दिल धड़क रहा था कि जब मैं पहुँचूँ, पता नहीं कैसी हालत हो। बेड-नम्बर और नाम को याद करता हुआ बस की खिड़की से पहाड़ी घुमावों को देखता रहा।

उपन्यास-कहानियों को लेकर पत्र-व्यवहार शुरू हुआ था। अन्य महिला पाठिकाओं की तरह कीर्ति मेरी कुछ चीजों की अन्ध-भक्त थी और उसके अनुसार कुछ मैंने 'शुद्ध बकवास' की थी। लिखावट और इस दो-अक्षरी नाम के अतिरिक्त मैं इतना ही कुछ जानता था कि वह अकेली है, एम।ए। है और टीबी की तीसरी अवस्था से गुजर रही है, उसका एक फेफड़ा बिल्कुल बेकाम हो गया है। पत्र लिखने में तकलीफ होती है, लेकिन मेरे ऊपर कृपा करके खत लिख देती है, वरना पढ़ना ही एकमात्र हॉबी है। कभी कोई साथी मिल जाता है तो ताश खेल लेती है और हर सप्ताह कृष्णा सोबती की 'बादलों के घेरे' कहानी को पढ़कर रो लेती है परिवार में सभी कुछ है, लेकिन वह निर्विकार और निस्संग है, और अब जल्दी-से-जल्दी छुटकारा चाहती है—रोग न छोड़े तो ज़िन्दगी ही छोड़ दे :

क़ैदे हयात, बन्दे-ग़म, अस्ल में दोनों एक हैं,
मौत से पहले आदमी ग़म से निजात पाए क्यूँ...

मैंने उसे सहानुभूति, आश्वासन और आस्था के पत्र लिखे थे, इसलिए हम लोगों में एक आत्मीयता पनप आई थी और उसने निस्संकोच भाव से अपनी कुछ और समस्याओं पर भी मेरी राय माँगी थी। लेकिन इधर के पत्रों से लग रहा था कि हालत बिगड़ती ही जा रही है और हो सकता है कि किसी दिन वह सोती की सोती रह जाए। मैं उसे हरचन्द समझाता कि टीबी अब ऐसी असाध्य और भयानक बीमारी नहीं रह गई है, लेकिन उसके पत्रों का निराश लहजा गहरा ही होता चला जा रहा था। जिस

सैनिटोरियम में वह थी उसी के पासवाले पहाड़ पर ही मैं अपना काम करने गया हुआ था। उसने लिखा, ''काम खत्म कर लो, सुविधा मिले तो इधर से होते हुए जाना...पता नहीं फिर...''

दो-तीन घंटों का पहाड़ी सफर करुणा और दुख की तस्वीरों के बीच कटा। कभी-कभी आशंका होती कि जिस समय मैं वहाँ पहुँचूँ, ठीक तभी हताशा से हाथ पटकती नर्स कमरे से बाहर निकले,'खत्म!' और सिर्फ एक सफेद चादर ढँकी निराशा से ही मेरा साक्षात्कार हो। दूसरी शंका यह थी कि उसकी परिचर्या के लिए जो परिवार इत्यादि के लोग होंगे, उन्हें क्या कहकर अपना परिचय दूँगा? गले तक कम्बल में ढकी वह लेटी होगी, निस्तेज आँखें, पिचके गाल, मुरझाया चेहरा और उलझे बाल। सहारे के लिए इधर-उधर तकिए लगे होंगे। मैं पहुँचूँगा तो कोई उसे आकर पलंग के सिरहाने तकिया लगाकर बैठा जाएगा...

ई-क्लास पूछता-पूछता ऑफिस पहुँचा। इन्क्वायरी में नाम लिया तो कान पर जोर देकर युवक ने पूछा,'कौन?' मैंने नाम के साथ बेड इत्यादि का नम्बर बताया, तो बोला, 'ओ! वो मिस कीर्ति शुक्ला!' तो मुझे एकसाथ दो जानकारियाँ हुईं, तो इन कीर्तिजी का पूरा नाम यह है! जमादार किस्म के आदमी ने ऊपर से ही दिखा दिया, 'सीढ़ियाँ उतरकर चले जाइए। वोई वार्ड है, वहीं मिस शुक्ला पूछ लीजिए...वो शिमली बता देगी।' शिमली यानी शिमला (कमोड) साफ करनेवाली जमादारिन।

लम्बा सा बरामदा था और उसमें कमरों की खिड़कियाँ और दरवाजे खुलते थे। एक-एक कमरे में दो-दो बेड लगे थे, जो आधे या पूरे लाल कम्बलों से ढँके थे। दो-तीन कम्बलों से ढँकी एक बेहद कमजोर और बीमार लड़की एकटक बरामदे में देख रही थी। मुझे लगा, शायद यही है। उसने बताया, यह नहीं, वह परले सिरेवाला कमरा है। लाल-लाल कम्बल, सफेद चादरें, हर बेड के नीचे छोटे-छोटे स्टूल, बीच में एक-एक जालीदार अलमारी और उन पर रखे हुए दूध के गिलास, दवाओं की शीशियाँ, फल और बिस्तरों पर ढँके या खुले मुरझाए चेहरे। मैं बरामदे के सिरे पर पहुँचा। तभी पानी से धुली हुई, गोल पीतल की थालियाँ लिये एक नौकरानी ने बरामदे की सीढ़ियाँ चढ़ी। पूछा,'मिस शुक्ला यही हैं?' उसने व्यस्तता से अगले कमरे की ओर मुँह करके आवाज लगा दी, 'कोई आए हैं।' खुली खिड़कियोंवाले कमरे में दो बेड थे। एक पर केवल कम्बल पड़ा था और दूसरे पर एक महिला कंघे से बाल सँवार रही थी। मैंने अपना नाम बताकर

कहा, 'जी, मैंने खत लिखा था।' वह थोड़ी सी घबरा गई। जल्दी से बाल लपेटे, 'जी,हाँ-हाँ बैठिए।'

'कहिए, तबीयत कैसी है?' मैंने ज़रा आश्वस्त होकर पूछा,'पत्र से तो लगता था, जैसे आप बहुत बीमार हैं!' 'जी, यहाँ तो बीमार ही आते हैं।' उनके संक्षिप्त उत्तरों से मुझे बड़ा संकोच लग रहा था। वे दूसरी ओर मुँह करके अभी-अभी आए बन्द इनलैंड को ग़ौर से देखने लगीं। घर से पत्र आया होगा—मैंने सोचा। कहा,'आप पढ़ लीजिए पहले। यों भी आप लोग तो पत्रों की ही राह देखती रहती होंगी यहाँ अकेले पड़े-पड़े!'

कुछ देर चुप रहकर उन्होंने जैसे जबर्दस्ती कहा, 'देखिए जी, आप जो समझ रहे हैं, मैं वह नहीं हूँ...' मैं सचमुच अचकचा उठा। 'सॉरी! वो मिस शुक्ला का कमरा कौन सा है?' 'जी, वो अन्दर अनार का रस निकाल रही हैं।' उसने पर्दा पड़े दरवाजे की ओर इशारा किया, फिर आवाज दी, 'अरे ओ, सुनो। आप आए हैं!' 'कौन?' भीतर से आवाज़ आई, 'ये जरा-सा रह गया है।' 'बाहर तो निकलो।' इस बार गीले हाथों को तौलिया से पोंछती एक स्वस्थ-सी लड़की बाहर निकली तो मैं उठ खड़ा हुआ। उसने अपरिचय से पूछा, 'जी, आप...?' 'मैं...मैं, आप ही मिस शुक्ला हैं न?...आपको मेरा पत्र नहीं मिला क्या?' मैं कुछ हकलाकर बोला। 'वो बैठी हैं न!' उसने बेड पर बैठी हुई लड़की की ओर इशारा किया, 'सुबह ही तो कह रही थीं कि आज आप आएँगे। कार्ड देखा था मैंने।' और उसने बढ़कर बैठी हुई लड़की के सिरहाने के नीचे से मेरा कार्ड निकालकर दिखाया। मैं फिर उधर मुड़ा। 'जी, यही मिस शुक्ला हैं।' बैठी हुई लड़की ने झिड़का, 'कीर्ति, क्या मज़ाक है?'

इस बार स्वस्थवाली लड़की भीतर जाकर अनार का रस, चीनी की प्याली इत्यादि बाहर निकाल लाई। बोली, 'देखिए राजेन्द्रजी, यह सुबह से मुझसे कह रही थी कि तू मेरी जगह उनसे बातें कर लेना। पत्रों में लिखना और बात है, बातें मैं नहीं कर पाऊँगी। यह कीर्ति है।' नम्बर एक इस बार हँस पड़ी,'यह झूठ बोलती है। यही कीर्ति है।' 'अच्छा! कार्ड मेरे पास था न इनका?' नम्बर दो ने कहा, फिर मुझसे बोली,'कहिए तो आपकी चिट्ठियाँ और किताबें निकालूँ इसके कबर्ड से?' वह अलमारी की ओर मुड़ी, 'अब कैसा मरा मुँह बनाकर बैठी है।' 'छोड़-छोड़!' नम्बर एक ने उसे रोक दिया। अब मुझे भी हँसी आने लगी। अजीब मज़ाक है। सबसे बड़ा मजाक यह है कि दोनों में से कोई बीमार नहीं लगती। कम-से-कम वैसी नहीं,

जैसा पत्रों के आधार पर मेरा अनुमान था। इस बीच नम्बर दो भी अपनी पलंग पर बैठ गई थी और 'यहाँ की किसी चीज को खाने के लिए नहीं पूछा जा सकता' कहकर गिलास में रस पीते हुए बोली, 'देखिए, आप ही हम लोगों में से छाँट लीजिए, कौन कीर्ति है! या फिर दोनों को ही एक मान लीजिए।'

मैं सचमुच परेशानी में पड़ गया। ग़ौर से दोनों की ओर देखे बिना ही मैं कोई सुराग तलाश करने लगा कि उस नाम को विश्वासपूर्वक किसी एक के साथ जोड़ दूँ। बीमार नम्बर एक ज्यादा लगती थी। सीधी भी वही अधिक थी। दोनों कभी आपस में एक-दूसरे को देखकर हँसती थीं और कभी मेरे प्रयत्न को देखकर। यह तो साफ ही था कि षड्यन्त्र पहले से ही पका-पकाया था। दोनों उत्तर प्रदेश की थीं और लगभग हमउम्र। पता नहीं उस दिन वे मुझे कितनी देर तंग करतीं, लेकिन थोड़ी ही देर बाद नौकरानी ने आकर नम्बर दो से कहा, 'शुक्ला दीदी, दफ्तर में कोई खबर नहीं है...' तब वह नम्बर एक की ओर इशारा करके हँस पड़ी, 'शुक्ला दीदी वो बैठी तो हैं सामने। मुझसे क्या कहती हो? उसी से कह दो न...' नौकरानी ने उधर देखा और हम सब खिलखिलाकर हँस पड़े।

कीर्ति ने कोई बात बढ़ाकर नहीं लिखी थी। वह उतनी ही बीमार थी और उसके एक फेफड़े का ऑपरेशन होनेवाला था, लेकिन मुझे लगा बीमारी उसका कुछ नहीं बिगाड़ सकती। चलते समय कहा भी 'कीर्ति, तुम जरूर ठीक हो जाओगी। बीमारी को भी शायद तुम इसी तरह बहकाकर अपने पड़ोसियों पर डाल दोगी...' 'यानी आप बीमारी हैं!' और उसकी हँसी देर तक—शायद आज तक गूँजती रही...

यह सारा प्रसंग दीदी ने सुना, खूब हँसी। "लोग तुम्हें बेवकूफ बनाते रहें। तभी तुम ठीक रहते हो।" उन्हीं के डर से मैंने गुजरात की वह घटना नहीं बताई थी। एक दिन अचानक पत्र मिला तो मैं आसमान से गिरा। स्वीकार करता हूँ कि शायद इतना धक्का मुझे आज तक किसी पत्र से नहीं लगा। गुजरातीमिश्रित हिन्दी में लिखा था कि "मैंने आपकी 'कुलटा' पढ़ी। मेरे पति भी नपुंसक हैं, मगर मुझे बच्चा चाहिए...क्या आप मुझसे मिलना पसन्द करेंगे...?" मेरे भीतर जैसे बम फटा। यह क्या? जरूर इस बार किसी की बदमाशी है। राकेश, दुष्यन्त, कमलेश्वर सभी के चेहरे घूम गए। मैं स्वयं जैसे चलते चाक पर बैठा घूम रहा था। बार-बार पत्र लिफाफा,

लिखाई और अक्षरों की बनावट देखता, लिफाफे और मुहर को जाँचता। उत्तर दूँ या चुप रहूँ। हो सकता है, दूसरा पत्र आए। इसके बारे में तो किसी से बात भी नहीं कर सकता। आखिर बहुत सावधानी से निहायत औपचारिक छोटा सा पत्र लिखा। भीतर अविश्वास भी था और डर भी। क्या कोई लड़की किसी अपरिचित को पहला ही पत्र इस तरह लिख सकती है? यह अपनी घुटन से बाहर निकलने की छटपटाहट है या रचनाएँ पढ़कर लेखक पर ज़रूरत से ज्यादा विश्वास कर लेना? ठाकुर साहब सुनते तो छूटते ही कहते, 'साले तू क्या किराए का साँड़ है?' मेरे पत्र के उत्तर में जो उत्तर आया वह सिर्फ मेरे लेखन के प्रभाव का भावुक बखान था, साथ थी एक छोटी सी फोटो। उम्र पच्चीस-छब्बीस से अधिक नहीं थी। पुरानी रमोला की झलक मारते नक्श...तीसरे-चौथे पत्र से ही बुलाने का आग्रह। तय हुआ कि बम्बई से लौटते हुए मैं एक दिन के लिए आऊँगा। सुबह छः बजे स्टेशन पर जो सज्जन आए वे उसके पति थे। परम विनम्र, सुदर्शन युवक। मुझे इस तरह ले गए मानो देवता को ले जा रहे हों। बैंक के छोटे-मोटे कर्मचारी थे, दो कमरों का मकान, मगर बेहद सम्मानपूर्ण आत्मीयता। पति-पत्नी के बीच मुझे कहीं भी वह तनाव नहीं लगा जो ऐसी स्थिति में होना स्वाभाविक था। बार-बार चाय, खाने के आग्रह के साथ वह यही बताती रही कि किस तरह संघर्ष करके घर की एक-एक चीज जोड़ी है। पति मितभाषी थे। 'अभी दो घंटे में हाज़िरी लगाकर आता हूँ' कहकर जैसे ही वे अपनी साइकिल से गए तो माला इस तरह बेतकल्लुफ हो गई, जैसे बरसों से जानती हो। गले में हाथ डालकर निस्संकोच बार-बार चूमना। उसे घर का काम करते हुए देखना ऐसा ही था जैसे मंच पर सब कुछ हो रहा हो। सपने की अवास्तविक दुनिया जैसा। कभी पारेख पर दया आती कि बेचारे को इस नेपथ्य-नाटक का पता ही नहीं और कभी उनकी आपसी गहरी आत्मीयता देखकर लगता कि कहीं दोनों की मिली-भगत तो नहीं है? मुझे सिर्फ इस्तेमाल करके छोड़ दिया जाएगा। शायद किसी को पता भी नहीं लगेगा। बहरहाल, डेढ़-दिन खातिर कराके लौट आया। दोनों बेहद कृतज्ञ भाव से स्टेशन छोड़ने आए। दो पत्रों के बाद संवाद रुक गया। आज मैं सचमुच तय नहीं कर पा रहा हूँ कि वह सब हुआ भी था या सिर्फ मेरी फ़ैंटेसी थी। उस समय तक दीदी, मीता, स्नेह सबसे मेरी मैत्री भावनात्मक ही थी और शरीर कहीं नहीं था। स्त्री-शरीर को जानने की उद्दाम लालसा ने ही तो कहीं इस सपने का निर्माण नहीं कर डाला—जो आज मुझे कभी वास्तविक लगता है

तो कभी काल्पनिक...हो सकता है मन में बैठी रमोला ही माला का रूप धारण कर लिया...हाँ, मन्नू ने इस 'घटना' पर कहानी जरूर लिखो 'तीसरा आदमी'। शादी के बाद यूँ ही मैं कभी जिक्र कर बैठा था। या शायद पत्र और फोटो देख लिए थे। शुरू के दिन थे, इसलिए जो 'पहले हो चुका है उसे अनहुआ नहीं किया जा सकता' का क्षमा भाव था, मगर पहले तो बहुत नाराज हुई, फिर हँस-हँसकर सबके सामने मेरा मजाक उड़ाती रही...''पत्र-वत्र तो ख़ैर कोई बात नहीं। मगर ये तो सीधे वहीं जा पहुँचे।''

मैंने दीदी से कभी इस घटना का जिक्र जानबूझकर नहीं किया। दीदी सहित मेरी मित्रताओं पर राकेश अजीब ऊँचाई और 'समझदारी' से मुस्कुराता। मानो कहता हो कि शारीरिक अपंगता से उत्पन्न हीनताग्रन्थि में ऐसी 'विजयें' ही आत्मविश्वास को बनाए रख पाती होंगी। पहले तो बिना असलियत जाने ऐसी मित्रताएँ शुरू हो जाती हैं, फिर जब वास्तविकता खुल जाती है तो बराबर की मैत्री के स्थान पर दया की भावना सम्बन्ध को निभाती चली जाती है। हर बात को इसी कुंठा के साथ जोड़कर देखा जाता है। गुस्सा, प्यार या यहाँ तक कि प्रतिभा तक को सामान्य व्यक्ति के व्यवहार के रूप में नहीं लिया जाता। 'अनदेखे अनजान पुल' शायद 'स्वीकृति' की आकांक्षा में इसी हीनता-बोध से उपजी कहानी है। राकेश, दीदी और मन्नू ने मुझे इसे निश्चय ही इस गिरफ्त से छुड़ाने में ज्यादा सहयोग दिया...

यह सच है कि इन दोनों से मिलने से पहले खुलेआम मेरी कोई महिला मित्र नहीं थी। सिर्फ गदह-पच्चीसी की उम्र में 'मित्र-बहनें' थीं।

पच्चीस-तीस सदस्यों का हमारा बड़ा सा संयुक्त परिवार था। वहाँ ढेरों चचेरी बहनें थीं। कुछ से मैं अधिक निकटता भी महसूस करता था—लगभग उस स्तर पर जहाँ 'घेरे के बाहर' जैसे उपन्यास लिखे जाते हैं। बाहर मिलने-जुलने की सुविधा और स्वतन्त्रता न होने के कारण उन दिनों घर-घर में शशि और शेखर की कहानियाँ घटित हो रही थीं। कॉलेज की क्लासों में तो मुँह से आवाज ही नहीं निकलती थी। खुद ही हिम्मत करके कोई लड़की कुछ पूछ ले तो बात दूसरी थी। एक-दो बातों के बाद दोनों ही अपने-अपने 'खोलों' में वापस। तेज़ विद्यार्थी होने के नाते कभी किसी ने नोट्स ज़रूर माँगे थे, मगर बात इससे आगे कभी नहीं बढ़ी। मेरे पहले तीनों उपन्यास इसी घरेलू-प्यार के तानों- बानों से बुने गए थे—जहाँ प्रेम, प्यार, क्रान्ति, कुंठा सभी कुछ था। 'प्यार पवित्र होता है' का दार्शनिक

आधार मन के अपराध-बोध से पूरी तरह मुक्ति नहीं दिला पाता था। अन्त अनिवार्यतः निराशा में ही होता था। इसी कथ्य पर उन दिनों 'अंचल' के 'महिमा' और 'नई इमारत' उपन्यास अच्छे लगे थे।

मुझे और मित्र घनश्याम अस्थाना को पहला प्यार ट्यूशनों के माध्यम से ही मिला। वह निरन्तर चलनेवाला पहला बाहरी सम्पर्क था। मगर सावधानियाँ और निगरानियाँ सख्त थीं। तनी रस्सी पर चलते हुए फूँक-फूँककर बात आगे बढ़ती थी। घरों में भाई-बहन की मर्यादाएँ थीं तो बाहर गुरु-शिष्य की। वहाँ कहा और अनकहा समझौता था कि बड़ी उम्र का गुरु, पिता और कम उम्र का भाई बनकर ही निबाह कर सकता है। मेरा परिचय भी मीता से इसी तरह, कमलेशजी द्वारा चरित्र की गारंटी और 'सीधे लड़के' के आश्वासन के बाद हुआ। 'भाई साहब' बनकर मैंने और घनश्याम ने अपनी-अपनी शिष्याओं को इम्तहान पास कराने की जिम्मेदारियाँ लीं। ट्यूशन तो चार-छह महीने में समाप्त हो गए लेकिन व्यक्तिगत संवाद बने रहे। पुस्तकों और निर्दोष पत्रों का आदान-प्रदान चलता रहा। मीता गाँधीजी की तरह दोनों हाथों से सुन्दर लिखावट में लिखती थी। उसकी याददाश्त अद्‌भुत थी। पूरा पन्ना पढ़कर उसे बिना देखे दुहरा सकती थी। निम्नमध्यवर्गीय खुरदुरेपन के बावजूद मुझे वह 'असाधारण' लगती थी। इसी ने उसे दृढ़ता और आत्मविश्वास दिए। परम सुन्दरी नहीं थी मगर व्यक्तित्व में तेज था। बाद में जब पिता का छोटा सा व्यवसाय असफल हो गया तो ख़ानदानी मकान के नीचेवाले हिस्से से आनेवाला किराया ही आधार रह गया। पिता प्रायः घर रहते या धार्मिक स्थानों के दर्शन करते। उस समय वही सबसे बड़ी थी और शेष भाई-बहनों की शिक्षा-दीक्षा, घर का प्रबन्धन, बाहर के काम उसी के जिम्मे थे। शिक्षा पूरी करने के दिनों में पहले साइकिल पर, फिर स्कूटर से सारा शहर घूमती। उसे 'फर्राटा' लड़की माना जाता। एकाध बार शायद छेड़नेवालों की पिटाई-विटाई भी कर चुकी थी, इसलिए साथ के लड़के डरते। बाद में आपस में खुल जाने पर तो वह मुझे सरे-आम स्कूटर के पीछे बैठाकर मिलने की जगहों पर ले जाती—कभी किसी रेस्त्राँ में तो कभी पार्क में। मैंने आगरा और आसपास की सारी ऐतिहासिक इमारतें उसी के साथ देखीं। कम्पनी बाग और मरियम के मकबरे की स्मृतियाँ तो खासी रोमाचंक थीं। आगरा का यह वह जमाना था जब इस तरह एकान्त ढूँढ़ते युगल कुत्सित कौतूहल जगाते थे। राजनाथ और राज का प्रसंग तो स्कैंडल ही बन गया था। किसी भी घर में यह दबावहीन स्वतन्त्रता सम्भव

नहीं थी, इसलिए एकान्तों की तलाश ने हमें खासा पुरातात्त्विक अनुसन्धानी बना दिया था। उधर दिल्ली के मित्रों के बीच अकेले कमरों की चाबी उधार माँगने का युग आ चुका था और रघुवीर सहाय, रमानाथ अवस्थी या अजित कुमार सफल उद्यमियों में माने जाते थे। यहाँ हाल यह था कि कहना चाहिए जन्म स्थल होने के बावजूद आगरा मैंने उसी के साथ देखा। एक बार दयालबाग से आगे यमुना के किनारे 'पोइयाघाट' नाम की जगह हम लोग बाजरे के खेतों में बैठे थे। उधर से गुजरते दो गाँववालों ने हमें सुनाकर मज़ा लेते हुए कहा, "साले की एक टाँग है तो लौंडियाए यहाँ लैआयो है, दो होतीं तो पता नहीं कहाँ लै जातौ..." और 'मौज करो' के भाव से हँसते हुए चले गए। बहरहाल मीता के सहपाठियों और मेरे मित्रों के बीच कुछ इस तरह का भाव था जैसे मैंने खूंखार शेरनी को बस में कर लिया हो। वह थी भी दबंग और लगभग दुस्साहसी...घर-भर में उसकी ही इच्छा चलती। आगरा के बाहर भी माँ को बताकर आती कि मेरे साथ जा रही है। बहुत बाद में एक बार हम दोनों ही ट्रेन में यात्रा कर रहे थे। रात को खाने से पहले मैंने पूछा, "कुछ लोगी?" बहुत पसन्द तो नहीं था मगर साथ देने के लिए कभी 'एकाध' लेने लगी थी। उसने कहा, ठीक है। सामनेवाली सीट पर एक युवा जोड़ा बैठा था। उनके साथ बच्चा भी था। पति कभी बच्चे को कभी पत्नी को हर स्टेशन पर कुछ-न-कुछ लाकर दे रहा था। हमें भी ऑफर करता। फिर बैठकर हमारी पत्रिकाएँ पढ़ने लगता। परिचय की प्रारम्भिक औपचारिकताएँ हो चुकी थीं। वे क्या समझ रहे हैं हमने इसकी चिन्ता नहीं की। मैं लेखक हूँ और वह बड़े कॉलेज की प्रिंसिपल, यह बात वे जान चुके थे, इसलिए एक सम्मान का भाव भी था। मैंने बोतल खोलने से पहले धीरे से पूछा, "सामने ये लोग हैं, इनके सामने?" उसका प्रतिप्रश्न था, "तुम्हारे रिश्तेदार हैं क्या?" "नहीं, फिर भी..." उसने बात काट दी, "मेरे भी नहीं हैं..." हँसकर हमने घूँट भरे।

मगर ये सब बहुत बाद की बातें हैं। दक्षिण-भारत की यात्रा के दौरान मैं जो विवरण भेजता उसमें खुलकर या दबे-ढँके यही भावना रहती कि काश, तुम भी साथ होतीं। अभी इतने खुले नहीं थे कि कहूँ ये सारी जगहें तुम्हारे साथ भी देखनी हैं एक दिन...भाई साहब को सीधे-सीधे राजेन्द्र या मित्र बनने में या दूसरी तरह कहूँ तो शब्दों को शरीर तक आने में पाँच-छः साल लगे। सारी मित्रता, आत्मीयता और अन्तरंगता के बावजूद कहीं कुछ ऐसा था कि ज़िन्दगी-भर साथ होने का मुद्दा हर बार स्थगित हो जाता।

मेरे आग्रह और आमन्त्रण पर वह कलकत्ता भी आई और साथ ही ठहरी भी। फ्लैट में विधुर कृष्णाचार्य और उनके तीन बच्चे भी थे। सारे दिन हम लोग कलकत्ता घूमते और रात को बातें करते हुए प्रतीक्षा करते कि कौन विवाह के लिए पहल करता है। यह मैं जानता था कि ऐसी बातों के लिए उसमें स्त्रियोचित संकोच नहीं था। आखिर बात मैंने ही उठाई। बहुत खूबसूरती से उसने जो कुछ कहा उसका आशय यही था कि हम मित्र हैं और ज़िन्दगी-भर हमें एक दूसरे की मित्रता की जरूरत पड़ेगी। शायद मेरे सिवा उसने इतनी गहराई से किसी और को जाना भी नहीं है, इसलिए यह सवाल भी बेमानी है कि कहीं कोई और उसके मन में है। चौदह-पन्द्रह साल की उम्र से मैं ही उसका एकमात्र भावनात्मक आधार रहा हूँ। क्या यह काफी नहीं है? पति-पत्नी बनकर रहने का आग्रह क्यों हो? अगले दिन हावड़ा स्टेशन पर विदा करते हुए लगा जैसे हम एक-दूसरे को जानते हुए भी अपरिचित ही हैं। तीन दिन ही तो हुए थे। तब तूफान एक्सप्रेस पहुँचने के घंटे-भर पहले और ट्रेन आने पर पागलों की तरह हावड़ा स्टेशन के भीड़-भाड़ भरे एक-एक डिब्बे को खोजता व्यक्ति क्या मैं ही था? यह मेरा साफ-साफ रिजैक्शन था। तुम सिर्फ कभी-कभी मित्रता के लायक हो, स्थायी रूप से साथ बँधने के नहीं। ''मैं तुम्हारी परिणीता बनकर रहूँ यह मेरा सपना कभी नहीं था,'' उसने आगरा जाकर पत्र लिखा था। इस घटना के महीने-भर बाद मैंने हिन्दी टीचिंग स्कीम की नौकरी से इस्तीफा दे दिया...मेरे और मीता के बीच कुछ महीनों संवाद-हीनता रही। ''जब हमें सम्बन्ध ही नहीं रखने तो क्या यह अच्छा नहीं होगा कि तुम मेरे पत्र लौटा दो,'' मैंने बहुत सपाट ढंग से लिखा। ''वे मेरी सम्पत्ति हैं। उन्हें मेरे पास ही रहने दो!'' हाँ, मेरी और मन्नू की शादी हो गई तो उसने सारे पत्र लौटा दिए...मैं आज भी समझ नहीं पा रहा कि इसके बाद भी अनेक बार जब हमने आपस में शादी की तारीखें तक तय कर लीं और उसने अपना एक घर होने के सारे सपने सँजो लिए, तो ऐन मौके पर खुद मेरे पीछे हट जाने के पीछे क्या बाधा रही होगी...अपने इस 'विश्वासघात' ने शायद मुझे ही बार-बार तोड़ा है। हताश, उदारता और क्षुब्ध शहीदाना भाव से जब मन्नू कहती कि क्यों अपनी और उसकी ज़िन्दगी बर्बाद कर रहे हो, उसी के साथ सैटिल हो जाओ तो शायद न उसे पता था, न मुझे कि यह क्यों सम्भव नहीं है। पिछले पाँच सालों से तो मैं बिल्कुल निर्बन्ध हूँ, कोई बाधा भी नहीं है, फिर कहाँ-क्या छूट गया है कि साल में एकाध बार मुश्किल से देखा-देखी

हो जाती है। भूल तो आज भी नहीं पाता कि मीता ने मेरे लिए कितने लांछन, आरोप और असुविधाएँ झेली हैं। मैंने उसे कहाँ-कहाँ नहीं बुलाया। रात-बेरात, जगह-बेजगह वह उपस्थित रही है। एक बार तो मई की चिलचिलाती दोपहर के रेतीले मैदान में दो मील तक मेरे रिक्शे को धक्का देते हुए ले जाना पड़ा था। पाँव तपती रेत में धँस जाते थे। आज लगता है शायद वह भी एक रूपक ही रहा होगा जिसे मैंने जिया...क्या सारे रूपक अपने अर्थ दे चुकने के बाद अमूर्तनों में विलीन हो जाते हैं।

इतने स्पष्ट शब्दों में तो नहीं, मगर व्यवहार में इस अस्वीकृति से मैं पहले भी गुजर चुका था। इलाहाबाद से निकलनेवाले 'कर्मयोगी' में पहली मनलायक कहानी छपी 'प्रतिहिंसा', इससे पहले झाँसी के 'जागरण' और बाद में आगरा के 'सैनिक', 'उजाला' में कुछ रचनाएँ छपती रही थीं। कर्मयोगी निकालते थे रामरखसिंह सहगल। कभी 'चाँद' निकालकर पत्रकारिता के क्षेत्र में धमाके कर देनेवाले दबंग सम्पादक। 'मारवाड़ी अंक' 'फाँसी अंक' के अलावा उनके यहाँ से प्रकाशित पं. सुन्दरलाल की दो खंडों में 'भारत में अंग्रेजी राज' ने कभी तहलका मचा दिया था। किताब सरकार ने जब्त कर ली थी। राजद्रोह के ऐसे ही आरोपों के चलते उन्हें जेल भी हो गई। 'चाँद' बन्द हो गया। उनके परिवार के अनुसार सहगलजी के भाई रामगोपाल सहगल ने धोखा देकर उन्हें जेल ही नहीं भिजवाया, 'चाँद' भी हथिया लिया। इसलिए अब वे रहे-सहे साधन समेटकर नए सिरे से पत्रकारिता में आना चाहते थे। कर्मयोगी उन्होंने काफी आत्मविश्वास से निकाला था। उस ज़माने में जब 'माधुरी', 'सरस्वती' इत्यादि पत्रिकाएँ आठ आने की होती थीं 'कर्मयोगी' एक रुपए का था—उनसे दोगुने पृष्ठों का। सारे बड़े-बड़े लेखकों का सहयोग था। वहीं सहगलजी ने डायरी लिखनी शुरू की थी और उसी से पता चला कि प्रेमचन्द भी पीने के शौकीन थे। उन दिनों हिन्दी-अंग्रेजी की कोई पत्रिका डेढ़-दो हजार से अधिक नहीं छपती थी तब 'चाँद' का सर्कुलेशन लगभग आठ हजार तक था। सहगलजी की हेस्टिंग्स रोड पर लम्बी-चौड़ी पुरानी खूबसूरत कोठी थी। गेट पर बा-वर्दी दरबान होता था और वहाँ इंटरनल टेलिफोन लगा था ताकि अन्दर आनेवाले हर व्यक्ति के बारे में सूचना दी जा सके...बकौल सहगलजी यह 'रौब' उस समय सिर्फ कलक्टर के ही पास था। चाँद कार्यालय देश के प्रसिद्ध प्रकाशकों में था। मगर इस ठाठ के पीछे एक कारण और भी बताया जाता है कि

क्रान्तिकारियों का पैसा सहगलजी के पास ही रखा जाता था। चन्द्रशेखर आजाद के साथ तो सम्पर्क था ही, स्वयं भगत सिंह कम्पोज़ीटर के वेश में वहाँ काम करते थे। 'फाँसी अंक' तो लगभग सारा ही अनेक नामों से भगत सिंह का कमाल था। सुना तो यहाँ तक जाता है कि अल्फ्रेड पार्क में गोली लगने से पहले चन्द्रशेखर आजाद सहगलजी से मिले थे और यह सूचना पुलिस के पास थी। इन लोगों का कहना है कि सूचना सहगलजी के भाई रामगोपाल ने लीक की थी। नतीजे में इन्हें जेल और कुर्की हुई। चाँद का सारा माल-मता रामगोपालजी के पास चला गया। कोठी और संघर्ष करता परिवार ही पीछे रह गया।

सहगलजी से मेरा पत्र व्यवहार दो-ढाई साल चला। 'कर्मयोगी' के साथ उन्होंने एक अंग्रेजी साप्ताहिक 'क्राइसिस' भी निकाला। फिर लम्बी बीमारी के बाद उनकी मृत्यु हो गई। वे चाहते थे कि मैं उनके साथ जुड़ूँ। उनसे साक्षात् मिलने का अवसर तो नहीं मिला, हाँ, परिवार से आत्मीयता जरूर हो गई। पुत्र नरेन्द्र सहगल और पुत्री स्नेहलता से लगभग पारिवारिक सम्बन्ध बन गए। परिवार घनघोर आर्थिक संकट से गुजर रहा था। बहुत आग्रह पर मैं इलाहाबाद में दो दिन उनका मेहमान बना। तभी भारती, नामवर सिंह और दुष्यन्त से पहली बार भेंट हुई। कमलेश्वर तब तक दृश्य-पटल पर नहीं आया था। बहरहाल, सहगल परिवार अपना सबकुछ बेच-बाचकर दिल्ली आ गया। नरेन्द्र 'कर्मयोगी' प्रकाशन की पहले से छपी पुस्तकों को बेचने में जुटा तो स्नेहजी आत्मनिर्भर होने के संघर्ष में। वे बनारस से संस्कृत में एम.ए. थीं। विद्यानिवास मिश्र के साथ पढ़ी थीं। नौकरी खोजने के दौरान लगा कि बी.एड. किए बिना टीचरी मिलना कठिन है। तय हुआ कि वे आगरा के दयालबाग से बी.एड. करेंगी और हमारे साथ रहेंगी। इस तरह वह पहली बाहरी-लड़की थीं जिससे मेरा निकट परिचय हुआ। वे मुझसे तीन साल बड़ी थीं। भगतसिंह ने उन्हें गोद में खिलाया था।

स्नेहजी से पहले शीलाजी हमारे यहाँ आने-जाने लगीं। जिन चाचाजी के पास रहकर मैं मवाना और झाँसी में पढ़ा था, उनकी दूसरी बेटी प्रेम को भी बी.एड. करना था। प्रेम दयालबाग पढ़ने जाती और लौटकर अक्सर शीलाजी के बारे में बताती कि वे कितनी जीवन्त, मिलनसार और सुन्दर हैं। सारी लड़कियाँ उन्हें प्यार करती हैं। उन्होंने नाम रख दिया है ''झुकि झूम-झूम मुस्कात जात।'' इलाहाबाद की रहनेवाली हैं। सहज आत्मविश्वास से भरी पंजाबी महिला हैं। मेरे बारे में भी कुछ बताया होगा। वे हमारे यहाँ

आने लगीं। व्यक्तित्व आकर्षक था। खुलकर लेखकों, रचनाओं पर बातें करतीं। शादी भी एक लेखक से हुई है, नाम है मोहन राकेश। असली नाम मदन मोहन गुगलानी। कुछ दिनों में आनेवाले हैं। उन्हीं दिनों मेरी कहानी 'खेल-खिलौने' को किसी कोर्स के लिए तैयार किए जानेवाले संकलन की अनुमति माँगते हुए राकेश का भी पत्र मिला। मिले तो लगा जैसे बरसों से जानते हैं। सुन्दर गदबदा पंजाबी। राकेश और शीलाजी को मैंने 'दरोगा' रेस्त्राँ में कॉफी पिलाई। शीलाजी ने बताया था कि राकेश कन्याकुमारी जाने की योजना बना रहा है। जालन्धर में पढ़ाता है। मैं कन्याकुमारी होकर आ चुका था और अपने को वहाँ का विद्वान मानता था। मैंने राकेश को विस्तार से रामविलास शर्मा और अमृतलाल नागर के साथ अपनी यात्रा का विवरण दिया। अपनी और उसकी रचनाओं पर बातें कीं। पहली बार लग कि उन दोनों के बीच तनाव चल रहा है। इतनी सुन्दर महिला से कोई कैसे लड़ सकता है? उन्हीं दिनों नवनीत का जन्म हुआ। इस अवसर पर राकेश के न आने से वे बहुत दुखी थीं। मैंने अपनी अनुभवहीन बेवकूफी में राकेश के खिलाफ शीलाजी का पक्ष लेकर उस दिन कुछ ऐसी बातें कह दीं कि बाद में राकेश काफी क्षुब्ध रहा। शायद मैंने उसके भगवान बुद्ध बनने की भर्त्सना की जो राहुल और यशोधरा को छोड़कर निर्वाण की तलाश में भटक रहा है। कुछ और भी कहा होगा। शीलाजी ने राकेश को लिखा कि "अपने मित्र से कह दीजिए कि जिन बातों को वे नहीं समझते, उनके बारे में बात नहीं करें" मुझे भी बुरा लगा कि इतने खुले होने के बावजूद उन्होंने यह बात मुझे क्यों नहीं कही। यह तो बाद में जाना कि मामला सचमुच बहुत उलझा हुआ था। उसमें रेखा-चमन, अश्क-कौशल्याजी सभी की भूमिका थी।

बहरहाल स्नेहजी हमारे यहाँ आ गईं। वे बहुत बड़े घर की हैं और संकट के दिनों में हमारे यहाँ हैं, यह भावना हमें उनके प्रति काफी सजग रखती थी। वे बाई (माँ) से धीरे-धीरे काफी घुल गई थीं। बहनों को इस बाहरी व्यक्ति का आना बहुत पसन्द नहीं था। वैसे भी उन्हें शिकायत रहती थी कि मैं बाहरवालों के लिए इतना उत्साही हूँ मगर उनकी कभी चिन्ता नहीं करता, न पढ़ने में मदद करता हूँ, न उनका कोई काम करता हूँ। वे बेचारी खुद ही जो बन पड़ता है कर लेती हैं। स्नेहजी के आगे-पीछे घूमता हूँ। खाने से लेकर रहने-सहने सभी का ध्यान रखता हूँ। सचमुच स्नेहजी के लिए वे दिन काफी तनाव के रहे होंगे। वे खुद भी घर में इस तरह रहतीं

जैसे कोई राजकुमारी वनवास या अभिशाप के दिन लकड़हारों के यहाँ काट रही हो—यह हमारे स्तर का तो नहीं है मगर समय तो निकालना ही है, का भाव उन्हें परिवार में 'आउट-साइडर' बनाए रखता। वे भी जानती थीं कि मेरे कारण ही वे वहाँ हैं। इसलिए मेरे हर काम में दिलचस्पी लेना स्वाभाविक ही था। अक्सर मेरे कमरे में आकर ही पढ़तीं। माँ के बाद घर का सबसे बड़ा सदस्य होने के बावजूद, अपनी अलग दुनिया के कारण मैं भी घर में मिसफिट ही था। यह स्थिति हम दोनों को बहुत निकट ले आई थी। देर रात तक हम लोग साथ पढ़ते, बातें करते। वे मेरे लिए खाने की राह देखतीं सारे दिन के विवरण सुनातीं। जब मैं कुछ ज़्यादा 'छूट' लेने लगता तो यह बताना नहीं भूलती कि वे मुझसे दो-तीन साल बड़ी हैं, कि हमारे उनके स्तर में बहुत अन्तर है और उन्हें लेकर मैं जो कुछ सोचता हूँ वह सम्भव नहीं है। कभी बड़ी बहन की तरह समझातीं कि ''राजेन्द्रजी, मुझे कुछ समय यहाँ निकालना है, उसमें अपने और मेरे लिए ऐसी स्थिति तो न आने दीजिए कि मुझे बीच में ही भागना पड़े...'' मैं उन्हें शेक्सपियर की बात बताता जिसकी प्रेमिका उम्र में उससे बहुत बड़ी थी। इसी स्थिति पर आगे जाकर मैंने सहयोगी उपन्यास 'ग्यारह सपनों का देश' के लिए अपना चैप्टर लिखा—'खुले पंख : टूटे डैने' जो बाद में स्वतन्त्र कहानी के रूप में भी आया। उसमें एक टीचर माँ का किशोर बेटा, अपने यहाँ शरण लेनेवाली मीनल की आसक्ति में पड़ जाता है। उन दिनों मैं स्वयं निकट और दूर होने के इसी द्वन्द्व से गुजर रहा था। शायद मेरी अपंगता भी थी जो उन्हें मुझसे जुड़ने नहीं दे रही थी। कम-से-कम मैं आज उस प्रसंग को इसी रूप में देखता हूँ। वे मुझे बहुत चाहती हैं, मगर इससे आगे किसी सम्बन्ध की कल्पना उनके लिए सम्भव नहीं है। यह बात वे तरह-तरह से मेरे मन में बनाए रखने में काफी सफल थीं। उन्हीं दिनों मैंने चैखव की कुछ कहानियों के अनुवाद किए थे। अपनी निहायत गन्दी और घिच-पिच लिखाई में स्नेहजी ने उनके डिक्टेशन लिये, कहानियों की नकलें तैयार कीं। वे मेरी और मीता की निकटता भी जानती थीं। बाद में जब वे दिल्ली आकर नौकरी करने लगी थीं तो एक बार मैंने उनसे पूछा भी था कि जब वे मेरे और अपने सम्बन्धों के बारे में इतनी स्पष्टता से जानती थीं तो बाई के साथ मीता के घर जाकर उसकी माँ से क्यों लड़ीं कि वे अपनी लड़की को सँभाल लें? जवाब उन्हें सख्ती से मीता ने ही दिया था, ''यह मेरी अपनी व्यक्तिगत बात है और इसमें मेरी माँ कहीं नहीं हैं।'' मीता का यह

आत्मविश्वास शुरू से ही मेरे मन में उसके लिए श्रद्धा और भय दोनों पैदा करता रहा है। हालाँकि वह मुझसे सात साल छोटी है।

अजीब बात है कि दीदी भी मीता से मिलीं और स्नेहजी भी। कमला भाभी तो विशेष रूप से 'अपने राजेन्द्रजी के लिए' मीता से मिलने कलकत्ते से आगरा आईं। अलग-अलग शब्दों में तीनों की ही राय थी कि लड़की तो ठीक है। पढ़ी-लिखी आत्मनिर्भर है। हाँ, राजेन्द्रजी के लिए...अगली बात वे दबा जातीं। मगर उस रूप में मुझे कभी नहीं लगा कि वह मेरे लिए नहीं है। द्वन्द्व हमारे आपसी सम्बन्धों के बीच ही थे। 'छोटे-छोटे ताजमहल' कहानी में मैंने इसी तनाव को समझने की कोशिश की थी और उसी सम्बन्ध को मानसिक रूप से जिया था 'उखड़े हुए लोग' में शरद-जया के माध्यम से...उपन्यास लिखा गया था 1953-54 में। मैंने तब तक न सार्त्र का नाम सुना था, न सिमॉन द बोउवा का। बिना शादी किए वे मित्रों की तरह साथ रहते हैं, यह भी मैं नहीं जानता था। मगर 'उखड़े हुए लोग' में शरद-जया विवाह पर जो बहसें करते हैं या बिना विवाह के साथ रहने का निश्चय करते हैं वह आज स्वयं मुझे चकित करता है। हमारे यहाँ लिविंग-इन की अवधारणा तो बहुत बाद में आई। वह भी सिर्फ बड़े शहरों तक। शायद यह मेरी पीढ़ी के युवाओं का सपना ही था जो दो दशक बाद आकार लेने लगा था। उन दिनों बोउवा और सार्त्र सचमुच मेरे जैसे अनेक युवाओं के 'आदर्श' बन गए थे। पता नहीं, आपसी सम्बन्धों को रूढ़िवादी सामाजिक स्वीकृति लेने के खिलाफ़ विद्रोह की यह गाँठ मेरे ही भीतर थी या उधर मीता में भी कोई द्वन्द्व बना रहा। इसके पीछे मेरी आर्थिक असुरक्षा थी या अपूर्णता का अहसास। हम दोनों ही दो ऐसे स्वतन्त्र ध्रुव थे कि बीच का सेतु नहीं मिल रहा था। शायद उसी की तलाश में बार-बार निकट आकर दूर हो जाते थे। मजबूरी यह थी कि अपनी कच्ची उम्र से ही हम एक दूसरे की चेतना का हिस्सा हो गए थे और किसी दूसरे की बात भी नहीं सोच पाते थे।

जब 'प्रतीक' में मेरी कहानी 'खेल-खिलौने' छपी तो वह बीमार थी। उसके परिवार में आने-जानेवाला एक युवक अक्सर उसकी दवाइयाँ इत्यादि लाता। वहीं दो-एक बार उससे मिलना हुआ था। एक दिन अचानक मेरे घर आया। बन्द कमरे में बाक़ायदा रोते हुए उसने बताया कि वह मीता से बहुत प्यार करता है। उसके बिना रह नहीं सकता। मगर वह कहती है कि उसे शादी ही नहीं करनी। आपकी बात बहुत मानती है, अगर आप कह

दें तो मेरी ज़िन्दगी बच जाएगी। मीता ने सुनकर सख्ती से कहा था, 'उनसे कहिए सीधे मुझसे ही बात करें।' सतीश कुमार ने तो सचमुच इतना सुन्दर प्रस्ताव-पत्र भेजा था कि मैं स्वयं उसका मित्र बन गया। मेरी जानकारी में ही एकाधिक बार दो-एक प्रणयप्रार्थी युवकों ने उससे झुँझलाकर कहा भी कि "ऐसा उस लँगड़े में क्या है कि तुम उसके पीछे पागल हो। आखिर हम भी युवा हैं, सुन्दर हैं, योग्य हैं और तुम्हें हर तरह के ऐशो-आराम दे सकते हैं," तो उसने तमककर झिड़क दिया, "तुम समझ ही नहीं सकते कि हमारे बीच क्या है और खबरदार आगे से उनके लिए ऐसे शब्दों का इस्तेमाल किया।" सुना यह भी कि एक साहब तो ऐसी ही किसी बात के जवाब में झन्नाटेदार तमाचे की चोट सहलाते ऐसे गए कि बाद में दिखाई ही नहीं दिए...ऐसी ही कोई बात कह दी होगी कभी छोटे भाई ने आपसी झगड़े में। उसने भाई की कलाई में दाँत गड़ा दिए थे। वह हफ्तों हाथ में पट्टी बाँधे घूमता रहा। मैंने सुना तो कहा, "जरूर उसे चौदह इंजेक्शन लगे होंगे।"

लगभग पचास सालों की अन्तरंगता के बावजूद मैं आज भी इस सवाल से परेशान हूँ कि हमारे बीच वह क्या है कि हम एक छत के नीचे नहीं आ सके और आज भी दो एकान्त भोग रहे हैं? हफ्तों साथ भी रहे हैं और बरसों असंवादी भी। मैंने उसकी पुरानी डायरियाँ देखी हैं जहाँ एक-एक दिन मेरे लिए ही निवेदित है। अहं को बहुत तृप्त करता है कि वहाँ किस तरह मैं ही छाया हुआ हूँ। उसने शायद मेरे साथ अपने आपको तब इतना एकाकार कर लिया था कि न सिर्फ मेरी शैली उसकी अपनी हो गई थी, मेरी लिखाई भी हू-ब-हू उसने अपना ली थी। कभी-कभी तो स्वयं मुझे भ्रम हो जाता है कि यह मैंने लिखा है या उसने। मगर इधर मैं देख रहा हूँ कि उसे न मेरे लिखने-पढ़ने में दिलचस्पी है, न मित्र-परिचितों में। बल्कि मेरे इस सामाजिक व्यक्तित्व को लेकर एक खास तरह की विरक्ति है। उसे उस सबसे चिढ़ है जो मुझे व्यस्त रखता है। वह सिर्फ मुझ तक सीमित रहना चाहती है और यह मुझे सम्बन्धों के स्थायित्व की दृष्टि से बहुत नाकाफी लगता है। आखिर हम एक दूसरे के लिए ही कब तक चिन्ता और सरोकार का केन्द्र बने रह सकते हैं? एक स्थिति के बाद प्यार कुछ बाहरी तत्त्वों में कॉमन इंटरेस्ट के रूप में अपने आपको अभिव्यक्त करने लगता है, जहाँ बच्चे, परिवार, घर या सामाजिक या बौद्धिक कार्य सेतु बन जाते हैं। हम इन्हीं के माध्यम से एक-दूसरे को डिस्कवर करते हैं। मगर

हो सकता है इस उम्र में उसके भीतर वह 'माँ' जाग रही है जो अपनी 'रचना' में ही अपनी सार्थकता तलाश करती है और हर बाहरी तत्त्व को सिर्फ हस्तक्षेप ही मानती है, हो सकता है उधर रचना भी सिर्फ माँ तक सीमित रह जानेवाली प्रतिरोधहीनता की नियति स्वीकार न कर पाती हो। बहरहाल, यह सम्बन्ध मेरा सबसे बड़ा अन्तर्द्वन्द्व रहा है...आश्चर्य इस बात पर भी होता है कि हम लोगों ने न कभी पज़ेशन (एकाधिकार) की भावना महसूस की, न कभी ईर्ष्या की। अनेक बार उसके साथ सुन्दर-सुन्दर युवा मित्रों से भी मिलना हुआ, जिनसे वह मेरे सामने (शायद जानबूझकर) फ्लर्ट करती थी, मगर मुझे याद नहीं जब मन में रत्तीभर खराश आई हो। उसने भी मेरे साथ अनेक सुन्दर लड़कियों को देखा है। या तो हम एक दूसरे को लेकर जरूरत से ज्यादा आश्वस्त थे या लापरवाह कि दूसरा चाहे जितने खेल दिखा ले, छूटकर कहाँ जाएगा।

आस्था और अविश्वास की यह आँखमिचौली आज भी मुझे चैन से नहीं रहने देती। मगर अपनी समग्र-जीवन दृष्टि बदलनेवाली जिस एक घटना को मैं याद कर पाता हूँ वह एक किताब है। न वह किसी दार्शनिक चिन्तक की लिखी है, न ऋषि-महात्मा की। एक 'घटिया एक्ट्रैस' और लगभग 'वेश्या' की छोटी सी आत्मकथा मेरे लिए किसी भी गीता से ज्यादा पूज्य है। एक बार धर्मतल्ला में पुरानी पुस्तकों को देखते हुए मेरी निगाह लिलियन रॉथ की इस आत्मकथा पर पड़ी। नाम था 'आई विल क्राई टुमारो'। बाद में इसी नाम से फिल्म भी आईं। मैं चार-पाँच रुपयों में किताब ले आया। लिलियन बहुत ही ग़रीब 'चवन्निया रंडी' की बेटी थी, मुश्किल से दो वक्त रोटी का जुगाड़ हो पाता था। तीन-चार साल की लिलियन जब भी माँ के साथ बाज़ार जाती तो हर चीज़ उसे ललचाती—खिलौने, चॉकलेट, कपड़े। वह मचलती, रोती और जिद करती। मगर माँ के पास इतने पैसे नहीं होते थे, वह झुँझलाती, पीटती और रोते हुए समझाती, ''बेटा आज नहीं, कल तुम्हें जरूर यह दिला दूँगी। अच्छा, कल अगर न दिलाऊँ तो रोना। आज चुप हो जाओ,'' लिलियन कहती है कि माँ का यह मन्त्र ही मेरी जीवन-शक्ति बन गया। ज़िन्दगी के भयंकर संकटों और आत्महत्या के कगार पर पहुँचकर मैं अपने आपसे कहती कि ''आज नहीं, अगर यही स्थिति रही तो कल रोऊँगी,'' और हर मृत्यु कल तक के लिए टलती रही। मैं भी न जाने कितने आर्थिक, व्यक्तिगत और भावनात्मक तूफ़ानों में टूटने के किनारों तक पहुँचा हूँ। आत्मदया और व्यर्थता

बोध ने 'आगे कोई रास्ता नहीं है,' की अन्धी दीवारों के सामने ला-खड़ा किया है। तब-तब मैंने भी अपने आपसे यही कहा 'आई विल क्राई टुमारो।'

दूसरी घटना दिल्ली की है। बी.एड. करके स्नेहजी दिल्ली आ गई थीं और सूचना-मन्त्रालय में नौकरी करने लगी थीं। अपनी मौसी के साथ कहीं सरोजनी नगर में दो कमरे लेकर रह रही थीं। मैं उनसे मिलने आया था। पुरानी दिल्ली पर उतरा तो शाम हो चुकी थी। जाड़े की धुन्ध और अँधेरा था। मैंने सामनेवाले पार्क से बस पकड़ी। भीतर कहीं ड्राइवर के पास एक छोटा सा बल्व जल रहा था। शेष बस में पता ही नहीं चलता था कि कौन कहाँ बैठा है। मैं पीछे ही बैठ गया। बस चल पड़ी। कंडक्टर ने टिकट के लिए पैसे माँगे। मेरे पास दस रुपए का नोट था और उसके पास खुले पैसे नहीं थे। हरियाणा का उजड्ड आदमी किसी तरह भी मुझे बिना खुले पैसों के यात्रा करने देने के लिए तैयार नहीं था। उसने उतारने के लिए घंटी बजा दी 'अगली बस से आ जाना' मैं परेशानी में था—कहाँ जाऊँगा। दूसरी बस पता नहीं कब मिले। फिर सरोजनी नगर में स्नेहजी का घर भी तलाश करना है। फिर भी मैं उतरने की बात सोच ही रहा था कि पास बैठे किसी बुजुर्ग ने कहा, "चार आने की ही तो बात है। क्यों परेशान कर रहे हो? ये लो," और उसने कंडक्टर को पैसे दे दिए। मैंने कहा भी, 'मेरे पास खुले नहीं हैं। फिर आपको... कोई बात नहीं है।" मैं चुप रह गया। बस का वातावरण ठीक वही था जो बाद में रेखा की कहानी *हाथ* में मैंने पढ़ा। आज भी मुझे कुछ याद नहीं है। चेहरा न तब देख पाया, न अब कल्पना कर पाता हूँ। सिर्फ मन में बसा है वह अँधेरी बस और मदद को बढ़ता एक अदृश्य हाथ...बाद में बीसियों बार मैंने लोगों की यथाशक्ति मदद की है, अनेक बार मेरे प्रयासों से लोगों के काम हुए हैं, बड़ी-छोटी नौकरियाँ मिली हैं और हर बार वह अँधेरी बस चेतना में उभर आई है। हर बार लगता रहा है जैसे मैं उस अदृश्य हाथ से दी गई चवन्नी का सिर्फ़ ब्याज ही दे रहा हूँ—मूल तो मेरी आत्मा में अभी भी वैसा ही सुरक्षित है।

"अगर यही सब कल भी रहा तो कल ही फ़ैसला लूँगा," और फिर निश्चिन्त होकर सो गया हूँ। नींद मेरा दूसरा संकट-मोचक रही है।

एक बार दीदी ने बहुत आग्रह के साथ शिमला बुलाया था। भाभी, उनके बच्चे और दीदी हफ्ता-भर छुट्टियाँ बिताने शिमला गए थे। आदेश था कि अमुक तारीख तक पहुँचूँ। स्टेशन पर जो साहब लेने आए थे वे पास

ही होटल में ले गए। मेरा इन्तजाम यहीं था। वे लोग वहीं अलग कोठी में रुके थे। मैं तीन-चार दिन रहा। दो दिन उनके यहाँ खाने-नाश्ते पर गया। ''ऐसा मालूम होता तो तुम्हारी मीताजी को भी बुला लेते,'' दीदी छेड़ती। हम लोग किताबों, लिखने की ही बातें करते। मैं उन लोगों से काफी बेतकल्लुफ हो गया था। इतने दिनों के सम्पर्क और कलकत्ता रह लेने के कारण अब इस बात पर आश्चर्य होना बन्द हो गया था कि कुछ लोग हैं जिन्हें न खाने की चिन्ता है, न रहने की। हर बड़ा शहर उनका घर है। जब चाहे जहाँ जा सकते हैं। गाड़ियाँ और हवाई जहाज उन्हीं के लिए बनाए गए हैं। वे घंटों ट्रंक (फ़ोन) पर बातें करते रह सकते हैं। कोई भी नई चीज बाजार में पीछे आती है, पहले उनके घर पहुँचती है। बल्कि देश-विदेश घूमकर वही लाते हैं। उधर मेरे जैसों की स्थिति यह थी कि उनके साथ कभी एक काफी भी पीनी पड़े तो बिल देने में महीने-भर का बजट खराब हो जाता है। तनाव बना रहता है कि बिल के लायक पैसे हैं भी या नहीं, टिप कितने का छोड़ना है। हमेशा कपड़ों, कालीनों और क्रॉकरी की कीमतें ही जोड़ते-घटाते रहते हैं। बाहर होती बारिश या धुन्ध से घिरे उस छोटे से जादुई किले में प्रोजेक्टर पर फिल्म देखते हुए मैं हर समय इसी हिसाब-किताब में डूबा रहता। दीदी जैसे टुकड़ों-टुकड़ों में मुझे अपनी दुनिया दिखा रही थी। कहीं यह भाव भी रहा होगा कि इसे भी देख लो, शायद तुम्हारे लिखने में काम आएगा। शिमला के दिनों को याद करते हुए मैंने बाद में 'मजाक' और 'खेल' कहानियाँ लिखीं।

यहीं एक बार माल पर कथाकार-चित्रकार रामकुमार से भेंट हो गई। साथ दीदी भी थी। परिचय कराया। मैंने आग्रह करके 'ज्ञानोदय' और दूसरी पत्रिकाओं में रामकुमार की कहानियाँ पढ़ाई थीं। वे मेरी और समकालीनों की लगभग सारी कहानियाँ पढ़ती थीं। रामकुमार, निर्मल, कृष्णा सोबती, मन्नू, उषा प्रियंवदा उनके प्रिय लेखक थे। मगर हमेशा लिखतीं, ''हमें तो तुम्हारा लिखा ही सबसे ज्यादा पसन्द है।'' मैं छेड़ता, ''यह तुम मुझे खुश करने के लिए कहती हो या इसलिए कि लिखने के पीछे कहीं तुम हो...'' ''अब तुम जो चाहो समझो,'' फिर वही नपी-तुली कातिल मुस्कान...तो हम लोग रामकुमार के यहाँ गए। बेहद आत्मीयता से उन्होंने चाय पिलाई। लिखने और चित्रकारी पर बातें हुईं। स्टूडियोनुमा छोटी सी जगह में लगे चित्र दिखाए...ब्रश और रंगों के प्रयोग बताते रहे। मुझे

निर्मल के मुकाबले रामकुमार हमेशा अधिक खुले और आत्मीय लगते हैं। उस दिन दीदी ने रामकुमार की एक पेंटिंग खरीदी। शायद दो हजार में। लगभग चालीस साल पहले दो हजार भी बहुत होते थे। दीदी का आदमी बाद में जाकर पेंटिंग ले आया। जब रामकुमार के साथ हम दीदी के यहाँ चाय पी रहे थे तो पेंटिंग वहाँ टँगी थी। एब्स्ट्रेक्ट थी। तभी या शायद बाद में रामकुमार ने एक अच्छी बात कही। मैंने पूछा, "ये लोग जो तुमसे पेंटिंग खरीदते हैं, इतने पैसे देते हैं क्या तुम समझते हो इन्हें आधुनिक चित्रकला की कोई समझ है? ये तो सीता हनुमानवाले लोग हैं। कल्याण प्रेस के छपे कृष्ण, अर्जुन को गीता सुना रहे हैं, यह इनकी समझ में सीधे उतरता है।" "देखो राजेन्द्र, हम भी जानते हैं कि इन्हें मेरे चित्रों की खाक समझ नहीं है। मगर इनके पास पैसा है। देश-विदेश घूमते हैं। इन्हें भी आधुनिक होने की चाह है। ड्राइंग रूम में हम जैसों की पेंटिंग लगाकर यह मेहमानों को प्रभावित करेंगे। गर्व से कहेंगे कि यह हुसैन या रामकुमार हैं। आज चाहे न समझते हों, मगर धीरे-धीरे आँखें अभ्यस्त हो जाती हैं। संस्कार बनने लगते हैं। क्लासिकल संगीत भी तो लगातार सुनते रहने से संस्कार बनाता हैं..." मुझे लगा रामकुमार लिखने की बात भी कर रहे हैं। दीदी भी तो प्यारेलाल आवारा, गुलशन नन्दा छाप लेखकों से उठकर 'गुनाहों के देवता' होती हुई मेरे जैसों तक आई हैं। आज सचमुच उषा प्रियंवदा, कृष्णा सोबती या मन्नू उसकी प्रिय लेखिकाएँ हैं। वैसे कंचन लता सब्बरवाल उनकी टीचर थीं और मुझे चिढ़ाती, "वैसा या शिवानी जैसा लिखो। आँखों में आँसू आ जाते हैं..."

भीड़-भाड़ से हटकर एकान्त की एक बेंच पर बैठते हुए दीदी ने कहा था, "आओ, इधर बैठते हैं।" सामने घाटी थी, अँधेरा था और जगह-जगह झाड़ी में खिली सफेद कलियों की तरह रोशनियाँ जगमगा रही थीं। कुछ देर चुपचाप बैठे रहे। पहली बार मैंने हिम्मत करके धीरे से उनके हाथ पर अपना हाथ रख दिया। पहले खिंचाव हुआ, फिर मेरे दबाव के नीचे हाथ स्थिर हो गया। थोड़ी देर यही स्थिति बनी रही। अचानक उन्होंने पूछा, "राजेन तुम्हारा महीने का खर्च क्या है?" "क्यों क्या करना है?" "नहीं, यूँ ही पूछा," मैं अँधेरे में चेहरा नहीं देख पा रहा था, "आराम से रहूँ तो हजार होगा। मगर फ्रीलांसिंग में होता पाँच सौ भी नहीं है..."हूँऽऽ" कुछ देर की चुप्पी के बाद मैंने मजाक किया, "महीना बाँधने का इरादा है क्या?" वह भी हँसी, "हमारी इतनी हैसियत कहाँ

है? हम तो खुद भाई लोगों पर निर्भर हैं।'' गहरी साँस के बाद फिर चुप्पी रही। अब मैंने पूछा, ''और तुम्हारा क्या होगा?'' ''हमारा...'' थोड़ी देर सोचती रहीं...''हमारी तो आदतें इतनी खराब हो गई हैं कि गाड़ी-ड्राइवर आराम सब चाहिए...कितना भी खींचतान करें, बीस से कम नहीं होगा।'' ''हज़ार?'' ''और क्या!'' मैं हँस पड़ा, ''तब तो हमारी-तुम्हारी बात नहीं बनेगी...'' उन्होंने प्यार से कन्धे पर हाथ रखा, ''राजेन, ये बेवकूफी की बातें मन में मत लाओ...अच्छा चलो, देर हो गई है।'' और हम लोग उठ आए। न जाने क्यों मन बहुत भारी हो गया था... ''इरादे तो बड़े नेक हैं..'' पता नहीं यह बात दीदी ने कही थी या खुद ही कहीं से उग आई थी।

इस गड्ढे से निकाला मुझे मन्नू ने, ''मुझे मालूम है तुम फ्री-लांसर हो और तुम्हारी कोई बँधी-बँधाई इनकम नहीं है। मैं तुम पर कभी घर चलाने का बोझ नहीं डालूँगी...'' और सच ही मन्नू ने अपने बलबूते पर कलकत्ते के सी.आई.टी. रोड पर एक छोटा सा फ्लैट सजा लिया। नौकर रख लिया और इस अकल्पनीय सुख-सुविधा में मैं आश्चर्य से सोचने लगा, यह सचमुच मेरा ही फ्लैट है। कभी मन छटपटाता कि राजेन्द्रजी, आप भी उसी बँधी-बँधाई क्लर्की मानसिकता में आखिर लौट ही आए...मैं तो कभी इतनी व्यवस्था का अभ्यस्त ही नहीं रहा। हिन्दुस्तान पार्क में दो कमरों का छोटा सा फ्लैट था, सफाई करने बंगाली झी (काम करनेवाली) आती थी, मगर भीगा हुआ तौलिया अगले दिन गन्दे कपड़ों में ढूँढ़कर निकालना होता था। प्रेस से आए कपड़े सिरहाने होते और गन्दे पैरों की तरफ। धीरे-धीरे एक तरफ का पहाड़ कभी ऊँचा हो जाता, कभी दूसरी तरफ का। क्या मैं भी मन्नू की कमाई पर सुख-सुविधा भोगने की स्थिति स्वीकार कर चुका हूँ—मैं अपने आपसे अक्सर पूछता। इस मामले में वह काफी चौकन्नी भी रहती। परिचितों रिश्तेदारों के बीच मेरे 'अहम्' की रक्षा वह सहज चतुराई से कर लेती थी। मैं भी अपने को समझाता कि आखिर अकेला था तब भी तो रह ही रहा था। टिंकू की देखभाल से लेकर घर की हर जिम्मेदारी उसने ही निभाई—कॉलेज, ट्यूशन और टिंकू, फिर अपना लिखना, मेहमानों-मित्रों का आना-जाना—सभी कुछ तो उसी का ज़िम्मा था। मन्नू का विद्रोह तो तब से शुरू हुआ जब उसने पाया कि मैंने इस स्थिति को इस हद तक सहज मान लिया है कि हर तरह की

घरेलू जिम्मेदारी से हाथ झाड़कर अलग हो जाता हूँ। घर के लिए पैसे नहीं होते और प्रकाशकों से एडवांस लेकर मीता के साथ पहाड़ों पर चला जाता हूँ। मरने और खटने के लिए मन्नू और मौज-मस्ती के लिए मीता...आज स्वीकार करता हूँ कि मन्नू के प्रति यह सचमुच मेरा अन्याय भी था और अपराध भी। मगर मैं शायद घर के लिए बना ही नहीं था। इतनी सुख-सुविधाओं का अभ्यस्त भी नहीं था। वहाँ से बार-बार भागना भी शायद कहीं मेरा विद्रोह ही था। मन्नू सीधी, सरल और सहज-विश्वासी लड़की थी। घर को लेकर उसका सपना ठीक वही था जो उसने भाई-बहनों का देखा था—बच्चों, घर और पत्नी को समर्पित पति—ऐसे ही परिवारों की मित्रता। अपने दायरे से बाहर न उनकी कोई दिलचस्पियाँ थीं, न कमिटमेंट। मैं अपनी हरकतों से बार-बार विश्वास को तोड़ रहा था। अपनी और मित्र-परिचितों की निगाह में लगभग खलनायक बन गया था मैं। रिश्तेदारों की सहानुभूति तो मन्नू के साथ थी ही, मेरे वे सारे मित्र भी मन्नू के ही घनिष्ठ और आत्मीय बन गए जिन्हें लेकर शुरू में पारिवारिक तनाव पैदा होते थे—दीदी, सविताजी, सतवन्त, संयुक्ता, निर्मलाजी, शर्मा-परिवार, राकेश, जवाहर चौधरी, सत्येन्द्र शरत और यहाँ तक कि बेटी रचना। मैं लगभग अकेला होता चला जा रहा था। मेरे मुकाबले मन्नू उन्हीं पर निर्भर करती थी। कलकत्ते के दिनों से ही यह बँटवारा शुरू हो गया था, मगर ये सब भीतरी और आपसी लड़ाइयाँ थीं, ऊपर से मित्रों-परिचितों के बीच सामाजिक ज़िन्दगी 'सुखी' ही थी। रोज मिलना-जुलना, खाना-पीना। उस फ्लैट में राकेश, नामवर, भारती, दिनकर, अमृतलाल नागर, इलाचन्द्र जोशी, विष्णुकान्त शास्त्री, कल्याणमल लोढ़ा, श्यामानन्द जालान सभी का आना-जाना बना रहता था। ऊपरी तौर पर मन्नू की गृहस्थी सुखी और सन्तुष्ट थी। बच्ची रचना भी आ गई थी। उन दिनों वह बेहद सहजभाव से कहानियाँ लिख डालती थी। यहीं से पहली बार प्रभा से भी मित्रता की शुरुआत हुई। प्रभा उन दिनों कड़की में चल रही थी। बेहद संकोच से, चलते समय बस-ट्राम का किराया भी माँगनेवाले दिन थे। इस सारी व्यवस्था के बीच भीतर एक उदासी थी और मैं वहाँ बिल्कुल निर्वासित था। कहीं एक मीता है जो तपस्वी-सा जीवन बिता रही है। शादी के बाद मैंने उससे आग्रह किया था, ''यही मान लेना कि हमारा-तुम्हारा साथ नहीं लिखा था। जब तुमने सारे सम्बन्ध तोड़ ही लिए थे और मेरे सारे पत्र लौटा दिए तो मैं क्या समझता...सुनो, अब तुम भी सैटिल हो

जाओ...।'' उसने लगभग डाँट दिया था, ''राजेन, जब तक तुमने विवाह नहीं किया था, तुम्हारा मुझ पर अधिकार था। अब मेरा जीवन मेरा है उसे मैं अपने ढंग से जिऊँगी...'' और उसने विवाह नहीं किया सिर्फ मेरे भीतर अपराध-बोध बनकर साँस लेती रही। अपराध-बोध मन्नू को लेकर भी हमेशा बना रहा। आज सामाजिक स्थितियों या स्वीकृत 'पवित्र' मूल्यों को लेकर मेरे भीतर जो जिज्ञासा है क्या इसके पीछे यही दुहरा 'गिल्ट' तो नहीं है?...

बौद्धिक और व्यक्तिगत तौर पर वह सब मुझे असहज बनाता है जो ज़िन्दगी को बने-बनाए ढर्रे में क़ैद करके सारी सम्भावनाओं को समाप्त कर देता है। मुझे लगता है कि आत्मसन्तुष्टि की दुहरावभरी ज़िन्दगी ही विकास की सबसे बड़ी बाधा है। मन्नू ने पहले मेरी इन हरकतों को प्यार, सहानुभूति और सहिष्णुता से सुधारने या समझने की कोशिशें कीं, फिर विरोध और विद्रोह शुरू हुआ। बात यहाँ तक पहुँची कि वह क्रमशः मेरी हर उस बात और विचार की विरोधी बनती चली गई जिसे वह कभी मेरी क्रान्तिकारी मौलिकता, सबसे हटकर नया सोचने की दृष्टि कहकर गर्व करती थी। वही सब आज मेरी उसी लम्पटता का विस्तार चर्चा में बने रहने के हथकंडे और वैचारिक भ्रष्टाचार लगता है। न उसे मेरे मित्र पसन्द हैं, न लिखना। उसे उस सबसे चिढ़ होती है जहाँ मैं एट-होम महसूस करता हूँ। हो सकता है इसी प्रतिक्रिया में वह और अधिक यथास्थितिवादी बनती गई हो। ईमानदारी की बात है कि आज मैं उसे बहुत गलत भी नहीं मानता। यह भूल पाना भी मुश्किल है कि कैसे मेरे हर संकट के समय वह मेरे साथ खड़ी हुई है। 'अक्षर' में उसने अपनी रॉयल्टी ही नहीं, वेतन, प्रॉविडेंट फंड और मित्रों की सहायता सभी झोंकी है, रिश्तेदारियाँ निभाई हैं, बीमारी या दुर्घटनाओं में रात-दिन एक किया है। एक बार जब राकेश वत्स अपनी और रमेश कुन्तल मेघ की रॉयल्टी वसूल करने बाकायदा कुर्की लेकर आ गया तो किस तरह अपना सब कुछ ही नहीं दे दिया, बल्कि निर्मलाजी से भी पैसे दिलाए। या अक्षर के लिए जब मैंने बंबई की चिट फंड से आठ-दस हज़ार रुपए लिये और न चुकाने का धोखा देकर उन्होंने मेरे ग़ैर जमानती वारंट निकलवा दिए तो कैसे संयुक्ता की मदद से मामला सुलटवाया था। मेरे एक्सीडेंट और बीमारियों में जिस तरह रात-दिन एक किया वह शायद सबसे बड़ा अन्तरंग सम्बल है। सच बात तो यह है कि उसके मानवीय पक्ष के सामने मैं

अपने आपको बहुत बौना और टुच्चा पाता हूँ और उसे स्वीकार करने से कतराता हूँ। उसका प्रतिदान शायद मेरे लिए असम्भव है।

आज लगता है कि मैं शायद अपने आप में ही इतना डूबा रहा हूँ कि न मन्नू को एक अच्छा पति दे पाया, न मीता को अच्छा प्रेमी या दीदी को अच्छा मित्र। बेटी को एक अच्छा बाप या बहनों को भाई भी कहाँ मिला? लगता है किसी से मेरा कोई संवाद ही नहीं है, सिर्फ औपचारिकता है। मगर अपने आपको भी मैंने क्या दिया? रातों की नींद, आँखों की रोशनी और दिमागी शान्ति सब कुछ तो कुछ अमूर्तनों में ही झोंकता रहा। शरीर और व्यक्ति को सिर्फ माध्यम बनाकर पानी पर लकीरें खींचता और सन्तोष निचोड़ता रहा कि कुछ विशिष्ट हो रहा है। यह कौन सा फितूर है कि अपने आपको और दूसरों को आप सिर्फ इस्तेमाल करें और इस प्रक्रिया को ही 'रचना-प्रक्रिया की अनिवार्य आवश्यकता' मान लें? अंग्रेजी कहावत है न, कि 'दुनिया के सारे कब्रिस्तान उन लोगों की कब्रों से भरे पड़े हैं जो कभी अपने आपको अपरिहार्य और अनिवार्य मानने का मुग़ालता पाले रहें।' अगर यह 'स्वार्थी' होना है तो वह कौन सा 'स्व' है जो खुद आपको भी लद्दू घोड़े की तरह इस्तेमाल कर रहा है और एक पल चैन से नहीं बैठने देता। रात-दिन पैसा कमाने के पीछे पागल सेठ भी अपने ऊपर कितना खर्च कर पाता है, न खाने-पहनने की फुर्सत, न पचाने की शक्ति...एक अमूर्त प्रेत है जो हर क्षण जोते हुए है।

मेरी शादी से दीदी ने बहुत प्रसन्नता व्यक्त की, मगर न कोई उपहार भेजा, न शुभकामनाएँ। सिर्फ पत्र-व्यवहार कम होते-होते समाप्त हो गया और वह बिजनेस मैनेजमेंट का कोर्स करने अमेरिका चली गई। दो साल बाद लौटी तो किसी प्रसाधन कम्पनी का कॉलेबोरेशन था, जिसकी वह मैनेजिंग डायरेक्टर थी। शायद मैं पहले 'अक्षर' या बाद में 'हंस' में उसका सहयोग लेता, मगर तब तक संवाद बिल्कुल समाप्त हो चुका था। पिछले तीन दशक से वह भी इसी शहर में है। मुझे नहीं मालूम उसका फोन नम्बर या डाक का पता क्या है। समय-समय पर उसके दिए हुए कीमती पेनों में से कुछ खो गए, कुछ अभी कहीं डिब्बों में बन्द रखे हैं। पार्कर, शैफर्स, पैलिकन, मों ब्लाँ, शार्प सभी तो थे। स्याही भरकर लिखनेवाले। बाद के डॉट और जैल पेनों ने सबको स्थगित भी कर दिया। दीदी, मीता, मन्नू तीनों ही आज मेरी ज़िन्दगी में नहीं हैं और किशन के

साथ अकेले मयूर विहार के छोटे से फ्लैट में डेरा डाले हूँ। वही मेरा सेवक, मालिक, संरक्षक, मित्र और सहयोगी है। मेरी गाड़ी उसी के सहारे चलती है। दस-बारह साल पहले आया था तो तेरह साल का मूर्ख अनपढ़ था। आज देस-परदेस की राजनीति पर बहस करता है, मुझसे ज़्यादा मेरे मित्रों को जानता है। मेरा सलाहकार भी है और मेरी चिन्ता है कि मेरे साथ मालिक बनकर रहा हुआ यह कहीं नौकर बनकर कैसे रहेगा? मेरी हर जरूरत समझता है। तब क्या मुझे सिर्फ ऐसा ही साथ चाहिए था जो सुविधाएँ सब दे, अधिकार किसी पर न जताए? लगभग धिक्कार की तरह यह भी लगता है कि न मुझे किसी की कमी लगती है, न अपने को अकेला या परित्यक्त महसूस करता हूँ। या तो इतना कुछ मिल चुका है कि और पाने की इच्छा ही मर गई है या संवेदनशून्यता के उस बिन्दु पर आ चुका हूँ जहाँ किसी से भी कोई फर्क नहीं पड़ता। **हंस** में जो लिखता हूँ उस पर पाठक-मित्र गालियाँ देते हैं, प्रशंसाएँ करते हैं, बहसें और सेमिनार होते हैं और मैं लगभग अनासक्त भाव से किसी 'दूसरे आदमी' की तरह देखता रहता हूँ। न असुविधा से दुख होता है, न सुविधा से सुख। मगर योगी जैसा कुछ कहकर अपने को डिग्रेड (अपमानित) भी नहीं करना चाहता। मित्रों के बीच हँसते-खाते लगता है कि मेरी मूलभूत ज़रूरत यही सामाजिकता है; तो बिना बाहर निकले तीन-तीन दिन फ्लैट में बन्द रहना 'अपने साथ' होने की सबसे बड़ी स्वस्ति लगती है...कभी किसी को कुछ भी बताने की इच्छा नहीं होती तो कभी वह सब कुछ कह देने का मन होता है जो दूसरे नहीं कहते, क्योंकि यह ज़िन्दगी चाहे जितनी व्यक्तिगत और निजी रही हो मगर एक विशेष सामाजिक फ़ेज़ और परिवेश की उपज तो है ही। कभी 'अमर' होने के मुग़ालते रहे होंगे। अब लगता है कि जब मेरा मध्य-वर्ग ही इतिहास द्वारा धो-पोंछकर भुला दिए जाने को अभिशप्त है तो मैं ही कहाँ उससे अलग हूँ।

आज यह देख पा रहा हूँ कि मीता संगीत के निश्शब्द अन्तरे की तरह बनी रही तो जिस तार ने सुर सँभाले रखा, या लगभग संचालित करती रही वह तो दीदी है। उधर मन्नू न होती तो ज़मीनी सचाइयों की यह अनुभव-सम्पन्नता कहाँ से आती...ठहराव और गहराई तो मन्नू ने ही दी। तब फिर इस क्रमहीन और अतार्किक रूप से चलते जीवन के पीछे क्या सचमुच एक और अन्तर्सूत्र बना रहा है...? देयर इज़ ए मैथड इन मैडनैस।

मानसिक रूप से तैयारी यह भी है कि अब किसी भी समय खेल खत्म हो सकता है। आखिर बहत्तर का हो गया हूँ। किसी भी दिन घड़ी रुक सकती है। सही है कि पिताजी तिरपन साल में गए, मगर उनके बड़े भाई ने चौरासी साल तक धावा बोला। नाना ने भी नब्बे छुए। हो सकता है मुझे उनके जीवाणु मिले हों। मगर उम्र की मुहलतें ऐसे हिसाब नहीं मानतीं। मान लीजिए यह हो ही गया तो पीछे सँभालनेवाला भी तो कोई नहीं है। पता नहीं, होता तो सम्भालता भी या नहीं। ये दुनिया-भर के कागज-पत्तर, मुझे लिखे हुए पत्र, आधी-अधूरी पांडुलिपियाँ, अखबारों, पत्रिकाओं की कटिंग, डायरियाँ या और ताम-झाम...इन सबका क्या होगा? रद्दी में जाएँगी या कोई इन्हें ऐतिहासिक उपयोग की चीज मानकर आनेवालों को सौंपना चाहेगा? इसमें सचमुच कुछ बचाए रखने लायक है भी? गाँधी तो हूँ नहीं कि चश्मा, घड़ी सब राष्ट्रीय सम्पत्ति मान लिए जाएँ। फिर भी सोचता हूँ कभी दो-चार महीने लगाकर कम-से-कम कुछ तरतीब तो दे दूँ। इस मामले में कमलेश्वर की संरक्षण-प्रियता और व्यवस्था से जलन होती है। उसने और गायत्री ने हर चीज बहुत सावधानी से सुरक्षित रखी है। यहाँ तो कटिंग, कागज सभी कुछ फाइलों या लिफाफों में भरे हैं या फिर हैं ही नहीं। जरूरत पड़ने पर कुछ भी नहीं मिलता। कल की रखी या पढ़ी चीज आज भूल जाता हूँ। कम-से-कम अपनी अधकचरी बेवकूफी-भरी रचनाओं और उन डायरियों को तो नष्ट ही कर देना चाहिए जहाँ दूसरों को लेकर कुछ लिखा गया है। रोज तय करने के बावजूद आज तक वसीयत भी नहीं लिखी। क्या लिखूँगा और किसे सौपूँगा यह सब? घर का सामान, किताबें, इधर-उधर ठूँसकर रखी गई जरूरी, गैर-जरूरी चीजें, तस्वीरें और स्मृतियाँ...कुछ मित्रों को लेकर ट्रस्ट बना देने की इच्छा भी दस सालों से टल रही है। फिर सोचता हूँ कि जब मैं ही नहीं रहूँगा तो किसी भी चीज़ का अर्थ क्या रह जाता है? होगा सब कुछ मेरे या मेरे जैसों के लिए महत्त्वपूर्ण, अगले लोगों के लिए तो यह अप्रासंगिक और फालतू हो ही जाना है...

क्या यही अन्त चाहा था मैंने? ज़िन्दगी-भर की कमाई क्या यही 'व्यर्थताबोध' है? नहीं, यह किसी आध्यात्मिक या मायावादी सत्य का अश्लील साक्षात्कार नहीं है। ईश्वर और परलोक मेरी चिन्ता में कभी नहीं रहे—हिन्दू व्यर्थतावाद से मुझे भीतरी घृणा है। यह परोपजीवियों और निकम्मों का दर्शन है। मगर अवसादमिश्रित आश्चर्य से यह जिज्ञासा तो

है ही कि कहाँ क्या ग़लत हो गया? क्यों मैं सब तरफ से कटता चला गया? मानसिक पतन की हद यह है कि न मुझे इसका पछतावा है, न अफसोस...मेरे भीतर अज्ञेय की तरह वह पुरुष-दम्भ भी तो नहीं है जहाँ कह सकूँ कि स्त्री सिर्फ़ सान है जिस पर मैं अपने आपको पैनाना रहा हूँ। मुझे तो लगता है कि ये सब वे कसौटियाँ हैं जिन्होंने मुझे एक सिरे से फ़ेल कर दिया है। मगर खरा न उतरने का असफलता-बोध भी तो अपने भीतर नहीं पाता। यहाँ मैं अपने आपको कामू के उपन्यास 'अजनबी' के नायक से अधिक आइडेंटिफ़ाई कर पाता हूँ जिसकी संवेदनाएँ सूख गई हैं।

आज अनुमान होता है कि शायद व्यक्तित्व के इन अन्तर्विरोधों की जड़ें मेरे अधूरे होने के असुरक्षा बोध में हों। सचाई चाहे जो हो, मुझे आश्रित और याचक किसी का नहीं होना है—'दया' मुझे चिढ़ाती है। क्या अवचेतन में यही 'अहं' तो नहीं रहा है? अर्चना वर्मा ने लिखा है कि जब भी मुझे लगता है कि दूसरा मुझ पर हावी हो रहा है, या मेरी स्वतन्त्रता खतरे में है। तभी मैं अपने को वापस खींच लेता हूँ—अपने आपको एकात्म भाव से सौंप नहीं पाता और दूसरा 'धोखा खाए' के भाव से झुँझला उठता है। आत्मनिर्भर और स्वतन्त्र होने की यह चेतना जैसे व्यक्तित्व की एक मूलभूत कुंठा बन गई है। विचार-सोच की परिपाटियाँ घुटन पैदा करती हैं। हर पुराने और पवित्र को निर्मम होकर जाँचना चाहता हूँ। रूढ़ियाँ बुद्धि और विवेक की शत्रु लगती हैं। उधर स्वयं अपनी हैसियत देखते हुए। यह सम्भव नहीं होता कि दूसरे से अधिकारपूर्वक कुछ माँग सकूँ क्योंकि यह हक़ मैंने अर्जित ही नहीं किया। दूसरा अगर सचमुच महसूस करेगा तो मुझे मेरा प्राप्य जरूर मिलेगा। पता नहीं, यह दूसरे के विवेक पर लोकतान्त्रिक विश्वास है, या अपनी ही हीनता-ग्रंथि से उगा हुआ आत्मविश्वास... शायद इसी तर्क का अगला विस्तार यह भी है कि दूसरे का इतना अधिकार भी प्रतिरोध पैदा करता है जहाँ अपना कुछ बचे ही नहीं। न मुझे दूसरे का सम्पूर्ण समर्पण चाहिए, न अपना...हो सकता है यह बौद्धिक व्यक्ति की स्वतन्त्रता और सामाजिक यथास्थिति से विद्रोह हो। शायद इसी से पैदा हुआ है यह 'दर्शन' कि बुद्धिजीवी को हर दबाव से मुक्त होना चाहिए...क्या यह भावना और बुद्धि का वह द्वन्द्व है जहाँ भावना स्थगित कर दी गई है।

सुनते हैं कि पेड़ की एक डाल से दूसरी के लिए अगर लंगूर छलाँग लगाए और उसे लगे कि वहाँ तक नहीं पहुँच पाएगा तो बीच से ही वापस लौट आता है। कहीं मेरे भीतर भी तो वही लंगूर नहीं बैठा है? हमारा आदिम पुरखा? हो सकता है, हर कदम उठाते हुए मेरे मन में भी यह बना रहता हो कि लौटने का रास्ता कौन सा है? यह दूसरे पर अविश्वास नहीं, असुरक्षा की भावना से पैदा हुआ अवचेतन चौकन्नापन हो—अपने ठिए पर लौट आने की सुरक्षा-कामना। कहीं पढ़ा था कि अकबर इतना जिज्ञासु और खुला था कि हर व्यक्ति का विश्वास जीत लेता था। चाहे जैसुइट पादरी हों या हिन्दू धर्मवेत्ता। सभी में इतनी अकुंठ दिलचस्पी लेता कि उन्हें लगता बस अभी ही वह उनसे इतना कन्विन्स हो जाएगा कि अगले दिन धर्म-परिवर्तन कर लेगा। जब वे अपनी अन्तिम विजय सामने देख रहे होते तो ठीक उसी क्षण अकबर अपने भीतर पलटकर वापस लौट जाता। असफलता की यह झुँझलाहट ही मुल्लाओं- पादरियों और पंडितों को उसका दुश्मन बना देती थी। क्या मेरे साथ भी ऐसा ही कुछ है? किसी भी कमरे या रेल-जहाज के डिब्बे में सोते समय ध्यान इस बात पर जरूर जाता है कि संकट में बाहर निकलने का रास्ता कहाँ है? पर्स के सारे पैसे खर्च कर देने पर भी इतना जरूर बचा रखना चाहता हूँ कि वापस घर लौटा जा सके...मन्नू सहज-विश्वासी भाव से घर के, अपने और टिंकू के लिए एकान्त समर्पण चाहती थी और मैं प्रतिरोध करता था कि मुझे मेरा एक ऐसा कोना या डार्करूम चाहिए जहाँ मैं दिन-भर में खींचे हुए चित्रों के नेगेटिवों को जाँच-परख सकूँ, अपनी स्वतन्त्रता में कैद रह सकूँ। इस स्वतन्त्रता का अर्थ अनिवार्यतः लेखन या रचनात्मकता के नाम पर 'लम्पटता की छूट' लिया जाता था। मीता-प्रसंग तो स्थायी गृहयुद्ध था ही। मेरे खाने-पीने, सोचने या दुखी-सुखी होने की हर बात को मीता से जोड़कर ही परिभाषित किया जाता। मीता मन्नू के लिए प्रताड़ना का हथियार और मेरे भीतर अपराध-बोध दोनों बन गई थी। तनाव से निकल भागने के लिए मैं कभी महीनों के लिए बाहर चला जाता था—कभी कसौली तो कभी रानीखेत। दो महीने गाजियाबाद रहा, से.रा. यात्री के पड़ोस में, पारिवारिक रूप से घनिष्ठता भी तभी हुई। सतीश कुमार 'विग्रह' निकाल रहा था—एक बार महीने-भर शंकर मार्केट में हम दोनों साथ रहे। गिरीश अस्थाना के साथ कालकाजी में भी दो-तीन महीने रहा और अतिथि-लेखक बनकर गिरिराज के पास छःमहीने आई.आई.टी.भी। लगभग

बयालीस साल की वैवाहिक ज़िन्दगी में दस-बारह बार अपने आपको तनावों और मन्नू को अपनी उपस्थिति की यातना से बचाने के लिए मैंने महीने, दो-दो महीने अलग जाकर स्वतन्त्रता के ये प्रयोग किए। सचमुच यह मन्नू के लिए यन्त्रणा की पुनरावृत्ति थी। आज तो बेटी भी कहती है कि आप लोगों को बहुत पहले अलग हो जाना चाहिए था। यह दो पीढ़ियों की मानसिक बनावट का अन्तर है। आज पाँच साल से अलग हूँ, मगर वहाँ से टूटा तो आज भी नहीं हूँ। हाँ, हुआ यह है कि धीरे-धीरे मन्नू भी मेरी उस हर बात की विरोधी बन गई है जिसे मैंने अपनी स्वतन्त्रता का आधार बनाया। रहन-सहन से लेकर विचारों, व्यवहार और मित्र-परिचितों तक...

एक बार मैं और मन्नू बम्बई से सैकिंड क्लास से आ रहे थे। ऐसी अजीब घुटन, गर्मी और चिपचिपाहट थी कि बर्दाश्त नहीं हो पा रही थी। शायद बड़ौदा के आसपास की बात है। सिर का पसीना आँखों में आ रहा था। मन में आया कि क्या इस स्थिति से मन को निस्संग किया जा सकता है? योगी- संन्यासी 'उदासी' को कैसे साधते होंगे? तभी डिब्बे में कहीं किसी ने ट्रांजिस्टर चला दिया। गाना आने लगा 'बिंदिया चमकेगी, चूड़ी खनकेगी...' मैं आज भी नहीं समझ पाता कि उस चालू गाने में ऐसा क्या था कि मेरी आँखों से झर-झर आँसू गिरने लगे। मैं सारी घुटन और गर्मी से उपराम हो चुका था। बहुत दिनों तक बाद में जब भी इस गीत को सुनता तो वह डिब्बा साकार हो उठता और आँखें भर आतीं। उस समय और बाद में मन्नू हमेशा यही कहती रही कि जरूर इस गीत के साथ कोई मीता-प्रसंग जुड़ा है जो मुझे भावुक बना देता है, जबकि ईमानदारी की बात यह है कि उस समय कहीं कोई नहीं था सिर्फ़ वह मुक्ति का एक क्षण था। चलती हुई ट्रेन का डिब्बा, भयानक यन्त्रणादायक गर्मी और समय प्रवाह से कटा हुआ वह 'गीत-क्षण'—सब कुछ आज भी बड़ा व्यंजनापूर्ण लगता है।

काफ़ी हाउस से निकला तो धर्मतल्ला स्ट्रीट पर पुरानी किताबों को देखता सुबोध पार्क के कोने तक आ गया। फुटपाथ पर इन दुकानों में झाँकने का अपना ही सुख होता है और इनकी तुलना महिलाओं की विंडो शॉपिंग से ही हो सकती है। पास ही हिन्द सिनेमा था और वहाँ भोजपुरी फ़िल्म लगी थी 'गंगा मइया तोहे पियरी चढ़इबो' बहुत नाम था। टिकट

लिया और अन्दर जा बैठा। फ़िल्म समाप्त हुई तो शायद एक बजा था। वहाँ से ठुन-ठुन रिक्शा लिया। मनुष्य द्वारा खींचे जानेवाले इस रिक्शे को लेकर शुरू में बहुत प्रतिरोध था। अमानवीय तो लगता ही था। दो साल नहीं बैठा। फिर लगा कि आखिर इन लोगों को भी तो ज़िन्दा रहना ही है।

कलकत्ता की रात का सन्नाटा और फूटकर खिली चाँदनी। चूरे हुए मोती की बारिश। अबरकी वातावरण। ट्राम की लाइनों पर आड़ी-तिरछी तारों की परछाइयाँ एक अजीब अतीन्द्रिय स्वप्नलोक की यात्रा। मन देश और काल के पार चला गया था। न पीछे कोई अतीत था, न आगे कोई भविष्य। सिर्फ रिक्शे के डंडे पर टकराते घुँघरू की कहीं दूर से आती टुन-टुन थी। रिक्शे वाले से बातें चल रही थीं। बिहार से आया था। खेती थी। बाढ़ में सबकुछ बह गया तो मजबूरी में इधर आ गया। सत्तू खाकर कहीं भी सो लेना। वापस जाने के सपने देखना। बराबरी का व्यवहार करके मध्यवर्गीय अपराध-बोध को सुलाने की कोशिश और आसमानों में उतरते जाने की अतीन्द्रिया में पता नहीं कब एंटाली निकल गया। बिना माँगे इसे दोगुने पैसे दूँगा। सी.आई.टी. रोड के पी. 61 वाले मोड़ पर रिक्शे से उतर ही रहा था कि अचानक एक छाया झपटी, ''अबे राजेन्द्र...'' ठाकुर साहब थे, ''साले कहाँ मर गया था,'' फिर तो फ्लैट से मदन बाबू, नारायण साहब, भंडारी साहब न जाने कौन-कौन उतर आए। मालूम हुआ मन्नू ने घबराकर न जाने किस-किसको फोन कर दिया था। थाने, अस्पताल में पूछताछ हो चुकी थी। सिर्फ़ मुर्दाघरों से पता लगाना बचा था। कॉफी हाउस और एस्प्लेनेड के चक्कर लग चुके थे। ''राजेन्द्र जी, कम-से-कम खबर तो कर देते,'' अपराधी की तरह सारी भर्त्सनाएँ सुनते हुए उस दिन सचमुच खुद नहीं समझ पा रहा था कि मैं कहाँ चला गया था...कभी-कभी जब अपने साथ होता हूँ तो कहीं भीतर चाँदनी रात में रिक्शे की टुन-टुन सुनाई देती है, सड़क पर रिक्शे की बदलती परछाइयाँ दिखाई देती हैं। उस क्षण न कहीं पीछे आगरा था, न आगे सी.आई.टी. रोड का अपना फ्लैट...

कलकत्ता की ही एक दूसरी रात बिड़ला तारामंडल के नीचे—

''नाइट स्काई आफ़ कैलकटा...कलकत्ता का नैश-आकाश... ''

''अभी-अभी यहाँ अँधेरा छा जाएगा और ऊपरवाला गुम्बद चम-चम करते सितारों से जगमगा उठेगा...फिर हम हर सितारे को अलग-अलग

पहचान सकेंगे। बड़े शहरों में आकाश को इतने गौर से देखने का अवसर कहाँ मिलता है!...शायद इन्हीं नक्षत्रों में आपको अपने घर पर चमकनेवाले नक्षत्र भी दिखे...लेकिन इससे पहले आइएँ, कुछ जान लें...यह जो बीचोबीच हावड़ा ब्रिज-जैसा यन्त्र रखा है, यह बहुत ही कीमती है...हिन्दुस्तान में पहली बार इसे यहाँ स्थापित किया गया है...यह दो हजार साल बाद और दो हजार वर्ष पहले के आकाश को ज्यों-का-त्यों प्रस्तुत कर सकता है—यह नक्षत्रों की सही स्थितियाँ बता सकता है...''

और धीरे-धीरे अनाउंसर की आवाज़ की दिशा खो जाती है...अँधेरा गहराने लगता है और एक नकली आसमान छतरी की तरह ऊपर खुल जाता है, बुन्दकियोंवाले विभिन्न पेंटर्स बनाते छोटे-छोटे असंख्य तारे उग आते हैं...लोग अपने-अपने घर पर चमकनेवाले नक्षत्रों की तलाश में खो जाते हैं...अनाउंसर की आवाज कानों में अर्थहीन भनभनाहट बनकर गूँजने लगती है...सभी भूल जाते हैं कि वे खुले आसमान के नीचे नहीं, बिड़ला-प्लैनेटेरियम के शीत-ताप-नियन्त्रित हॉल में बैठे हैं...वे मशीनों के बीच और मशीनों को घेरे बैठे हैं...कहीं से एक आवाज़ कहती है, 'यह आधी रात का आसमान है' और शरीर शीत की फुरहरी की अनुभूति से रोमांचित हो आता है...आवाज़ बताती है, 'यह दोपहर का समय है...' और कपड़े पसीने से तर होते लगते हैं। भीतर एक आश्चर्य होता रहता है कि कैसे एक अनजान आवाज़ की आज्ञा पर हम दोपहर और रात अनुभव करते जाते हैं। कुछ नहीं बदलता, लेकिन शरीर पसीने और शीत की अनुभूति से छा जाता है...जैसे यहाँ होता कुछ नहीं है, सब कुछ दूसरों द्वारा सजेस्ट कर दिया जाता है और हम चुपचाप अनचाहे वही प्रतिक्रिया करते जाते हैं...आवाज, प्रकाश का नन्हा सा तीर बनकर अब नक्षत्रों और ग्रहों का भेद, उनकी दूरी और दिशा बता रही है और हर व्यक्ति अपने-अपने घर की स्थिति बतानेवाले नक्षत्र को जान लेना चाहता है...

लेकिन शायद सारी ज़िन्दगी यों ही इन प्रकाश के तीरों के पीछे भागते निकल जाएगी...न अपना नक्षत्र मिलेगा, न 'घर'...सबके साथ-साथ रात होने की मजबूरी, सबके बीच मौसम बदलने की लाचारी...और हर 'आज' की तकलीफ़ को आनेवाले 'कल' पर टाल देने की सुविधा, ताकि 'कल' के अख़बार में देखा जा सके, 'कल' हम कितने दुखी थे...और इन दो कलों के बीच सिर्फ़ एक रात...कलकत्ता की रात, यानी खोपड़ी पर झूलता पंखा...जब कभी 'उधर' (अपनी तरफ) होते हैं, तो ऊपर निगाह उठते ही

भीतर कोई चौंक उठता है; खुले आसमान के नीचे जब कभी आँख खुलती है तो भीतर कोई तलाश करने लगता है—यहाँ पंखा कहाँ लटका है...? पंखा नहीं मिलता—बस उसे 'मिस' करने का 'अनीज़ी' अहसास लटका रह जाता है, और इस अहसास के दोनों सिरों पर दो पंखे घूमते हैं—जब कलकत्ता में थे तो पंखा था...फिर वहाँ होंगे, तो फिर होगा...बारहों महीने चलता है, दिसम्बर-जनवरी के दो महीने मच्छर भगाने के लिए, बाकी गर्मी और हवा मथने के लिए...

'कलकत्ता की ट्रामों में तो पंखे हैं, बसों में भी लगने चाहिए...' किसी दुखी आत्मा मुसाफिर ने कहा था। 'बस यही कसर रह गई है...' मैंने सोचा—जिसके यहाँ जाओ वहाँ पंखा (कभी-कभी उस मशीन की भीतरी तहों में घूमता है जिसे एयर-कंडीशनर कहते हैं) जहाँ से आओ वहाँ पंखा, सिर्फ़ बीच के रास्तों की बसों में और हो जाए...कारों में तो लोग लगवाने ही लगे हैं। अब छतरियों में भी पंखे फिट होने चाहिए—कैसा सुन्दर दृश्य हो—(जैसे किसी ने सुझाया था कि बरसात में चश्मे के काँचों पर छोटे-छोटे 'वाइपर' होने चाहिए)...आप जेब में हाथ डालें और वहाँ एक पंखा घूम रहा हो...हाथ को भी तो गर्मी लगती है न...

'लेकिन यहाँ अपनी जेब में कोई हाथ नहीं डालता—हर व्यक्ति दूसरे की जेब में पहले ही हाथ डाल चुका होता है...' मदन बाबू से कहूँगा तो वे हँसेगे वही अपनी 'हिस्सेदार' हँसी। कोई बात अच्छी लगती है, या खुश होते हैं तो वे एक साथ नहीं हँसते, एक बार में बात का जितना मज़ा ले लेते हैं, उतना ही हँसते हैं...'हा-हा!' फिर कुछ देर बाद और रस लेकर—'हा-हा' यानी हिस्सों-हिस्सों में जैसे शायरी का मज़ा ले रहे हों... भोजन हो या भ्रमण, हर चीज़ में मज़ा लेना उनकी आदत है...उन्हें देखकर मुझे हमेशा ऐसे मलंग का ध्यान आता रहता है, जिसे सभ्य-समाज में जबर्दस्ती साफ-सुथरे कपड़े पहनने पड़ते हों...

"जब हम लोग साथ-साथ इधर रहते थे तो क्या करते थे कि अखबार ले आते थे...बस, यहाँ बिछाया और लेट गए...एकाध घंटा लेटे कि मज़ा आ गया...च्च् आ-हा! सारे कलकत्ता में उमस हो—लेकिन यहाँ वह हवा चलती है कि आ-हा!" हावड़ा-ब्रिज की रेलिंग पर झुके पानी में झाँकते हुए मदन बाबू बोलते हैं, "इस समय देख लो कैसी हवा है!"

सचमुच हवा ठंडी है...

रात का एक बजा है, और हम लोग—मैं, मदन बाबू और ठाकुर साहब—

तीनों हावड़ा-ब्रिज की रेलिंग से झाँक रहे हैं—नीचे हुगली का तरल अँधियारा है, और उसमें छोटे-छोटे कीड़ों की तरह नावें बिखरी हैं—कुहरा धूमिल आँखें मटकातीं—फिर दोनों ओर असंख्य बत्तियों का जाल फैला चला गया है...और कलकत्ता की ऊँची-ऊँची इमारतें अधर में लटके बादलों की तरह अवास्तविक हो उठी हैं...पुल की सारी लम्बाई में नीचे ट्राम की चार लाइनें और ऊपर बत्तियों की झालरें एक-दूसरे के समानान्तर चली गई हैं। एकदम सन्नाटा है, पीछे फट-फट करती मोटर से पाइप-सा लगाकर कुछ लोग ट्राम-लाइन की मरम्मत कर रहे हैं—दिन में तो लाइनें खाली नहीं मिलतीं न...इतने बड़े सूने ब्रिज पर मदन बाबू की गाड़ी थके पिल्ले-सी पटरी से सटी खड़ी है...इस समय चौड़े पुल को देखकर विश्वास करना कठिन हो रहा है कि दिन में यहाँ चार-चार घंटे को ट्रैफिक जाम हो जाता है...और धनुष-जैसे उठे हुए पुल पर चींटियों की तरह हजारों गाड़ियों की कतारें भों-भों, पीं-पीं करती खड़ी रहती हैं।

"अब किधर चलना है?" अचानक सचेत होकर मदन बाबू पूछते हैं और सोचने लगते हैं, 'अब कहाँ से शुरू किया जाए?' फिर वह ट्राम-लाइनें पार करते हुए अपनी गाड़ी में जा बैठते हैं। जिस इत्मीनान और आराम से वह अपनी सीट पर फिट होते हैं, उसे देखकर मुझे हमेशा लगता है जैसे पहले उन्हें बिठाकर बाद में गाड़ी बना दी गई है।

"कहाँ से शुरू किया जाए?" इस पुल की तरह सवाल का दूसरा सिरा भी हफ्तों पहले टिका है...तभी से वह सवाल हमें परेशान कर रहा है।

"कभी सारी रात कलकत्ता की सड़कों पर चक्कर काटा जाए," मेरा प्रस्ताव आया तो हस्बमामूल मदन बाबू भन्ना उठे, "कलकत्ता सड़कों पर रहता है?"

"बिगाड़ने के लिए हमारे ये ही रह गए हैं?" प्रतिभाजी ने विरोध किया। शायद वह भी जानती हैं कि मदन बाबू इस तरह तभी भन्नाते हैं जब उन्हें कोई प्रस्ताव पसन्द आ जाता है।

"हाँ-हाँ, मदन बाबू, हो जाए!" संसार की हर चीज़ पर निष्कृपण दाद देनेवाले ठाकुर साहब चहक उठते हैं। दिन तय होता है। अगले दिन छुट्टी देखकर, ताकि लौटने पर खूब सोया जा सके, सारी रात घूमने के बाद।

कोट और मफ़लर लपेटे जब मदन बाबू अपनी मॉरिस-माइनर नीचे छोड़कर शोर मचाते हुए मेरे दरवाजे पर मुक्के और आवाज़ें मारते हैं तो

छोटे-मोटे खुश्चोव दिखाई देते हैं। ठाकुर साहब को बच्चोंवाली क्रिकेट की रंग-बिरंगी कैप पहना दी गई है और वह सांकोपाँजा के आत्मविश्वास से पीछे बैठे-बैठे सिगरेट पीते रहते हैं।

सड़ाक्-सड़ाक् कहीं रसोई-बर्तन धोने की आवाज़ आती है, छत पर रोशनी जलाकर भोजन हो रहा है। बंगालियों के यहाँ रात में बारह बजे खाना होता है। नीचे के बोस बाबू के रेडियो में कोई ड्रामा आ रहा है जो रात के सन्नाटे में दूर तक अपने 'डायलॉग' फेंकता है—वही अति नाटकीय थरथराती आवाज़ में पूरे जोर से बोले गए संवाद, बनर्जी बाबू के यहाँ टाइपराइटर पर किसी केस की फाइल तैयार हो रही है। वे मोटी-मोटी किताबें लिये बैठे हैं टेबललैम्प के नीचे। मानसिंह का ज़ोर-ज़ोर से टेलीफ़ोन पर ट्रंक से भाव बता रहे हैं, घटक बाबू की गाड़ी अभी-अभी आई है, राय चौधरी की पत्नी बच्चों को बहुत मारती है—शायद आज राय चौधरी फिर अभी निकल गए हैं; समर बाबू के यहाँ टेलीफ़ोन बज रहा है। मिश्राजी दोनों टाँगें आरामकुर्सी पर समेटे, बनियान चढ़ाकर पेट पर हाथ फेरते सामने के कमरे में 'देश' पढ़ती बंगाली लड़की को देख रहे हैं...पानवाला अँधेरे में रोटियाँ सेंक रहा है...

''कैसा घना कुहरा है!'' मदन बाबू समझाते हैं, ''यह कुहरा नहीं है, बल्कि कुहरे के बोझ से धुआँ ऊपर नहीं उठ पाता, वह है यह; इसे कहते हैं 'स्मॉग'। इसी में अक्सर यहाँ एक्सीडेंट होते हैं। देखो, कैसी धुन्ध है!''

''आप समझाओ मत, गाड़ी चलाओ सामने देखकर,'' ठाकुर साहब को एक्सीडेंट एकदम पसन्द नहीं है। उसमें आदमी, आदमी न रहकर अख़बार की सुर्खियाँ बन जाता है...बेचारे इकलौते पति हैं।

''पहले कुछ खा लो,'' मदन बाबू को पता है, मैंने कुछ नहीं खाया है। वह न्यू मार्केट के पीछे मिनर्वा के पास गाड़ी खड़ी करते हैं कि दौड़कर दो-तीन लोग आते हैं, ''बाबू पराँठा, मुगलाई क़ीमा...''

''रुको-रुको! एक को ऑर्डर देगा। अच्छा कौन पहले आया था? तुम? तुम? दो पराँठा रोल करके लाएगा। खूब प्याज़-मसाला देकर,'' मदन बाबू अत्यन्त इत्मीनान से उसे समझाते हैं। तभी एक बहुत लम्बी क़ीमती गाड़ी उधर से आकर ठिठकती है और पराँठे देनेवाले उसी पर लपकते हैं। इधर मदन बाबू हमारा ज्ञान-वर्धन कर रहे हैं, ''यह होटल रात को दो-ढाई बजे तक खुला रहता है। बैरे लोग बाहर आकर खड़े हो जाते हैं।'' सिनेमा के बाद या वैसे भी बहुत लोग आते हैं। गाड़ियों से उतरकर ऐसे होटल में

जाना शान के खिलाफ़ समझते हैं न, इसलिए बैरे यहीं दे जाते हैं। चीज़ वाक़ई बहुत उम्दा बनती है यहाँ की। इसे खाने दो, आओ ठाकुर, हम लोग पान खाकर आते हैं।'' बैरा कागज़ की तहों में लिपटा हुआ पराँठा दे जाता है। साढ़े ग्यारह बजे हैं। अंग्रेज़ी सिनेमा छूट चुके हैं और हिन्दी छूटनेवाले हैं। ग्रैंड-होटल और कारपोरेशन-बिल्डिंग के आसपास की चहल-पहल रहस्यमय हो उठी है। सामने रिक्शेवाला जब किसी को देखकर अँगूठे में पहना हुआ घुँघरू 'बम' पर मारता है तो बड़ी सांकेनिक 'ठक्-ठक्' होती है। वह पहले हर गुजरनेवाले के तौर-तरीक़े को टटोलता है, फिर 'ठक्-ठक्'।—बंगाली, पंजाबी, सिन्धी, एंग्लो-इंडियन, अंग्रेजी, चीनी, पिराइवेट—एकदम फ़ैमिली की लड़की...ठक्! ठक्...खट् से मिनर्वा की बत्तियाँ बुझ जाती हैं...एलिट का कालेप्सेबिल गेट बन्द किया जा रहा है। झोंपड़ीनुमा बालों में ऊँची एड़ी से खट-खट करती स्कर्ट पहने एक लड़की, बुर्केवाली लड़की के साथ होटल में चली जाती है—गोद में बच्चा उठाए एक साहब के साथ हाथ में प्लास्टिक का थैला लिये पत्नी। सिनेमा से निकले हैं...ठक्-ठक्...बैरे एक-दूसरे से मज़ाक कर रहे हैं।

''चलो!'' मदन बाबू फिर अपनी सीट पर आ बैठते हैं, ''किधर?''

वेलेजली स्ट्रीट से पहले रिपन-स्ट्रीट और फिर एक बहुत पतली सी गली से होकर फ्री-स्कूल स्ट्रीट की ओर निकलते हुए उन्होंने पूछा था, ''इस कलकत्ता को देखा है तुमने?'' दिन में स्टैनो, ऑपरेटर, रिसेप्शनिस्ट, सेल्सगर्ल्स का काम करनेवाली, इन्हीं जगहों में अपनी असली कमाई करती हैं। स्मगलिंग, चोरी, खून, शराब पीकर हो-हल्ला यहाँ की जान है। यहाँ एक जॉन बाजार था, पता नहीं अब है या नहीं, वहाँ चार आने और आठ आने में लड़की मिलती थी। बारह-बारह साल की लड़कियाँ, छोटे-छोटे दरवाजों पर झुंड बनाए रँगी-पुती खड़ी रहती थीं। पतले से पर्दे के पीछे ही बेड-रूम बना होता था और लोग लाइन लगाए बाहर खड़े रहते थे।

''वह कहानी पढ़ी है न—मूत्री, मंटो की है या कृशन की है...'' ठाकुर साहब सिगरेट का कश लगाते हुए याद करते हैं, ''बस कुछ वैसा ही दृश्य है...''

'लेकिन यह तो टूरिस्टोंवाला कलकत्ता हुआ न...'' मैं सोचते हुए अपने गाइड से पूछता हूँ, ''पेशा करनेवाली लड़कियाँ, शराब की बोतलें और दाँव पर हार-जीत—वातावरण बनाने के लिए कभी ग्रेट-ईस्टर्न और ग्रैंड के शानदार हॉल, और कभी इलियट रोड और पार्क स्ट्रीट की

सस्ती-महँगी वार की मेजें—कभी करनानी मेंशन का कोई सूट, तो कभी फ्री-स्कूल स्ट्रीट, कोई फ़्लैट, अपार्टमेंट! ताश के पत्तों या सौदे के कागजों को बीच में रखकर एक तरफ की मजबूरी को खरीदनेवाला कभी मारवाड़ी सेठ का लड़का, और कभी सेंट जॉर्जेज़ घाट पर खड़े जहाज़ का कोई खलासी, पर्सर। दाँव हारकर कभी वह कॉन्ट्रैक्ट परमिट और नोट देता है और कभी घड़ियाँ, कैमरे, टेपरिकॉर्डर...यह रात कलकत्ता की ही क्यों, बम्बई की भी हो सकती है, दिल्ली और हाँगकाँग की भी हो सकती है। दुनिया के हर बड़े शहर की रात का पैटर्न यही है। बाजारू सिनेमाओं की तरह पीछे के सेट्स बदल दिए जाते हैं—कहानी वही चलती है...''

''हाँ, उनके लिए जो सिर्फ़ चौरंगी और उसके आसपास घूम जाते हैं,'' ठाकुर साहब पीछे से उछलकर हम लोगों के बीच अपना सिर निकाल लेते हैं, ''लेकिन यार, कलकत्ता एक शहर नहीं है—अनेक शहरों का समूह है और हर जगह की अपनी एक ज़िन्दगी है, अपनी एक रात है। भवानीपुर और बालीगंज, शाम बाजार और बड़ा बाजार, खिदिरपुर और अलीपुर—हर जगह की जिन्दगियाँ बिल्कुल अलग-अलग शहरों की जिन्दगियाँ नहीं हैं? जैसे आगरा और मथुरा...''

''ज़िन्दगी नहीं, यों कहो, हर शहर की अपनी एक ख़ास तरह की रात होती है।'' सुधारक मदन बाबू पूछते हैं, ''बोलो, अब कहाँ चलूँ?'' फिर कुछ सोचकर कहते हैं, ''चलो, पहले हावड़ा चलते हैं।'' फिर ऑक्टर-लेनी मॉनूमेंट के पास से गुज़रते हुए बताते हैं, ''और ठाकुर ने यह नहीं बताया कि इस मैदान की ज़िन्दगी बिलकुल अद्‌भुत है। रात को यहाँ मियाँ-बीवी भी घूमने निकलें तो लोग उन्हें धमकाकर घड़ी-पर्स छीन लेते हैं। टैक्सी-विक्टोरिया रेड-रोड पर खड़ी दिखे तो समझ लो, चलता-फिरता ब्रॉथल है। हर रोज यहाँ एक मर्डर होता है। एक बार क्या हुआ, एक प्राइवेट गाड़ी बड़ी तेजी से आ रही थी, पार्क स्ट्रीट के मोड़ पर पता नहीं कैसे एक आदमी चपेट में आ गया। लेकिन गाड़ीवाले शेर ने ऐसी स्पीड दिखाई कि पता नहीं चला। लाश सुबह तक पड़ी रही। अख़बार में भी निकला था...''

''और वह, फुटपाथ पर सोए हुए लोगों को कुचलता हुआ ट्रक निकल गया था...'' ठाकुर साहब के पास हर बात का समानान्तर किस्सा होता है। ''लाइन-की-लाइन बेचारे बेघर लोगों की सो रही थी, ट्रक सबकी चटनी बनाता हुआ भाग गया...'' हावड़ा स्टेशन बन्द हो गया है। चकरघिन्नी की

तरह घूमती बसों, ट्रामों, टैक्सियोंवाला सड़कों का जंजाल सूना पड़ा है। हावड़ा शहर की ओर जानेवाले चौड़े पुल के बगल में, पान की दुकान के सामने मदन बाबू गाड़ी रोकते हैं, "यह हमारी ख़ास दुकान है। यह और इसके पासवाली चाय और खानें की दुकानें रात-भर खुली रहती हैं। कारखानों की नाइट-शिफ्ट चलती है न..." जगमगाती दुकान के सामने ही 'चाँपाकल' (हैंडपम्प) लगा है। दो-तीन रिक्शा इस तरह रास्ता रोके खड़े हैं कि पानी बचाकर दुकान पर जाना कठिन है। नंगे बदन काला-सा आदमी पास खड़ी टैक्सी को पानी-भरी बाल्टी में कपड़ा डुबा-डुबाकर धो रहा है। हैंडपम्प के नीचे रिक्शावाला—या शायद दुकान का कोई आदमी—साबुन लगा-लगाकर ऐसे तन्मय भाव से नहा रहा है जैसे दोपहर के दो बजे हों। तहमद समेटकर टाँगें फटकारते हुए सरदारजी, गली के होटल में डकार लेने और दाँत कुरेदते टैक्सी की ओर बढ़ते हैं, "हो गई धुलाई?"

"इस वक्त इन लोगों को फुर्सत मिलती है," चार बीड़े मुँह में जमा कर मदन बाबू बताते हैं।

मैं विराट पुल को देखता रहता हूँ, "इस वक्त किसी को अन्दाजा हो सकता है कि दिन में यहाँ ऐसी भीड़ और भाग-दौड़ रहती है जैसे कहीं बम फटा हो...? उफ़! जरा देर यहाँ खड़े रहो तो दिमाग़ चकरा जाए।"

"लेकिन ग्यारह बजे स्टेशन बन्द हो जाता है," पानवाले तिवारीजी बताते हैं, "अगर उस वक्त कोई गाड़ी आई भी तो बाहर यर्ड में पड़ी रहती है। सबको बाहर निकालकर इस वक्त सफाई होती है। बस, यही आठ-दस दुकानें खुली रहती हैं," वे नीचे सन्दूक में कपड़े जमाते रहते हैं।

"चलो, चलो!" मदन बाबू गाड़ी में जा बैठे हैं। मन-लायक पान खाकर अब वह चैतन्य हो उठे हैं। उत्साह से कहते हैं, "अब इधर-उधर चक्कर लगाते हुए कलकत्ता की सबसे रौनकदार जगह ले चलते हैं..."

"कहाँ—सोनागाछी?" मैं पूछता हूँ।

"वैसे चलेंगे वहाँ भी, लेकिन वहाँ अब कुछ नहीं है," फिर गुर्राकर पूछते हैं, "कोठे पर जाकर गाना सुननेवाली रात देखी है?" फिर कुछ याद आ जाता है, "वह मजा देखना हो, तो हमारे जमाने में बनारस आते—आहा!"

स्ट्रैंड रोड और डलहौजी स्क्वायर की अनेकमंजिली पर्वताकार बिल्डिंगों के पैरों में पड़ी सूनी सड़कों पर ऐसे निश्चिन्त भाव से चलना बड़ा

अस्वाभाविक लग रहा है—वरना यहाँ गाड़ी चलाना नसों के भीषण तनाव से गुजरना है। कहीं कोई सिपाही शक्की निगाहों से हमें देखता है। ट्रैफिक की बत्तियाँ सो गई हैं। ऊपर-नीचे, खिड़कियों के शीशों के पीछे नियॉन-ट्यूब्स जल रहे हैं, और नीचे चारपाइयों पर बैठे दरबान बीड़ियाँ पी रहे हैं—खर्राटे ले रहे हैं या थाली-कटोरी धो रहे हैं—जगह-जगह तम्बू लगाए सड़क-ट्राम की मरम्मतवाले काम कर रहे हैं—इधर-उधर लाल लैम्प रखें हैं।

सड़कों के बाद सड़कें गुजरती चली जाती हैं—थोड़ी-थोड़ी दूर पर खड़े खम्भे, चौराहों के बीच, आँखों की चौंधियाती नियॉन बत्तियाँ, परछाईं और रोशनी के चौखटे, मँडराते हुए भुनगे, औंघते साइनबोर्ड और किसी रोशन खिड़की में घूमता पंखा...तार पर सरकती पानी की बूँद जैसी सड़कों पर फिसलती छोटी सी गाड़ी...मिशनरी, सेंट्रल एवेन्यू...बहू बाजार स्ट्रीट... कॉलेज स्ट्रीट...दोनों ओर सफेद कपड़ों से ढकी लाशों की तरह फुटपाथों पर सोते हुए लोग—कलकत्ता के दस लाख लोगों के बिस्तर—कहीं-कहीं बगल में खड़े रिक्शों की कतार—अँगड़ाई लेते कुत्ते...

"अपना क्या है बाबू, कहीं सत्तू-भात खाया, और रात में फुटपाथ पर रिक्शा खड़ा करके सो गए," बलदेव बता रहा था। उस दिन सेकंड शो से निकला तो बारह बज गए थे। 'हिन्द-सिनेमा' से रिक्शा ले लिया। कहा, "धीरे-धीरे चलो यार, चाँदनी रात है। यों तो कलकत्ता में चाँदनी रात देखने को मिलती नहीं है। तुम क्या यहीं रहते हो?"

"राजा बाजार।"

"वहाँ जाओगे अब इतनी रात में?" मैंने पूछा।

"मन होगा, और सवारी मिलेगी तो चले जाएँगे, नहीं तो अपना क्या है...!" वह बताने लगा, "वहीं अपने बासे के कई लोग हैं..."

मुँगेर में रहता है, लड़के हैं, उनकी शादी हो गई है—बहू है। हर साल बाढ़ में खेत बह जाता है। घर में पानी आ जाता है। मैं उसे गौर से देखता हूँ, "यार, तुम्हारी आराम करने की उमर है। तुम बुड्ढे आदमी हो। रात-रात-भर रिक्शा चलाते हो। कहीं कुछ हो गया तो...?"

"ऐसा ही है," वह गहरी साँस लेकर टाल देता है। यानी मुझे कॉन्फिडेंस में नहीं लेता। रिक्शा का एक रुपया रात को और दो रुपए दिन को देता है। नहीं, उसके साथी कुछ करते होंगे—वह दलाली का काम नहीं करता—रात को सवारी से ज्यादा पैसे लिये जा सकते हैं। इसलिए निकलता है...घर ही

गुजर हो जाती तो यहाँ यों आकर रहने का शौक थोड़े ही है...? टैक्सी में रात को ड्राइवर के साथ एक और आदमी बैठता है, फिर भी लोग इधर-उधर ले जाकर, छुरा दिखाकर रुपए-पैसे या कभी-कभी टैक्सी तक छीनकर भाग जाते हैं। हम अकेले बुड्ढे आदमी हैं, छीन ले जा भैया, जो तुझे मिले छीन ले जा। एक दफा ढाई रुपए हमसे भी ले गया था—हमने समझा, चलो, आज कोई सवारी ही नहीं मिली...क्या टाइम हो गया, बाबू...?

ठाकुर साहब कहते हैं, कलकत्ता एक शहर नहीं है, इसलिए उसके किसी भी हिस्से की रात नहीं है, हर शहर जब रात की बाँहों में सोता है तो उसका अपना एक ख़ास रूप और व्यक्तित्व होता है—करैक्टर होता है...और वह करैक्टर एक रात का नहीं होता, अनेक रातों का मिलकर बनता है...हर सिनेमाघर, हर होटल, हर बार, हर चौराहे के आसपास उस रात का कोई-न-कोई टुकड़ा बुना रहता है। फिर जब-जब वहाँ से गुजरते हैं तो वह टुकड़ा लम्बी रात की कड़ी में जुड़ता रहता है, क्योंकि वह रात एक स्थिति नहीं, एक प्रक्रिया है...जाने कहाँ-कहाँ गुजारी हुई रातों की एक मिश्रित (सिन्थेटिक) प्रक्रिया...जो सिर्फ सूनी सड़कों पर ही रहती है...और सिर्फ अपनी रात होती है...

बिडन-स्ट्रीट के पेट्रोल पम्प से गलियों का वह सिलसिला, कभी-कभी ढके हुए रिक्शों का चुपके से मुड़ जाना...सिगरेट पीता हुआ बेकार आदमी, खम्भे की टेक लगाए मितली की हिचकियों में झटके खाता प्रौढ़, सड़क पर गुनगुनाती-लड़खड़ाती छाया...खूब मोटी-ताजी बिल्ली का चौंक्कर मोटर के सामने से भागना...गली के मोड़ पर हेड-लाइट के सामने हरा दरवाजा, 'काली बाबू के भोट दिन' के साथ हँसिया और गेहूँ की बात, 'सेतु' 'स्टार-थिएटर' का लाल बोर्ड, चूने से पुता बिजली का खम्भा, नाली में लुढ़कता ड्राम का खेल...हेड-लाइट मुड़कर सामने गली में आ जाती है। चाय की भिनकती हुई सी दुकान...

कई तल्लों का एक बहुत बड़ा मकान...बन्द खुले कमरों के सामने से गुजरना...नए-पुराने को तोलती-मुस्कुराती आँख...रजनीगन्धा के फूलों का मोल-तोल। एक बार का दस रुपया...नाम राजकुमारी भाई-भाभी सब, डिप्टीगंज, दिल्ली...मकान...नम्बर...कायस्थ...अब वहाँ हमें कौन लेगा?

काजल-लगी, चमकती, खूबसूरत, चालाक आँखें...जो जानती हैं कि सुनने वाला क्या जवाब चाहता है! अनेक बार के रटे हुए से जवाब... रात-भर का पचास होगा...सुबह-सुबह हम सब भूतनाथ के मन्दिर जरूर

जाती हैं...

पिछली कोई रात तैरती हुई निकल आती है। गलियों और सड़कों के हर तिलस्मी मोड़ पर लगता है जैसे कोई किसी के पीछे छुरा लेकर अभी-अभी मोड़ पर गायब हो गया। इस जगह कदम-कदम पर ख़तरा और रहस्य है...दोनों ओर से अभी चार आदमी टूट पड़ेंगे...''लाओ, निकालो, तुम्हारे पास क्या है?''...पीं-पीं...हेड-लाइट फिर बन्द किवाड़ों पर घूमती है...

एक गली अचानक जगमगाते, चहल-पहल-भरे बाजार में जा खुलती है, जैसे रात के डेढ़ नहीं, साँझ के सात बजे हैं...फल, मिठाई, पान इत्यादि की बड़ी-बड़ी दुकानें...'यह है नीमतल्ला घाट...कलकत्ता का श्मशान।' इधर-उधर रेल की पटरी के आसपास भटककर गाड़ी ठीक भूतनाथ के मन्दिर के सामने आ खड़ी होती है। जगह-जगह लोगों के झुंड हैं और जोश में ढफ-मँजीरे बज रहे हैं—थोड़ी-थोड़ी दूर आग के अलाव से जलाकर। घाट की इमारत के बाहर मेला लगा है। ''ये लोग सारे दिन रिक्शा खींचते हैं, सामान ढोते हैं, दरबानी करते हैं और रात को दो बजे भगवान भूतनाथ के सामने गाते-बजाते हैं।'' एक ओर बहुत बड़ी भीड़ खड़ी है, मैं भी पहुँच जाता हूँ। बीचोबीच धोती-कमीज पहने एक आदमी हाथ उठाकर गाता है...''हाँ, गुरुजी से भेद पूछने आया...'' गुलाबी रेशमी साड़ी पहने लड़का, नखरे से घूँघट काढ़कर, कमर लचकाता, छातियाँ उछालता, नाचते हुए किसी के भी गले में बाँहें डाल देता है... आँखों में आँखें डालकर गाता है—''गुरुजी से भेद पूछने आया...'' फिर घुंघरू पहने आदमी और यह 'औरत' जिस तरह लिपट-लिपटकर नाचते हैं, वह ट्विस्ट भी है, रॉक एंड रोल भी, कैबरे भी है और भाँगड़ा भी...लोग हँसते हैं, खिलखिलाते हैं...यहाँ-वहाँ रजाइयों में लिपटे लोग नदी-किनारे खुले में यों पड़े हैं जैसे मिट्टी के ढूह। ''आहा, मस्त हो रहे हैं,'' मदन बाबू चहकते हैं। हम लोग श्मशान की ओर बढ़ते हैं। तभी दो-तीन विदेशी युवक और कसे हुए ब्लाउज और जीन्स पहने दो लड़कियाँ श्मशान से निकलकर सामने खड़ी गाड़ी में आ बैठते हैं।

''ये आधी रात को यहाँ क्या कर रहे हैं?'' ठाकुर साहब पूछते हैं।

''अरे, ये बाहर के टूरिस्ट लोग यहाँ बहुत आते हैं, तसवीरें खींचने!'' मदन बाबू झूमते-झामते पान की दुकान के सामने जा खड़े हुए हैं।

''शायद वे दोनों बीटनिक कवि हैं।'' मैं अपना अन्दाज़ा भिड़ाता हूँ, ''एलेन जिन्सवर्ग और पीटर ओरोलस्की। सुनते हैं इधर उन्हें बंगाली और

अमेरिकन बीटनिक लड़कियाँ भी मिल गई हैं। अफ़ीम-भाँग खाकर ये यहाँ रात-रात-भर मुर्दों का जलना देखते रहते हैं।''

होगा...! बड़ा सा फाटक है, और उसके दोनों ओर दालानों की कतार है और उनमें चिताएँ जल रही हैं। लकड़ियों की टालें हैं। बैठे और खड़े हुए लोग सूनी और उदास आँखों से जलती हुई लपटों को ताक रहे हैं। एक पागल-सा आदमी लम्बा बाँस लेकर आग के बिल्कुल पास तक चला जाता है—लपटों के बीच-बीच में भर्राई-सी 'फाट्! फाट्!' गूँजती है तो लगता है—यह शायद खोपड़ी जली है। यहाँ के कुत्ते कैसे मोटे-मोटे और तगड़े हैं। हम लोग सीढ़ियाँ उतरकर ठीक पानी के पास अँधेरे में आ खड़े हुए हैं। छप से कभी कोई चीख डूब जाती है। शायद कछुए हों। 'कछुए और भी तगड़े हैं,' ठाकुर साहब बताते हैं। ऐसी जगहों पर खामखाह मन उदास हो जाता है। पानी गन्दा और बदबूदार है। कोई आकर उस पानी से मुँह धोता है, 'जय भूतनाथ!' यहाँ पता नहीं कब से बिना सिलसिला टूटे कोई-न-कोई चिता जलती रहती है। यह आग कभी नहीं बुझती. .

थके हुए से हम लोग लौटते हैं। खम्भे के सहारे नाई किसी के लम्बे-लम्बे बालों को छील रहा है। नारियल की तरह पीली-पीली खोपड़ी आधी चमकने लगी है। चश्मे के पीछे गीली आँखें मिचमिचाते एक साहब हाली की ओर देख रहे हैं। एक तरफ दो-तीन व्यक्ति कुल्हड़ों में चाय पी रहे हैं, "बहुत थक गए यार..." शायद लिहाज निभाने मुर्दनी में आए हैं...इस बहाने यहाँ बैठकर बातें करने का अवसर आ गया है। मदन बाबू कहते हैं, "मैं तो केयातल्ला के इलेक्ट्रिक क्रीमैटोरियम में जाऊँगा...पाँच मिनट में सब साफ़..."

"चलो! चलो!" हमें हाँकते हुए मदन बाबू बताते हैं, "इस नीमतल्ला घाट के बारे में कहा जाता है कि यहाँ की चिता कभी ठंडी नहीं होती।" बाहर जरा-सा भूतनाथ के मन्दिर में झाँककर मैं कहता हूँ, "चलो, यहाँ से निकलो मदन बाबू, तबीयत घबराती है..."

और फिर हम झाँझ-मंजीरे, नाच-गाने की दुनिया में लौट आए हैं, जहाँ शिष्य गुरुजी से काम-कला के भेद पूछ रहा है। इस बीच दो अर्थियाँ और बड़े फाटक में चली गई हैं। गाड़ी घूमकर फिर उसी रौनकदार बाजार से गुजरती है। जनेऊ डाले, नंगे बदन, लुटिया में फूल लिये एक साहब जल्दी-जल्दी भूतनाथ की ओर लपक रहे हैं, "अभी भी इस शहर में ऐसे लोग हैं जो नहा-धोकर जब तक भूतनाथ को फूल न चढ़ा लें, मुँह में पानी

नहीं देते, चाहे रात के दो बज जाएँ...''

''चलो, अब सट्टा बाजार चलें, दूसरी रौनकदार जगह वह है,'' फिर वही सपनीली सड़कें, सोए हुए बारजे, तारों की परछाइयाँ—इधर-उधर खड़े ट्रक और रिक्शा। बन्द दुकानों के पीछे से आती सिलाई की मशीन की खटर-खटर, एक बार जलाकर बुझा दिया जाता किसी कमरे का स्विच। सट्टा बाजार बन्द है। कहीं बहुत दूर नेपथ्य में 'चोर-चोर' की आवाज आकर गायब हो जाती है।

''चलो, अब खिदिरपुर चलेंगे,'' फिर स्ट्रैंड रोड, चौदह मंजिल का नया सेक्रेटेरियट, ईडन गार्डन, किले का मैदान और हुगली में खड़े बत्तियों की झालर लटकाए बड़े-बड़े जहाज। देर तक कोई भारी-सी गाड़ी लगातार हमारे ऊपर रोशनी डालती पीछे-पीछे चली आ रही है। मदन बाबू कई बार हाथ से इशारा कर चुके हैं—आगे निकल जाओ। लेकिन न रोशनी का फोकस हटता है, न गाड़ी आगे आती है। झुँझलाकर हम खड़े हो जाते हैं। पुलिस की एक गश्ती-वान आगे निकल जाती है।

डॉक एरिया...खिदिरपुर—इधर-से-उधर जाती रेल की पटरियाँ और यहाँ-वहाँ सिर निकाले क्रेन। जहाजों की चौंक-चौंककर गूँजती भों-भों। चलो, वह खुल जानेवाला पुल देखें। लेकिन पहले यहाँ चाय पी लें। लेविल-क्रॉसिंग पर चाय की दुकान के सामने फिर एक पड़ाव। ठंड काफी बढ़ गई है। एक ओर लड़का बड़ी सी कड़ाही माँज रहा है। दुकान के नीचे, म्यानी में भट्ठी चढ़ाए बूँदियाँ निकाली जा रही हैं—'खट्-खट्, छन्न-छन्न...' 'हलवाइयों के यहाँ रात-भर काम होता है।'

''तीन-साढ़े तीन बजे हैं। यहाँ कुछ मजा नहीं आया। चलो, डायमंड हार्बर पर समुद्र के किनारे सूर्योदय देखेंगे...पचीस-तीस मील होगा, पाँच बजे तक पहुँच जाएँगे...''

ट्राम-लाइन के किनारे-किनारे गाड़ी दौड़ती है—खिदिरपुर, इकबालपुर, मोमिनपुर, बर्दवान रोड, न्यू अलीपुर मिंट, बेहाला...अचानक सामने से भारी-सा ट्रक चला जाता है...बचते हैं तो पीछे पहाड़-जैसा पुआल लदा है। सँभलते-सँभलते फिर एक और ट्रक, फिर एक और ट्रक...पतली सी सड़क पर गाड़ी नीचे लड़खड़ाकर उतर जाती है, ''अरे, ताँता ही बँध गया! यह गाँवों से आ रहा होगा। पैकिंग वगैरह के काम आता है न। इधर तो कुछ नहीं है। ग्रांड ट्रंक रोड पर देखो, इस समय जो ट्रैफिक है। लाइन है कि टूटती ही नहीं। कलकत्ता का सारा ट्रांसपोर्ट-बिजनेस ही रात में होता

है...'' मदन बाबू किसी मकान के सामने गाड़ी रोककर बताते हैं। पीछे के मकान की बन्द खिड़की के पीछे से नीली हल्की रोशनी के चौखटे झाँक रहे हैं। तालाब में मछलियों की बदबू भरी है।

''अब आप थक गए हो, मदन बाबू!'' ठाकुर साहब कहते हैं, ''हाँ, जरा-सा...'' माफी माँगने की तरह मदन बाबू कहते हैं और स्टीयरिंग पर कनपटी रख देते हैं, ''मुझे म्यूजिक कान्फ्रेंस में कभी नींद नहीं आती।'' ठाकुर साहब अब सचेत हो रहे हैं—यह भी अजीब मस्त आदमी है। अभी दो मिनट में चंगे होकर कहेंगे, चलो डाइमंड हार्बर...फिर जोर से कहते हैं, ''मदन बाबू, सो ही रहे हो तो यह इंजन तो बन्द कर दो।''—दो बैलगाड़ियाँ सब्जी लादे गुजर रही हैं।

मैं झुककर देखता हूँ। इंजन बन्द है और जो गूँज रहा है, वे सोनेवाले के खर्राटे हैं। हम लोग बाहर निकलकर नई सिगरेटें जलाकर आस्पास की जगह को पहचानने की कोशिश करते हैं। सामने का आसमान फीका पड़ने लगता है...अख़बारों का गट्ठर लादे एक साइकिल पीछे से गुजर जाती है।

'नाउ वी आर एप्रोचिंग टु द डॉन...' अनाउंसर की आवाज के साथ क्षितिज पर लाल गेंद उभरने लगती है। ऊपर का गुम्बद सफ़ेद हो जाता है। भक् से हॉल रोशनी से भर उठता है। खट्-खट् कुर्सियाँ गिरती हैं और टटोलते हुए से लोग अपनी-अपनी 'रो' से एक के पीछे एक निकलने लगते हैं। सबकी निगाहें ऊपर गुम्बद पर टिकी हैं जहाँ अभी भी एक लाल गोल धब्बा टँगा है...एक कप चाय मिले तो जल्दी से ब्रश करें...सवा दस बजे रजिस्टर हट जाएगा...चेतना के भीतर टाइप-मशीन अपने आप खटकने लगती है।

सन् 1990 में जब मेरी सारी कहानियाँ पड़ाव-I और पड़ाव-II की जिल्दों में आईं तो मैंने छोटी सी भूमिका लिखी, ''ऊधो मोहे ब्रज बिसरत नाहीं...

> हम सबका एक घर होता है—बहुत प्यारा, सम्पूर्ण, सुरक्षित और स्वस्तिदायक ...शरण्य...
>
> फिर हम 'बड़े' होते हैं तो घर 'छोटा' होता जाता है, छूट जाता है। ज़िन्दगी-भर हम उसी घर की तलाश में भटकते रहते हैं—कभी सोच में,

कभी सपनों में, कभी रचनाओं में, भौतिक उपलब्धियों में, प्रशस्तियों में, विद्रोह और समझौतों में—कभी निष्क्रियताओं में तो कभी कर्म की दुनिया में...

मगर उम्र का, स्थान का, विश्वासों का, मूल्यों और मान्यताओं का, भावनाओं और सुरक्षाओं का वह घर हमें कभी नहीं मिलता। लौटकर जाएँ भी तो पीछे छूटा हुआ न तो घर वही रह जाता है, न हम...जो कुछ मिलता है वह 'अपना घर' नहीं होता और हम सोचते हैं—कहीं कोई घर होता भी है? इस सचाई का सामना करने से भी हम डरते हैं कि कहीं ऐसा तो नहीं है कि सचमुच कोई घर हो ही नहीं और हम एक भ्रम को जीते रहे हों...

क्या है यह 'घर' का भ्रम जो हमेशा खींचता रहता है? यह भी तो तय करना मुश्किल है कि घर की तलाश आगे की ओर है या पीछे की ओर? यह स्मृति है या स्वप्न? विज़न या नॉस्टेल्जिया? या फैलकर बेहतर दुनिया के लिए आस्था?

कभी भी अधूरी छूट जाने के लिए अभिशप्त एक अन्तहीन यात्रा ही क्या हमारी नियति है? उपलब्धियों के नाम पर कुछ पड़ाव, कुछ नख़लिस्तान...चन्द तस्वीरें बुताँ...अनेक पात्रों के नाम से की जाने वाली कुछ आत्म-स्वीकृतियाँ...

–राजेन्द्र यादव

10-10-1989
नई दिल्ली

अपने आपसे पूछता भी हूँ कि स्वतन्त्रता की छूट का मेरा ऑब्सैशन सच ही कहीं 'लम्पटता की छूट' का ही तो दूसरा नाम नहीं है? मुझे घर भी चाहिए और निर्बन्ध उत्तरदायित्वहीनता भी। यह अपनी रचनात्मक ऊर्जा और वैचारिक स्वाधीनता के लिए बार-बार किया जानेवाला नवीनीकरण (रिचार्जिंग) है या अधूरे होने की हीनताग्रन्थि से उत्पन्न दतिम-सेक्स की विकृत-अभिव्यक्ति जो बार-बार दूसरे से अपनी पूर्णता का आश्वासन चाहती है? यह मेरी निजी कुंठा है या प्राक् ऐतिहासिक आदिम पुरुष-वृत्ति, जहाँ वह अपने कक्षों में शत्रुओं और शिकारों के सिर सजाकर विजय के गर्व को बार-बार जीवित रखता है? या वह सामन्त जिसे हरम में अनगिनत भोग-सामग्री चाहिए? यह सही है कि मुझे विरोधी-सेक्स या महिलाओं की संगति अच्छी लगती है, वह प्रेरणा और ऊर्जा देती है, मगर प्रारम्भिक देह-जिज्ञासा की उम्र गुजर जाने के बाद वास्तविक सेक्स मेरी दिलचस्पी का केन्द्र कभी नहीं रहा। इसलिए बीसियों सालों से वे मित्रताएँ आज भी

मेरा सहारा हैं, जहाँ खुलापन तो बहुत है मगर प्रचलित अर्थ में सेक्स बिल्कुल नहीं है। इसी भावनात्मक अकुंठ मैत्री की चाह हमेशा बनी रही है। वे पुरुष-मित्रों की अपेक्षा ज्यादा निर्भरणीय होती है। ईस डोरा डंकन ने कहा था कि हर नया प्रेम-सम्बन्ध संगीत की नई लय की तरह ताज़गी देता है। मेरा कनाडियन मित्र हरिप्रकाश शर्मा कहता है कि हर नई स्त्री के साथ सम्पर्क पुरुष व्यक्तित्व के उन अनुद्घाटित आयामों को खोलता है जिन्हें उसने पहले कभी आविष्कृत नहीं किया था। इसी पर मन्नू ने 'आते-जाते यायावर' नाम से सुन्दर कहानी लिखी।

यह सब लिखते हुए मैं ईमानदारी से अपने आपसे पूछत हूँ कि क्या सचमुच मेरी लेखकीय ज़िन्दगी का 'स्वर्णकाल' सिर्फ मीता, स्नेहजी, दीदी, मन्नू या ऐसे ही दो-एक और सम्बन्धों के आसपास ही घूमता रहा है? क्या मेरे मानसिक क्षितिज पर केवल यही नारी-नक्षत्र जलते-बुझते रहे हैं? कहीं और कुछ नहीं है? न जीवन और जीविका के संघर्ष; न पारिवारिक, सामाजिक और वैचारिक चिन्ताएँ, न लेखन और कला की समस्याएँ—आखिर वे सब भी तो थे ही। मगर क्या वे सिर्फ आनी-जानी मायाएँ थीं? केवल बौद्धिक छलाँगें? या इस सारी भटकन के लिए मानसिक जस्टीफ़िकेशन? मूल और स्थायी संचालक शक्तियाँ क्या यही चार-पाँच महिलाएँ हैं और इन्हीं के इशारों पर मैं मरकट की नाईं नाचता रहा हूँ? क्या हुआ देश, समाज और भविष्य को लेकर की जानेवाली रात-रात-भर की बहसों, आन्दोलनों और सिर फोड़ लेखन का? अध्ययन और किताब-दर-किताब चाटनेवाले पढ़ाकू का, पत्र-पत्रिकाओं में चलनेवाली सिर फुटौव्वल का? लिखने और छपने की आपाधापी का? क्या वह सब चेतना की ऊपरी सतहों पर आने और गुजरने वाली परछाइयाँ भर थीं? तब फिर अपने भीतर झाँकने पर क्यों यही दो-चार चेहरे उभर-उभरकर आते हैं?

इन सवालों को मैं अपने आपसे हटकर भी समझना चाहता हूँ। जब मोहन राकेश की मृत्यु के बाद उसकी डायरियाँ छपीं तो मैंने ही सवाल उठाया था कि क्यों उसकी प्रवृष्टियों में न किसी साहित्यिक समस्या पर गम्भीर विचार है, न एकाध को छोड़कर किसी किताब का जिक्र। अपने पुरुष मित्रों, साथी लेखकों पर टिप्पणियाँ भी चलते-चलते ही हैं। हाँ, साल-दर-साल भरी हैं लड़कियाँ—'सु' आई, 'कु' गई, 'ब' की शादी हो गई, 'ख' का पता नहीं है। राकेश ही क्यों कमलेश्वर, भारती, नरेश

मेहता, श्रीकान्त वर्मा, अज्ञेय—सभी की लिखी-अनलिखी डायरियाँ इन्हीं 'कु' और 'सु' से भरी पड़ी हैं। कला, संस्कृति, प्राध्यापन, सामाजिक और राजनीतिक जीवन के कौन ऐसे लोग हैं (नेहरू तक) जहाँ ये 'कु' और 'सु' के स्कैंडल नहीं हैं? फिल्म, नाटक या अन्य सामाजिक क्षेत्रों में इन्हें हम स्वाभाविक सम्पर्क या प्रोफेशनल अनिवार्यता कहकर माफी दे देते हैं, मगर लेखन हमारी अपनी दुनिया है। इसलिए बातें अपने वास्तविक आकार से बड़ी होकर सामने आती हैं और माफ़ नहीं की जातीं, इसलिए कुंठा या रचनात्मकता के नाम पर लम्पटता की छूट कहकर हो सकता है हम 'होलियर दैन दाउ' (तुमसे मैं ज़्यादा नैतिक हूँ) की मुद्रा अपना लें, मगर सचमुच समस्या क्या सिर्फ मेरी ही है? क्या इसे कुछ अधिक व्यापक धरातल पर नहीं समझा जा सकता? 'लम्पटता' क्या व्यक्तिगत नैतिक स्खलन है या अपनी स्वतन्त्रता का एसर्शन? पहली बात तो यही है कि 'लम्पटता' सिर्फ इकहरी और इकतरफा नहीं होती, दूसरा रज़ामन्द पक्ष भी वहाँ अनिवार्य है और यही आयाम उसे 'सामाजिक समस्या' का रूप देता है। दुर्भाग्य से इस दूसरे पक्ष पर नैतिक वर्जनाओं की इतनी परतें हैं कि आज तक मैंने कम-से-कम अपने यहाँ तो इस सन्दर्भ में किसी स्त्री की बेबाक आत्मस्वीकृतियाँ (कन्फ़ैशंस) नहीं देखी। शायद स्त्री की नाजुक सामाजिक स्थिति इसकी इज़ाजत नहीं देती। किसी महिला की कलम या जबान से नहीं सुना कि पति के अतिरिक्त उसके कहीं और भी शारीरिक या भावनात्मक सम्बन्ध रहे हैं। कुछ अंग्रेजी-पंजाबी में लिखनेवालियों या मराठी अभिनेत्रियों ने जरूर यह 'दुस्साहस' दिखाया है। हिन्दी में तो सभी एक सिरे से चारित्रिक पवित्रता की आदर्श देवियाँ रही हैं। लम्पट और चरित्रहीन सिर्फ पुरुष ही हैं जो इनकी बच्चों-जैसी दैवी पवित्रता पर डाका डालते हैं। उनकी यह तटस्थ ऊँचाई पुरुष के भीतर बलात्कारी होने का और स्त्री के मन में भ्रष्ट हो जाने का शहीदी अपराध-बोध जगाए रखती हैं। इस स्थिति ने न जाने कितनी मानसिक और सामाजिक विकृतियों को जन्म दिया है। शायद इक्कीसवीं सदी में कुछ ऐसी लेखिकाएँ आएँ जो बराबर से मुक्त होकर इन 'अनैतिकताओं' की सहभागिता स्वीकार कर सकें। या हो सकता है ये सारी नैतिक वर्जनाएँ इस तरह स्वतः ही सूख और झर जाएँ कि जीने-मरने का सवाल ही न रहे...जो काम सौ-डेढ़ सौ सालों के बौद्धिक विमर्श और व्यावहारिक छापामार युद्ध नहीं कर पाए वे सब टी.वी.-दूरदर्शन रातोरात किए डाल रहे हैं। यहाँ मुझे अनायास

ही फ्रैंक हैरिस की डायरियों के वे सारे प्रसंग याद आ रहे हैं जहाँ इंग्लैंड, फ्रांस, अमेरिका के दर्जनों देव-पुरुषों के सेक्स-स्कैंडल भरे पड़े हैं—शैली, कीट्स, बर्नार्ड शॉ सभी तो हैं। बाद में पॉल जॉन्सन का 'इंटलैक्चुअल्स' नाम का लगभग शोध-ग्रन्थ भी देखा, जहाँ हर क्षेत्र के बुद्धिजीवियों की 'हरमज़दगियाँ' बयान की गई हैं। हल्के से याद आते हैं सुकरात-अरस्तू के बाद सबसे बड़े समाज-चिन्तक रूसो के 'कन्फैशंस' जहाँ जीवन की सारी यात्रा एक स्त्री से दूसरी स्त्री तक की गई है।

इस दृष्टि से हमारा युग असन्तुलित सम्बन्धों का 'उलार युग' रहा है। सहज सम्बन्धों की स्वाभाविक आकांक्षा उसकी मानसिकता को जटिल और विकृत कुंठाओं में तोड़ती-मरोड़ती रही है। माँ और बहन के साँचे तोड़कर बाहर आने और खुलेआम मित्र या सहकर्मी स्वीकार करने के लिए स्त्री ने लगभग पाँच दशक की संघर्ष-यात्रा का समय लिया है। छः-सात साल लगे मीता को 'भाई साहब' की कैद से निकलकर मित्र और प्रेमिका के रूप में स्वीकार करने में। इस पर बासु चटर्जी ने एक बहुत खूबसूरत फिल्म बनाई थी। सारी छुपा-छुअन के बाद 'छोटी सी बात' में फिल्म का नायक अन्त में बड़ी मुश्किल से कह पाता है, 'आई लव यू।'

वस्तुतः औपनिवेशिक गुलामी ने हमें राष्ट्र-चेतना तो दी लेकिन पारिवारिक या सामाजिक स्तर पर सामन्ती परिवर्तन को स्थगित किए रखा। बाहर स्वतन्त्रता के संघर्ष से थक-हारकर हम वापस परिवार के उसी पुराने ढाँचे में लौट आते थे और थोड़ी-बहुत छटपटाहट के बाद उसी का हिस्सा बन जाते थे। बहुत विद्रोही हुए तो घर छोड़ दिया या संन्यासी, क्रान्तिकारी समाजसेवी जैसा कुछ बन गए। स्त्री के सामने तो आत्महत्या के सिवा कोई रास्ता ही नहीं था—क्योंकि 'ग़लत' होने का कलंक या परिणाम उसे स्नायविक रूप से तोड़ देता था। अनुचित करने या सामाजिक जिम्मेदारियाँ न निभाने का धिक्कार युवा पीढ़ी की आत्मा का स्थायी नासूर बना रहता था। 'सारा आकाश' व्यक्ति और परिवार के इसी द्वन्द्व की कहानी है। यही द्वन्द्व नई कहानी युग में स्त्री-पुरुष के भावनात्मक दबाव और तनाव-भरी प्रेम-कहानियों का केन्द्रीय कथ्य है। बीसवीं शताब्दी के उत्तरार्ध में भारतीय साहित्य—विशेष रूप से जिन विद्रोही, आउट साइडर, मिस फिट या ड्राप आउट किस्म के नायकों से भर गया था वह वस्तुतः सामन्ती पारिवारिक मूल्यों से व्यक्ति के 'असहयोग' का नतीजा था। यह 'असहयोग आन्दोलन'

पहले की तरह राजनीतिक स्तर पर सड़कों-चौराहों पर नहीं, घर-परिवार के निजी-धरातलों पर घटित हो रहा था। संयुक्त परिवार का टूटना ही स्त्री-मुक्ति का पर्याय था। जिस तरह नई स्थितियों के अनिवार्य उभार को जब पुराने कानून नियन्त्रित नहीं कर पाते तो सामाजिक अपराधों का जन्म होता है, उसी तरह पुरानी नैतिक मान्यताओं के ओछे पड़ जाने पर लम्पट और चरित्रहीन नायक 'नए युग' के प्रतिनिधि बनकर उभरते हैं। यहाँ सेक्स-निजी कुंठा और समस्या नहीं, वृहत्तर सामाजिक मूल्य-संघर्ष का व्यक्तिगत स्पन्दन है। निश्चय ही निजी अपराध-बोध की यह सामाजिक प्रतिरोध और प्रतिशोध तक की यात्रा है। वहीं से सारे सामाजिक-राजनीतिक स्रोत जुड़े हैं। मैं जानता हूँ कि इन नैतिक लम्पटताओं के लिए एक खास आर्यसमाजी धिक्कार का दंड-विधान है। वहाँ इसे कोढ़ जैसी घिनौनी बीमारी माना जाता है। मगर सवाल यह भी है कि कला और साहित्य अगर समाज और समय की व्यक्तिगत अभिव्यक्तियाँ हैं तो इस व्यक्ति को बनाने-ढालनेवाला सबसे महत्त्वपूर्ण निर्णायक तत्त्व और क्या है? अगर वह सारा स्खलन और विचलन सिर्फ मेरा ही था तो मेरी पीढ़ी के सारे लेखकों की वे कहानियाँ कहाँ से आ रही थीं? क्या स्त्री-पुरुष सम्बन्ध ही वे प्रस्थान-बिन्दु नहीं होते, जहाँ से सामाजिक परिवर्तनों की प्रक्रिया गतिशील होती है? रूढ़ नैतिक शिकंजों से स्त्री को मुक्त करने की शुरुआत क्या बड़ी 'सामाजिक क्रान्ति' की भी व्यक्तिगत शुरुआत नहीं है?

अगर मैं इन आत्म-स्वीकृतियों को एक नास्तिक या अनास्थावादी के स्वयं अपने को 'गिनी-पिग' जानकर किए गए आत्म-प्रयोगों का नाम दूँ तो क्या यह गाँधीजी की आत्मा का अपमान है? स्वयं गाँधी ने क्या अपने परम लम्पट गुरु टाल्स्टाय के इस कथन के साथ प्रयोग नहीं किए थे कि ''बड़ी लड़ाइयाँ युद्ध-क्षेत्र के मोर्चों पर नहीं, बन्द कमरों के बिस्तरों पर लड़ी जाती हैं।''

तो क्या कलकत्ता शरच्चन्द्रीय जादू से मुक्ति की एक व्यावहारिक पाठशाला थी?

(मार्च, 2001)

हम न मरैं मरिहै संसारा

पुलिस ने अपराधी राजेंद्र यादव को मार गिराया

बोकारो, ५ अगस्त (मेट्र)। यहां से २२ किलोमीटर दूर चास- पुरुलिया पर पिंजराजोरा के पास आज पुलिस से हुई मुठभेड़ में खतरनाक अपराधी राजेंद्र यादव मारा गया।

मुठभेड़ उस समय हुई जब राजेंद्र यादव और उसके दो साथियों ने बोकारो स्टील प्लांट के डिप्टी चीफ मैटीरियल्स मैनेजर एसवी रमण की पत्नी से नई मारुति कार छीन ली। उस समय वे बाजार से खरीदारी कर के लौट रही थीं। यादव ने भागने की असफल कोशिश की। तीन अपराधियों ने श्रीमती रमण के बाएं कान की बाली भी छीन ली।

प्रिय हरिनारायण जी,

नमस्कार, आज प्रातःकाल 'जनसत्ता' में मुख पृष्ठ पर छपे एक समाचार की कटिंग संलग्न है. इस समाचार ने हम सभी को स्तब्ध कर दिया है.

कृपया तुरंत लिखें कि वे कौन सी परिस्थितियां थीं जिन्होंने राजेन्द्र जैसे निरीह व्यक्ति को 'खतरनाक अपराधी' बनने पर बाध्य कर दिया था. क्या मन्नूजी के उज्जैन चले जाने के बाद उसके अपराधी तत्व उभर निकले?

जो हो, हमें अपार दुख हुआ है इस समाचार से. उसकी आत्मा को स्रो शांति मिले, यही कामना है.

आपके पत्र की उत्कट प्रतीक्षा में

आपका समदुखी

मनमोहन ठाकौर, कलकत्ता

ऊपर दिए समाचारों की तारीखों में तीस सालों का अन्तर है, मगर समाचारों का स्रोत एक ही व्यक्ति है—मनमोहन ठाकौर...देखा आपने, यह व्यक्ति किस तरह विष्णु के सुदर्शन चक्र की तरह मेरी जान को लगा है—ठीक उसी तरह जैसे 'ला-मिज़राब' उपन्यास में नायक ज्याँ-वल्-ज्याँ के पीछे लगा इंस्पेक्टर जैवर्ट ज़िन्दगी के हर मोड़ पर उसके सामने आ खड़ा होता था। व्यवस्था का प्रतीक जैवर्ट भी था, और मनमोहन ठाकौर भी और यह 'व्यक्ति' मुझे हर बार मारता रहा है, कभी फरार बताकर तो कभी दुर्दान्त डाकू करार देकर...इन दोनों के लिए मैं एक शब्द देना चाहूँगा, 'बागी'। वह भूल जाता है कि राजेन्द्र यादव नाम का व्यक्ति न ट्रेन-दुर्घटना से मरता है, न पिस्तौल की गोली से, न मंडल की गाली से और न किराए पर भेजे गए पर्वतेश मवाली से...क्योंकि वह भी तो एक प्रतीक है...जिसके लिए कभी कबीर ने कहा था, "हम न मरहिं, मरिहै संसारा..." या भगवतीचरण वर्मा ने फरमाया था, "तुम नश्वर हो, जग नश्वर है—बस मैं हूँ केवल एक 'अमर'..."

मगर जहाँ तक व्यक्ति का सवाल है तो एक इकबाल मैं आज किए ही लेता हूँ—खुदा को हाजिर-नाजिर जानकर कि अगर मेरे छह-सात शत्रु न हुए होते तो अपनी शारीरिक अनुपस्थिति का आश्वासन मैं आपको बहुत पहले ही दे चुका होता। ऊपर से मैं चाहे जो कुछ भी क्यों न कहता रहा होऊँ, मगर वस्तुतः अपने 'न होने' का अवसर और 'सुख' उन्हें नहीं देना चाहता था। यह कहीं उनकी दुरभिसन्धियों को सफल न होने देने का पैंतरा भी था कि हम सब 'पहले आप, पहले आप' के तकल्लुफ ही दिखाते रहें। सच बात तो यह है कि हम सब उम्र के जिस पड़ाव पर पहुँच गए हैं वहाँ तकल्लुफ की बहुत गुंजाइश नहीं है और कभी भी टिकट कट सकता है। अजीब ट्रेन है और अजीब टिकट है। न यह मालूम कि ट्रेन क्या है और न यह पता कि टिकट कहाँ का है...बस, हम हैं, ट्रेन है, स्टेशन है और यात्रा है—सब कुछ पीछे छूटता हुआ। एक नकाबपोश-सा टी.टी. है जो न जाने कब अचानक नमूदार होता है, आपका टिकट देखता है, रहस्यमय मुद्रा में 'हाँ' या 'ना' कहता है और गायब हो जाता है। आप मुड़कर देखते हैं तो पाते हैं कि आपका सहयात्री किसी स्टेशन पर चुपचाप उतार दिया गया है या खुद आप ही किसी धुन्धभरे गुमनाम प्लेटफार्म पर अकेले खड़े हैं और ट्रेन चली गई है...

तो दोस्तो, अगर मेरे ये 'षड्‌रिपु' न हुए होते तो मेरी मौत का यह

मंगल-हादसा बहुत पहले ही घटित हो चुका होता। आप जानते ही हैं कि मरघटों के साथ कुछ अजीब डरावनी तस्वीरें हम सबकी चेतना में बहुत गहरे बैठी हुई हैं...जैसे साँप की तरह एक मटमैली नदी, मनहूस और उजाड़ पीपल-पाकड़ के पेड़, लाखों साल पुराने कछुओं जैसे बेडौल टीले, कुछ पेड़ों की नंगी शाखों पर धुस्सा दिए सिकुड़े-बैठे चौकन्ने गिद्ध, अदृश्य जगहों से पृष्ठभूमि संगीत देते सियार, कुंडली मारे राख में सोते कुत्ते... हम जैसे मुलायम दिल तो सिर्फ इसीलिए अपना मरना स्थगित किए जाते हैं कि कहीं इनके हाथों न पड़/पकड़ जाएँ...मालूम हुआ ठुमकते हुए एक गिद्ध साहब आए और आपकी आँखें निकालकर चले बने, कौवे आपके आसपास गरबा-नृत्य करते हुए अपने यार-दोस्तों को न्यौत रहे हैं कि आओ, दावत शुरू करें। सियार-कुत्तों को कोई लेना-देना हो या न हो, तरह-तरह की आवाजें निकालकर खामखाँ एक शास्त्रीय (क्लासिकल) वातावरण बनाए हुए हैं। अजीब हास्यास्पद और आपत्तिजनक मंजर पैदा हो जाता है जैसे आप मरे नहीं हैं किसी फिल्म की शूटिंग हो रही है और डायरेक्टर कभी भी 'कट-कट' करता हुआ रि-टेक या पैकअप का आदेश दे सकता है। ऐसे में तो कोई भी खुद्दार आदमी उठकर कह सकता है—नहीं साहब, नहीं, हम इस तरह मरने से इनकार करते हैं। बोलो, ऐंचों, ये भी कोई मरना हुआ...आखिर हम मर ही तो रहे हैं, अनुच्च गिरिराज की तरह शवासन का प्रदर्शन तो नहीं कर रहे...न जमूरे की तरह या अजितकुमार के 'उल्लू के पट्ठे' की तरह उठकर हमें सबसे पैसे माँगने हैं...

अगर आप यह 'सुख' चाहते ही हैं तो बेचारे दिवंगत को गरिमा से मरने दीजिए...न जाने कितने दशकों से हम इस गरिमा से मरने की तस्वीर में ही तो रंग भरते रहे हैं। हर आसपास मरनेवाले को देखकर या बड़े-बड़े सियारों की तरह शहर की तरफ दौड़कर 'दिल्ली में एक मौत' नुमा कहानियों से इस 'मरने की तस्वीर' के संशोधित परिवर्द्धित संस्करण निकालते रहे हैं। मूल तस्वीर तो इतनी ही है कि रात को हल्की दारू के नशे में, इस पतन पर पत्नी की मूक या मुखर भर्त्सना के सन्त-सहन के साथ भोजन किया, दूरदर्शन पर अंग्रेजी समाचार देखे, फिर किसी बहस, सीरियल या 'न्यूज दिस वीक' के दौरान झपकियाँ लीं, हारकर उठे, स्विच बन्द किए, ताले-कुंडी जाँचे, ब्रश किया, लेटकर कोई किताब-पत्रिका देखते-देखते गुड़प हुए और पता लगा, सुबह उठे ही नहीं... 'उठे नहीं' यानी वहीं सोए (या पड़े) हैं, और अलग खड़े देख रहे हैं, चकित और दुखी हैं कि क़ब जाकर

साली यह 'लेखकीय तटस्थता' हासिल हुई है—घरवालों पर पहला धक्का, रोना-धोना, फोना-फानी; सूचनाएँ और भागदौड़। जिसको खबर मिलती है उसकी प्रतिक्रिया...''अरे कल ही तो मिले थे...'' संस्कार कब है? 'इलेक्ट्रिक या निगम बोध? हाँ-हाँ, पहुँचना तो पड़ेगा ही...अब आप अपने यहाँ भी हैं और हरेक के साथ भी, दूरदर्शन, अखबारों के कवरेज पर भी आपका ध्यान है और शोकाकुलों या तसदीकियों के आने-जाने पर भी...'सही' समय, मौसम और अवसर होता तो कितने लोग जमा हो जाते श्मशान भूमि में। आपको मालूम है, कौन-कौन साहब कहाँ-कहाँ होंगे, कौन घर आएगा, कौन सीधे पहुँचेगा...किसको कहाँ से दारू-पार्टी में जाना है और किसको शादी, अभिनन्दन, विमोचन या जन्मदिन पर...कोई बड़ा नेता-राजनेता तो आएगा नहीं, सबको ही तो आप गालियाँ देते रहे हैं अपने सत्ता-विरोध के जोम में...अहमदाबाद से लौटने और कलकत्ता जाने के बीच के घंटों में ओसो नामवर तो लिफ्ट न मिलने के कारण आ नहीं पाएँगे, बिना लिफ्ट या सीढ़ी के बाथरूम तक नहीं जाते...कह देंगे, खबर ही नहीं लगी...अजित रेडियो की रिकॉर्डिंग से दौड़े-दौड़े आएँगे और किसी 'कोल्हू', 'रहट' उपनामी या 'सैयाँ के पैयाँ परूँ'—छाप कवि का इंटरव्यू लेने वापस दूरदर्शन भागेंगे...बहुस्तरीय पापी पेट का सवाल...वी।आई।पी। प्लेटफार्म भी आपको नसीब नहीं होगा, इधर-उधर किसी कोने-किनारे ही आपकी चिता सजेगी। हो सकता है आपके मन में यह विरोध भी उठे कि मैंने तो 'विद्युत शवदाहगृह' के लिए कहा था...ये कमबख्त कहाँ ले आए...मगर वहाँ तो जगह कम है। ज्यादा लोग आ गए तो? अजी कोई ज्यादा-व्यादा नहीं, दस-बीस आ जाएँ, वही गनीमत है...कौन से आप पंकज बिष्ट-नुमा किसी साहित्यिक खाड़कू के हाथों शहीद हुए हैं, अपनी मौत ही तो मरे हैं। उम्र भी तो हो गई थी। अब नहीं मरते तो क्या मोरारजी बनकर ज़िन्दगी-भर आवारा मसीहाई करते, देश की छाती पर ही मूँग दलते रहते...? बहरहाल, आइए अब जरा शोक सभा का नजारा लिया जाए...

और मेरा 'डर' यहीं से शुरू होता है...अखबारी श्रद्धांजलियों या शोक सभाओं में ही लोगों को वह मौका मिलेगा जो आप जीते-जी उन्हें कभी नहीं देना चाहते थे। ज़िन्दगी-भर साहित्यिक मूल्यों की माँ की ऐसी-तैसी करनेवाला या भाड़ झोंकू कहनेवाला आपकी उपलब्धियों, योगदानों, मौलिक महत्त्वपूर्ण चिन्तन का बखान करेगा, *हंस* में महिलाओं पर विशेष कृपा करने का आरोप लगानेवाला, आपके मन में नारी-जाति के प्रति महान सम्मान

का नाम देगा और न जाने किस-किस क्षेत्र में अपूरणीय क्षति के ब्यौरे देगा या 'हमारे साथ जो-जो किया है उसके बाद तो राजेन्द्रजी को मरने से कौन बचा सकता था' का रमेश उपाध्यायी या 'मैं तो चालीस साल पहले ही जानता था कि इसका, राकेश-कमलेश्वर या मेरे सारे दुश्मनों का यही होना है' का अश्कीय भाव ओढ़े अधिकांश साहित्यकार शोकाकुल बने अशोक (वाजपेयी) निन्दा में व्यस्त इधर-उधर टहलेंगे...कहानी, समीक्षा, राजनीतिक पत्रकारिता, अपने महत्त्व पर खुद शेखीभरी अफवाहें फैलाने, फिल्म-लेखन, दूरदर्शन, फ्लैट दबोचने, झूठ बोलने के कीर्तिमान स्थापक, प्रेमिकाबाजी में जड़-मूल से महान क्रान्तियाँ पैदा करनेवाला कमलेश्वर मनगढ़न्त लतीफे, वार्तालाप या घटनाएँ या दूसरों की नीचताएँ, कमीनापन उजागर करते हुए सिद्ध करेगा कि "कहाँ मैं, जिसे गर्बाचोव अपना राजनीतिक और रीगन अपना साहित्यिक सलाहकार बनाने के लिए एड़ियाँ रगड़ते मर गए, और कहाँ यह टुच्चा दिवंगत...इसकी डायरी या अधूरी रचना हाथ पड़ने दो, फिर उसमें ऐसी आधारशिलाएँ भरकर दिखाता हूँ कि याद करेगा...बाल ठाकरे मेरा दोस्त है, उसके सैनिक सारी नींव-दीवारें खोद डालेंगे। शैलेश मटियानी को यह दूसरा आघात होगा, मगर आत्मनियुक्त शंकराचार्य का पद कैसे छोड़ेंगे...राष्ट्र, कानून, संविधान, मानवता तो बहुत ऊँची बातें हैं, मगर मैं सच कहता हूँ कि राजेन्द्रजी को न साहित्य की समझ थी, न भाषा की...लेखन और सम्पादन का तो ककहरा भी वे नहीं जानते थे। मनुस्मृति जैसे महान् और शाश्वत ग्रन्थ की एक पंक्ति भी जी लेते तो वाल्मीकि और कालिदास के बाप हो जाते...मुझे अफसोस यही है कि जिन्दगी-भर मैं उन्हें नहीं समझा पाया कि सैकड़ों वर्षों से जो पहाड़ी लड़कियाँ दिल्ली, बम्बई, कलकत्ता के वेश्यालयों में लाखों की संख्या में आती रही हैं इस सबके लिए वे खुद जिम्मेदार हैं, वहाँ भी राजेन्द्रजी सामाजिक-राजनीतिक या सामन्ती सवर्ण शोषण ही देखते रहे...मैं फिर कहता हूँ कि दलित नाम की कोई चीज नहीं होती, वह सिर्फ एक मानसिकता है—जिस तरह मारनेवाला नहीं, मरनेवाला ही स्वयं अपनी हत्या का जिम्मेदार होता है उसी तरह दलित अपनी अशिक्षा या दयनीयता के लिए स्वयं जिम्मेदार है...या जिम्मेदार हैं वे परिस्थितियाँ जिनका निर्माता स्वयं भगवान है..." गिरिराज किशोर की व्यक्तिगत स्पर्द्धा, नई कहानी गिरोह द्वारा अपनी जायदाद पर डाका डाले जाने की खुन्दक अब किसके सहारे परवान चढ़ेगी, "हमेशा अलग और नए ढंग से सोचता था, जिसे मैं अनैतिक, अधार्मिक समझता हूँ वही

सब करता था, गाँधी के प्रति अपेक्षित श्रद्धा न होने से ही मारा गया, मगर कुछ कहिए बोल्ड था और बड़े-से-बड़े तीसमारखाँ को ठेंगे पर रखता था। कमबख्त मैं इस उम्र में भी ऐसा चुम्बक था कि महिलाएँ प्रभावित हो जाती थीं...कृष्ण का कुछ अंश तो जरूर रहा होगा...'' गहरे प्यार और सम्मान को क्रमशः घृणा और उदासीनता में बदलने की प्रक्रिया से गुजरते सेवाराम शर्मा सात्त्विक रिलीफ और विष्णुकान्त शास्त्री गैरिक उदासी से कहेंगे, ''हिन्दू-धर्म और संस्कृति की महानता और दिव्य गरिमा को देख सकने में राजेन्द्रजी असमर्थ थे, इसलिए आत्मा की मुक्ति से वंचित ही रह गए...उनमें न देवी-देवताओं के प्रति आस्था थी न ऋषिकल्प भारतीयता के प्रति...सिर्फ प्रयोग के लिए इनमें एक बार ईमान लाते तो काफी ऊँचाई तक जाने की क्षमता जरूर थी। मंडल-कमंडल जैसी नकली-झूठी और भौतिक बातों में समय बरबाद न करके आध्यात्मिक मूल्यों और भक्ति की तुरीयताओं को आत्मसात् करते तो शायद उनकी उपलब्धियाँ बहुत महान होतीं...'' पतित व्यक्ति के प्रति परम धर्मनिष्ठ हिन्दू जैसी सात्त्विक करुणा असाध्यता के निरुपाय और विवश-उद्वेग से उच्छ्वसित हो उठता है, ठीक उसी भावस्थिति में शर्माजी के मुँह से निकलेगा, ''भगवान्, राजेन्द्रजी की आत्मा को मुक्ति देना। क्षमा करना, वे खुद नहीं जानते थे कि वे क्या कर रहे हैं और कहाँ गिरे पड़े हैं...आमीन''...फिर अचानक स्वयं ही चौंककर चुप हो जाएँगे कि कहीं पास खड़ी सरयूजी को प्रभावित करने के चक्कर में मैं किसी फादर की ही भाषा तो नहीं बोलने लगा...मगर फादर की भाषा बोलेगा भीष्म... बहू-विरोधी सास की तरह युवा प्रतिभाओं का यह शत्रु, गमगीन और मिस्कीन चेहरा बनाकर कहेगा, ''यार, मुझे तो तब सूचना मिली जब मैं होनोलूलू में साहित्य पर पाँच लाख का पुरस्कार लेकर टिम्बकटू में मिनी शंकराचार्य का फिल्मी रोल करने गया था...मैं उसका लिखा देख तो नहीं पाया, मगर आदमी तो अच्छा ही था, पढ़ता भी बहुत था। शीला से कहूँगा कि उसकी किताबें पढ़कर मुझे बता दे...'' मगर सन्तमुखी इस शैतान की भीतरी शिकायत यही होगी कि समय-असमय फोन से अब अश्लीलतम पंजाबी चुटकुले किसे सुनाएगा या हाथ मिलाते ही उँगली से हथेली पर गुह्य इशारे किससे करेगा...

जिन्दगी-भर हरेक को अपनी शर्तों के अनुकूल न बना पाने की खिन्न असफलता से क्षुब्ध महिलाएँ हमेशा की तरह मेरी शोक-सभा में भी चुप रहेंगी, मगर पुरुषों के मुकाबले मेरे 'हरामीपने' को बहुत जल्दी क्षमा करके

मन-ही-मन उदात्त करुणा से भर उठेंगी—आदमी शायद उतना बुरा नहीं था, जितना ये लोग माइक पर बता रहे हैं। बल्कि इसीलिए अच्छा ही था, मगर खुद बोलेंगी कुछ नहीं—जीवनसाथीनुमा घुन्ना यही न सोच बैठे कि कहीं ये कमबख्त दिवंगत को सचमुच ही तो पसन्द नहीं करती थीं। अब सभी तो शोभना भूटानी या पद्मा सचदेव की तरह 'मुँहफट' होती नहीं हैं कि दस आदमियों के बीच कह दें कि कौन उनके लिए क्या भाव रखता था, या कैसे प्रेमपत्र लिखता था। इतना श्रद्धास्पद बनने के लिए हमने कोई हरकत की नहीं कि शिवानीजी के 'गुरुदेव' की तरह हर साँस में हमारा हनुमान चालीसा पढ़ा जाए...वैसे भी मुँह से चाहे जो कहती रहें, महिलाएँ बड़े-से-बड़े तीसमारखाँ के लिए श्रद्धा-व्रद्धा नहीं रखतीं, बड़े-बड़े श्रद्धेयों की असलियत वे जानती हैं—हाँ, कभी-कभी वात्सल्य का भाव आ जाता हो, वह बात दूसरी है...आखिर अनामिका विमल और उसके पुत्र पर या क्षमा, सुधीश पचौरी की लम्पटताओं पर लाड़ ही तो बरसाती रही हैं...

इस प्रकार आपके न रहने से सारे साथी लेखक-पुरुष सुखी, मुक्त और निश्चिन्त होंगे और सारी नारियाँ प्रतिक्रियाविहीन रहेंगी, मन्नू भले ही आत्मतर्पण के बहाने आपका तर्पण कर दे—यानी कुल मिलाकर राजेन्द्रजी, आप परम क्लासिकल पानी के बुलबुले की तरह ही 'अनलैमेंटेड' (न्यापाहीन?) यानी दो गज जमीं भी न मिली कि हसरत में ही मुल्केअदम की तरह कूच करेंगे और काल की झाड़ू अगले दिन आपका और आपकी महान रचनाओं का कूड़ा-करकट झाड़ बुहार देगा—बोल सियावर रामचन्द्र की जय...

अब यहाँ विचार या अफसोस का मुद्दा यह है कि जब आप अपनी नियति इतनी चित्रात्मक स्पष्टता से जानते थे तो क्यों इस मुगालते की जुगाली करते रहे कि कोई मीर बाकी आपके नाम की बाबरी मस्जिद खड़ी कर देगा? या जब तक आपकी स्मृति में अशोक की लाट तैयार नहीं होगी, आप मरने की मेहरबानी करके ही नहीं देंगे? क्यों सारी ज़िन्दगी दूसरों को कोंचते और अपने-आपको नोचते रहें? वैसे भी आपके पास था क्या जिस पर महान् उपलब्धियों की खुशफहमियाँ पालते रहे? हमेशा से कब्ज के मरीज, एक पाँव से लाचार, एक आँख लगभग बेकार, बुद्धि-वंचित यदुकुल में जन्म, विशारद-साहित्य रत्न की मार्फत बी.ए. देश की फटीचर जबान में एम.ए., याददाश्त के नाम पर अंडा, साधारण से डॉक्टर के बेटे, दस भाई-बहनों में सबसे बड़े—न पैसा, न प्रभाव...फिर आप क्यों और किस बूते पर साहित्य की ऐसी दुनिया में आ गए जहाँ एक से एक फन्नेखाँ

डंड पेल रहे हों? माना कि आपने जो गुण गिनाए हैं उनमें ज्यादा में आपका चुनाव नहीं था, मगर अपनी उन सीमाओं को स्वीकार करके चुपचाप किसी कोने में पड़े टीचरी या कम्पाउंडरी करते नहीं रह सकते थे? कम-से-कम गुरुवर पं. जगन्नाथ तिवारी को यही सन्तोष रहता कि बेचारे को एक ठीया दे दिया। आखिर किस हवा और हिमाकत में आप आगरा से कलकत्ता और कलकत्ता से दिल्ली की खाक छानते रहे? किया होगा आपके हमवतनी गालिब ने यही सब, मगर जनाब, उसके पास प्रतिभा थी, लियाकत थी और उसकी जबान शाही सम्मान से नवाजित थी...गदहपचीसी की कच्ची उम्र में दूसरे जिस हीरो से आप अपने-आपको जोड़ते रहे वह चैखव, कहानी का राजा भोज था और आप गंगू तेली की परछाईं भी नहीं। कहीं आपके न चाहते या जानते, लॉर्ड बायरन तो आपके भीतर नहीं घुस बैठा था? मगर हुजूर, वह लॉर्ड था, शाही खानदान से था और डेयर-डेविल (धाँसू) था। न आप वैसे यूसुफ, न रईसजादे...कुल मिलाकर सारी ही बातें तो आपके खिलाफ थीं...

अब जब 'पकड़' ही लिए गए हो तो सारी बातें खुद सच-सच स्वीकार कर लो, वरना फिर साहित्य के यमदूतों के आगे झख मारकर स्वीकार करनी होंगी...आरोप या सवाल यही है कि वह कौन सी हल्दी की गाँठ थी कि आप लेखन का 'कारे-दराज' लेकर आ बैठे और साहित्यिक खुदाओं को ललकारते रहे...

लोग तकल्लुफ, प्रशंसा या मुँहदेखी में चाहे जो कहते रहें, लगन, इच्छाशक्ति या संकल्प, मगर इस बात को आपके सिवा कोई नहीं जानता कि आपके पास एक ही पूँजी या प्लस-पाइंट था और वह थी जिद। इस बात की जिद कि इस जालिम जमाने में कोई किसी की शक्ति नहीं बनता, गॉड फादर भी चेले की सम्भावनाएँ देखते हैं और कोई तपस्या किसी देवता से वरदान नहीं निचोड़ सकती। जो भी कुछ पाना है सिर्फ अपने बल पर ही पाना है! कहा नहीं जा सकता—यह तत्त्व आपके भीतर विपरीत परिस्थितियों की चेतना, उसमें अपने अस्तित्व की सुरक्षा और बनैली जिजीविषा से आया था, या जिद्दी बाप से विरासत में मिला था...मगर सारी उदारता और मानवीयता के बावजूद बाप की जिद, दिए गए सामन्ती मूल्यों से जुड़ी थी, इसलिए उसे वह सही मानता था और उस पर टिके रहने को ही नैतिक दृढ़ता समझता था। नतीजे में वह आत्महन्ता जिदों में शहीद हो गया। पुराने किस्म के वह उन बहादुर लड़ाकुओं में था जो अपनी छोटी सी गढ़ी को

ही अभेद्य या दुर्जेय समझते हैं और वहाँ से सारी दुनिया को ललकार डालते हैं या आत्मरक्षा को ही सत्य की रक्षा मानकर लड़ते हैं क्योंकि 'सत्य' हमेशा उन्हीं के साथ होता है। यानी दूसरे 'सत्यरक्षक' के हाथों मार दिए जाते हैं, मगर समझते हैं कि आन के लिए मर मिटे हैं। वे सामन्ती अन्तर्विरोधों पर कभी कोई सवाल नहीं उठाते, क्योंकि वे ही सही होते हैं, दूसरे गलत। इसलिए गुणात्मक रूप से अलग होने के साथ-साथ आपकी जिद शायद आत्मरक्षात्मक नहीं, आक्रामक रही...यानी जो, जैसा आपको मिला है या दिया गया है वही आपकी सीमा क्यों हो, पार जाने की चुनौती क्यों न बने? उपलब्ध क्या करना है, यह दूसरी बात है मगर शारीरिक और मानसिक गड्ढों की दयनीयताओं में ही क्यों पड़े रहना है? यह जिजीविषा और जिद न होती तो आदमी आज भी गुफाओं और पेड़ों पर ही रह रहा होता...जो जैसा दिया गया है, न वह प्रारब्ध है, न पूजनीय। शायद यहीं से आया होगा वह दुस्साहस कि न कुछ अन्तिम है, न प्रश्नातीत। पवित्र या सेक्रोसेंट मानकर हम जिसे निर्विरोध भाव से प्राप्त या स्वीकार कर लेते हैं वही तो 'शिलीभूत' महानता है—फ्रोजिन-ग्रेटनैस या शालिग्राम! यथास्थिति के अस्वीकार की यह तड़पती धारा अगर अपने जैसे 'सीमाबद्ध' लोगों को मानसिक या सामाजिक रूप से मुक्त कर सके तो क्या यही उसकी सार्थकता नहीं है? जीवित व्यक्तियों का शापग्रस्त होकर शिलीभूत हो जाना ही तो शालिग्राम हो जाना है—ज़िन्दगी के प्रवाह से किनारों पर फेंके गए महान...जिनमें अभी भी जीवन बचा है और बन्द नहीं हो गए हैं, मुझे उन्हीं से तो संवाद जोड़ना होगा। आपको क्यों हमेशा यह अहसास बेचैन करता रहा कि साहित्य की इस सम्भ्रान्त और कुलीन दुनिया में आप एक घुसपैठिया और बहुरूपिया की तरह बिना टिकट घुस आए हैं और कभी भी पकड़े या मारे जा सकते हैं। वस्तुतः आपकी असली जगह तो निचली गहराइयाँ हैं जिनकी यातना या पक्षधर बनकर आप फकीरों का भेस बनाकर घूम या मसीत में सोते रहे हैं और इस चमकती दुनिया की हर चीज को चोर की तरह जाँच-परख रहे हैं कि यह 'वहाँ के लिए' कितनी प्रासंगिक और उपयोगी होगी। कुछ रचनाकार जरूर किसी ऊँची और ऊपरी दुनिया के सन्देश लेकर आते होंगे, आपको तो 'तीसरी दुनिया' का राजदूत बनकर ही यहाँ रहना है!

आप मानें या न मानें राजेन्द्रजी, यह निश्चित है कि इधर आपका दिमाग पटरी से उतर गया था और दृष्टि में ऐसा विकार आ गया था कि आप न पैकिंग की तारीफ कर पाते थे, न क्वालिटी की—आप हमेशा अफीम

के प्रभाव, किसके द्वारा उसका कहाँ इस्तेमाल हो रहा है, इसी को लेकर हाय-तोबा मचाते रहते थे। अब वह आदमी गँडासे या गिलोटिन की प्रभावी टेकनीक, लोहे की क्वालिटी, फिनिश और परम्परा को कैसे एप्रिशिएट कर पाएगा जो हर वक्त उसके उपयोग (?) का ही रोना रोता रहे...जिन धर्मग्रन्थों में आप सवर्ण-सामन्ती षड्यन्त्र ही सूँघते रहे, कम-से-कम उनकी कलात्मक उत्कृष्टता, भाषा-सौन्दर्य, काव्य-सम्पदा और दार्शनिक गहराइयों को ही एक बार देख लेते तो शायद कुछ मानसिक इलाज होता...सोचिए, आप ही डाकू, बागी या पागल बताकर नहीं मारे जाएँगे तो क्या नरेन्द्र कोहली को यह 'सम्मान' मिलेगा?

बहरहाल, राजेन्द्रजी, अब यह मान ही लें कि इस 'जिद' नाम के तत्त्व ने आपके अवचेतन को अनेक विकृतियों, परिवर्तनों और रूपान्तरणों की प्रक्रिया में डाले रखा है। व्यवहार में प्रायः हर चीज के प्रति विरोधहीनता और वैचारिकता में निडर अस्वीकार की स्थायी मुद्रा दे डाली है। आप इसे महत्त्वपूर्ण और महत्त्वहीन का विभाजन या विवेक भले ही कह लें, मगर यही अन्तर्विरोध आपके व्यक्तित्व को वह गतिशीलता देता रहा है जिसे आप आत्मप्रशंसा में 'जीवन्तता' या 'जीवट' का नाम देते और दूसरों द्वारा वन-ट्रैक होने के आरोप स्वीकारते रहे हैं...

'जीवन्तता' या उम्र, मृत्यु या भीतरी-बाहरी जड़ता का अस्वीकार—हर उस दबाव या शर्त का अस्वीकार जो लेखक को मार देता है, या उसे निरर्थक बना देता है...स्वतन्त्र और निर्भीक लेखक की हैसियत से जीने का सपना—सार्त्र को आदर्श बनाकर यानी नौकरी, सम्मान, पुरस्कार, पद अपने लिए सब कुछ पा लेने के शीर्षासनों से बचना...किसके लिए करना है सब? क्यों करना है सब? लगता है आपने जो लाइन चुनी है उसमें पैसा ही सारी जलालतों की जड़ है, वही मरकट की नाईं नचाता है इसलिए सिर्फ इतना चाहिए कि खाना-रहना चलता रहे, दोस्तों के साथ कुछ शामें अच्छी गुजर जाएँ और सूरत से यतीम या भिखमंगे न नजर आएँ...बाकी न भविष्यनिधि, न बैंक निधि। करना क्या है? (साईं इतना दीजिए जामैं कुटुम समाय?) पिता और प्रकृति ने ऐसा स्वस्थ शरीर दिया है कि (आगे का नहीं मालूम) पिछले चालीस-पचास सालों में कभी बुखार तक के इलाज की जरूरत नहीं पड़ी। मेहमान या मित्र को कभी सिरदर्द की गोली की जरूरत पड़े तो पड़ोसी या दुकान तक दौड़ना पड़े...दुर्घटनाओं पर तो किसी का बस नहीं है, मगर न मृत्यु कभी दूर-दूर तक चिन्ता की चीज रही, न डर का हिस्सा...डर सिर्फ

एक रहा, दीन और दयनीय बन जाने का...मौत तो जिस दिन होगी वह हो जाएगी—अपने-आप या दूसरों के हाथों। अफसोस सिर्फ यही है कि बहुत कुछ अधूरा और बिखरा छूट जाएगा...कौन सँभालेगा यह सब? ऐसा भी तो कोई नहीं है कि 'पुस्तक जल्हण हत्थ दै, चल गज्जन नृप काज...' के भाव से सौंपकर 'राजीव लोचन राम चले, तज बाप कौ राज बटाऊँ की नाईं...' न बेटी को साहित्य से शौक, न परिवारियों को...

राजेन्द्रजी, इसी से जुड़ा एक सवाल आपको परेशान करता रहा है, आदमी जीवन में समझौते पहले करता है या विचारों में? शायद समझौते हम सब करते हैं, जैसे मोर्चों पर हर लड़ाई हारी या जीती जाती है—मगर सम्पूर्णता में युद्ध जीतने की योजना आँखों से ओझल कभी नहीं होती। आदमी शायद हर समझौते या नीचता के लिए पहले तर्क गढ़ता है ताकि अपने सामने 'सही' बना रह सके। हत्या करने के लिए भी उसे 'सत्य का पक्षधर' होने का आश्वासन चाहिए। मगर अपने ही अन्तर्विरोधों की कचोट लेखक को सबसे अधिक नहीं छीलती? क्या वह अपने से यह सवाल पूछना ही बन्द कर देता है कि उसे क्यों वह चाहिए जो उसे अपने ही आदर्शों के सामने झूठा कर देता है? आपने तो तय कर लिया कि जब अपने लिए कुछ चाहिए ही नहीं तो दुनिया-भर की लटर-पटर क्यों करें? जो ठीक लगेगा, बोलेंगे...जो समझ में आएगा, लिखेंगे—मन होगा, सो पढ़ेंगे। मगर दूसरों को लेकर आपको दुख या परेशानी क्यों है? आप क्यों यह मानते हैं कि जरूरत तो न भीष्म को है, न नामवर को, न अजित कुमार को है, न कमलेश्वर को, न मनोहर श्याम जोशी को। सभी के बेहद संक्षिप्त परिवार हैं और वे सभी व्यवस्थित हैं। हाँ, शायद इन सबको न जाने कितने भाई-भतीजे फिट करने हैं, नाती-पोतों के भविष्य बनाने हैं, झूठ-सच, कंजूसी-कमीनपन और दुनिया-भर की पंचायतें करनी हैं। वाइस चांसलर, गवर्नर, एम.पी., पी.एम. बनना है, यानी सभी कुछ वह करना है जो हर्षद मेहता, नटवरलाल या हाजी मस्तान को करना है...इसलिए बेहद बचा-बचाकर बोलते हैं, हर सही-गलत के लिए दर्शन और दृष्टिकोण गढ़ते हैं, हर उठती हुई लहर पर सवार हैं और दौड़ रहे हैं अपनी ही पूँछ-पिछुआते टॉमी या टीपू की तरह...यहाँ से वहाँ और वहाँ से यहाँ, हर पुरस्कार, हर सम्मान और हर कन्धा हमें चाहिए—चाहे इसके लिए कितनी ही नगेन्द्री ऊँचाई तक क्यों न जाना पड़े...अरे साहब, इतनी सब हाय-हाय किसके लिए मचाए है? मान लीजिए, दस-पचास लाख छोड़ भी गए तो क्या बच्चे आपके लिए

ताजमहल बनवा देंगे? अजी राम का नाम लीजिए, हममें से हरेक के बच्चे हमसे लाख गुना ज्यादा समर्थ हैं और साहित्य-संस्कृति नाम का कोई कैंसर उनकी हड्डियों को नहीं खा रहा। अगर उन्होंने हमसे कुछ लिया है तो वह है झूठ, दुनियादारी, पैसा-परस्ती, सिफारिशें और रिश्वतें—इसलिए वे आपकी तरह आदर्शवाद और मतलबवाद की दो नावों पर पाँव रखकर नहीं चलते... यह आडम्बरी द्वन्द्व उनकी चेतना का हिस्सा ही नहीं है। आप समझते हैं कि जिनका नाम ले-लेकर ज़िन्दगी-भर आप जो कुछ करते रहे हैं वह सब उनके अस्तित्व का हिस्सा नहीं है? इसलिए वे आपकी तरह भीतरी और बाहरी 'धिक्कार' को नहीं जीते और मिमियाकर नहीं, छाती ठोककर कहते हैं कि उन्हें बहुत पैसा चाहिए, सुख-समृद्धि और आराम उनका हक है, अगर उनके लिए कुछ कर सकते हैं तो सिर्फ इतना ही कि वे सही-गलत, कानूनी, गैरकानूनी जो भी करें उसे आप अपने बाप-व्यक्तित्व से प्रोटेक्शन या संरक्षण दें...सचमुच क्या आप इस गलतफहमी से मुक्त नहीं हो सकते कि अपने को वंचित करके आप उन्हें निजाम का खजाना छोड़ जाएँगे? क्या आप अब शान्ति से बैठकर उस 'सही ज़िन्दगी' की शुरुआत नहीं कर सकते जिसे आप बीस साल की उम्र से स्थगित करते आए हैं? मगर अब ज़िन्दगी बची कहाँ है, उसे तो आपने 'अपना दुश्मन' बनकर मार डाला है...

मगर रुकिए राजेन्द्रजी, रुकिए...क्या यह सब मन समझाने या 'होलियर दैन दाउ' (तुमसे ज्यादा सच्चा) का झूठ नहीं है कि उन्हें तो पद-प्रतिष्ठा पैसा चाहिए था, इसलिए वे इसमें जुटे थे और अपने वास्तविक को स्थगित करते रहे...और आप ही भगवदभजन में लगे रहे...पहला सवाल तो यही है कि यह आपने अपने लिए कैसे तय कर लिया कि आपको यह सब नहीं चाहिए था या आपको नहीं मिला? हो सकता है आपको नहीं मिला इसलिए अंगूर खानेवालों के लिए आपके मन में खटास है। फिर जो कुछ आपको मिला वह सब तो आपके पिताश्री नहीं छोड़ गए थे—चलिए, यह भी एक बार मान लिया कि न रिरियाकर मिला, न तिकड़मों से, मगर है तो आपके पास भी वही सब जिसके लिए आपको दूसरे उलटे लटके दिखाई देते हैं। नहीं, यह सच नहीं है। क्योंकि जो कुछ भी आज है उसमें अस्सी प्रतिशत मन्नू का अर्जित है। अक्षर शुरू होने के दस साल बाद जब उसने तय कर लिया कि एफ।डी।पी।एफ। इत्यादि से निकालना बहुत हो चुका, अब मैं न अक्षर में कुछ दूँगी, न लूँगी। सिर्फ अगली-पिछली रॉयल्टी ही

मेरा योगदान रहेगी। इसके बाद ही तो उसने अपनी ठसक के साथ वेतन, बाहरी किताबों की रॉयल्टी, लेखन, फिल्मों और सीरियलों को आधार बनाया और तीस साल काम करने के बाद जो हर सामान्य मध्यवर्गीय के पास हो जाता है, वही पाया। माना कि, 'दस फार, नो फर्दर' (बहुत हुआ, अब नहीं) कहने का विवेक और साहस आपमें रहे, मगर फिर वह क्या था कि आप भी अपने को औरों की ही तरह स्थगित करते रहे—या 'न लिखने के कारण' खोजते रहे...

शायद गलत चुनौतियों को स्वीकार करके ज़िन्दगी झोंक देना ही आपकी सबसे बड़ी दुर्घटना रही है। लेखकीय स्वतन्त्रता या ठसक को बनाए रखने और जिस-तिस के आगे हाथ पसारने की जरूरत से बचने से प्रेमचन्द, यशपाल की तरह 'अक्षर' बनाया। सोचा, जब अपनी और मन्नू की किताबों का प्रकाशन-वितरण करेंगे ही तो क्यों न दस और लेखकों को इसका लाभ मिले, मगर बीस-बाईस साल की जद्दोजहद का हासिल क्या रहा? यही कि अपनी पुस्तकें, रॉयल्टी, पारिश्रमिक, समय, श्रम सब कुछ इसी में झोंकते रहे...और लेखकों की रॉयल्टी खाने का 'सुयश' भोगते रहे, भेंट में मिले एक नए रुमाल तक को भी दिखाने में अपराध-बोध महसूस करते रहे कि इसे भी लेखकों के शोषण के खाते में डाल दिया जाएगा...हाँ, सबसे बड़ा लाभ और सन्तोष यही रहा कि मित्रों से मिलने-जुलने, उठने-बैठने का अड्डा बना रहा—एक मिनी 'कॉफी हाउस'—मगर इसे भी बचाए रखने के लिए क्या-क्या नहीं किया। पहले प्रकाशन का वितरण दूसरों को दिया फिर सारा प्रकाशन ही समेट लिया (मानो मित्रों के हिसाब से 'लाखों की कमाई' वाली दुधारू गाय को दान दे देने में भी कोई चालाकी हो...) चलो, वहाँ तक तो गनीमत थी मगर फिर आपने 'हंस' क्यों ओढ़ लिया? समकालीन रचनात्मकता को केन्द्रीय मंच देने का अहंकार...साहित्यिक पत्रिका निकालेंगे और वैचारिक स्वतन्त्रता का बिगुल बजाएँगे...आपके भीतर बैठा शेखचिल्ली कितनी उम्र लिखाकर लाया है महामहिम राजेन्द्रजी?

याद है, एक बार जब आप कसौली के 'कल्याण' होटल में महीने-भर रहे थे? वहाँ रोज कद्दू की सब्जी बनती थी। जब आप पूछते थे, आज सब्जी क्या है, तो जवाब मिलता 'खाओ तो कद्दू से, न खाओ तो कद्दू से...' आपको नहीं लगता, यह 'हंस' भी वही कल्याण होटल है? वहाँ भी तो वही अठारह-बीस घंटे का घिराव, भयानक घाटा, किसी को साथ लेने, न लेने के तनाव या अवरोध, लेखकों को पारिश्रमिक न दे पाने का लांछन,

कभी अपेक्षित क्रान्तिकारी न होने का आरोप तो कभी अतिक्रान्तिकारी होने की गाली...लेखक-लेखिकाओं के साथ पक्षपात करने के, रचना और विचार थोपने के दबाव, बार-बार हितैषियों और मित्रों से 'हंस' को बचाने की अपीलें... 'तिकड़म-सूँघी' मित्रों के अविश्वास...और आप हैं कि अपनी पुरानी जिद को कॉन्फिडेंस का नाम देकर धाँसे चले आ रहे हैं...अरे, हर पत्रिका कागज के कोटे या डी.ए.वी.पी. के विज्ञापनों का सिलसिला बना लेती है। कम-से-कम आप भी वही कर लेते...वह तक तो आपसे हुआ नहीं और मित्रों की ही जान को लगे रहे कि विज्ञापनों-ग्राहकों द्वारा घाटे के बावजूद 'हंस' को चलाए रखने में मदद करें...बिना अपना कोई गणित फिट किए...हाँ, इस प्रक्रिया में लाख रुपए के दो अनुभव जरूर मिले...आप कुछ अच्छा करें तो लोग निःस्वार्थ मदद करते हैं, वरना सात साल तक इसे चलाए रखने के लिए आपके पास था क्या? दूसरे यह कि 'हिन्दू वैचारिकता' सिर्फ ढोंग और झूठ है—वह आलोचना और आत्मालोचना बर्दाश्त ही नहीं कर सकती...आप भी जानते हैं कि अपने सम्पादकीयों में आप कोई नया तीर नहीं मार रहे—सिर्फ आत्मालोचना और विश्लेषण के उसी सिलसिले को बनाए हुए हैं जिसकी शुरुआत बुद्ध, कबीर, राजा राममोहन राय, ईश्वरचन्द्र विद्यासागर, बंकिम, रवीन्द्रनाथ, विवेकानन्द, भारतेन्दु, प्रेमचन्द, भगतसिंह, राहुल, लोहिया, महात्मा गाँधी, फुले या अम्बेडकर ने की थी...देखकर कैसा लगता है कि जड़ हिन्दू मानसिकता आज भी वहीं हैं। उनके पास साधन हैं, मगर शर्त यही है कि हिन्दू-धर्म की सारी नृशंसताओं, अन्याओं और अतार्किकताओं की आलोचना बन्द कीजिए और जितनी और जैसी चाहिए मदद लीजिए—उनका बस चले तो 'हंस' को 'कल्याण' बना दें...है न, कल्याण होटलवाली स्थिति—खाओ तो कद्दू से, न खाओ तो...उनके हिसाब से अपने घर की गन्दगी हमें इसलिए नहीं बुहारनी चाहिए कि दूसरों के यहाँ हमसे ज्यादा गन्दगी है...या गन्दगी सिर्फ दूसरों के यहाँ है, हमारे यहाँ कहाँ?

मगर चलो, इसी बहाने आपको चमत्कारों में विश्वास तो हुआ—वरना जहाँ बड़े-बड़े संस्थान पत्रिकाएँ बन्द करते जा रहे हैं, आप जैसा फटीचर कैसे सात साल से इसे घसीटे हुए है। यह जानते हुए कि पेट्रोल कभी भी खत्म हो सकता है, आप इसी अन्धविश्वास को धाँसे हुए हैं कि सड़क हैं तो पेट्रोल की व्यवस्था भी होती ही रहेगी...जाल समेटने का कोई इरादा ही नहीं है क्या हुजूर...? या दूसरों को ही यह पुण्यकार्य करना होगा?

मगर चलते-चलते यह तो बताते जाइए कि आपकी इस 'जिद' से जुड़ी स्मरणीय घटना कौन सी है जिसने आपको अपने से बाहर निकाल फेंका...लिलियन रॉथ की आत्मकथा 'आइ विल क्राइ टुमारो' वाली बात आप कई बार बता चुके हैं। उसे छोड़िए...याद है वह दूसरी घटना?

सन् 1952 की बात है, सारे दिन दिल्ली में भटककर, कॉफी हाउस या इधर-उधर दोस्तों से मिलते-मिलाते देर हो गई थी। मुझे और मोहन राकेश को आगरा जाना था। शीलाजी उन दिनों दयालबाग में ही थीं और राकेश जालन्धर से वहीं आया था। तय हुआ, सुबह दिल्ली चलते हैं, शाम तक लौट आएँगे। रात की पैसेंजर मिली—काफी देर प्लेटफार्म पर घूमते, चाय पीते हुए। राकेश लगातार सिगरेट पी रहा था। उन दिनों मैं सिगरेट-शराब-मांस-जुए को संस्कारहीनता और चारित्रिक पतन मानता था। मगर पंजाबी का चरित्र या नैतिक मूल्यों से क्या वास्ता, इसलिए राकेश की 'नीचता' अजूबा नहीं थी। गाड़ी आई तो जैसे-तैसे एक थर्ड क्लास के डिब्बे में बैठ गए। सोने की जगह नहीं थी। पुराने ढंग का डिब्बा था। सामने गेरुए कपड़ों में एक संड-मुसंड घुटे सिर का साधु बैठा था और लगातार गीता के श्लोक बोल रहा था। राकेश संस्कृत जानता था। बोला, उच्चारण शुद्ध और याददाश्त अद्भुत है। मगर वह तटस्थ बना रहा। हो सकता है आगरे की अपनी तनाव-भरी ज़िन्दगी की बात सोच रहा हो...साधु हर थोड़ी देर बाद अपने कमंडल से बीड़ियाँ-माचिस निकालता और जला लेता। फिर कभी झोले से बाजीगर की तरह एक पेड़ा खींच लेता और मुँह में उछाल देता। आसपास गाँववाले जैसे लोग श्रद्धा से उसे देख रहे थे। मेरी हथेलियाँ उसके चिकने सिर-पर हाथ फेरने को मचल रही थीं। उसके पास ही कोई नव-विवाहिता, घूँघट काढ़े गठरी-मुठरी बनी बैठी थी—साथ में या तो ससुर था या जेठ। रात बारह से ऊपर का समय था और छत पर एक रोता-सा मरियल बल्ब जल रहा था। साधु नींद के बहाने उस 'गठरी' पर झुकने की कोशिश करता और वह कुहनी मारकर उसे सीधा कर देती। झटके से जब साधुजी कई बार सीधे हुए तो हमारा ध्यान उधर गया। अचानक मैंने देखा, साधु का एक पाँव भी लड़की के पाजेबवाले पाँव की तरफ अनजाने सरकता और फिर वापस आ जाता। शायद उधर कोई देख भी नहीं रहा था। क्या यह लड़की भी खेल रही है? अपने साथवाले से शिकायत क्यों नहीं करती? शायद रिश्ता बोलने का नहीं था। हो सकता है सोचती हो कि झगड़े से क्या फायदा, खुद ही निपट लेगी। पता नहीं कब राकेश और मैं उस साधु

का मजाक उड़ाने लगे—कभी उसके घुटे सिर, कभी शौकीन तबीयत, तो कभी मेहनत न करके मस्ती मारने का। "हमें भी चेला बना लो तो झंझट से छुट्टी मिले।" राजामंडी स्टेशन पर उतरने लगे तो साधु ने गाली दी, "दुष्टो, नरक में जाओगे! साधु की आत्मा कूँ बहौत कलपायौ है।" हँसते हुए बाहर आए। राकेश ने दयालबाग का ताँगा लिया। मैं अपने घर उतरा तो मास्टर साहब (पं. रामस्वरूप शर्मा) बाहर ही मिले, "डॉक्टर साहब की तबीयत बहुत खराब हो गई है, उन्हें सुरीर से यहीं ले आए हैं।" यह बाप के मरने की सूचना थी—उस दिन भीतर का ईश्वर और बाहर का बाप दोनों एक साथ ही मरे थे—धर्म और परम्परा की मृत्यु के रूप में...शायद उसी दिन किसी बन्दूक की गोली पर कहीं मेरा नाम भी खुद गया था।

सार्त्र ने अपनी आत्मकथा 'शब्द' में लिखा है, "मैं, यानी एक मरा हुआ व्यक्ति अपने-आपको बेहद नापसन्द करता था। नौ-दस साल की उम्र तक आते-आते तो मैं पूरी तरह 'मरणोपरान्त' हो चुका था। अब आप पूरी ज़िन्दगी जी लेते हैं, तो अन्त को ही प्रारम्भ का सत्य भी समझने लगते हैं...अपनी ज़िन्दगी को बिम्बों और तस्वीरों में देखने से पहले ही मृत्यु मुझे जन्म की दिशा में धकेलती और जन्म, मृत्यु की ओर प्रेरित करता। जिस क्षण मैंने इस क्रिया-प्रतिक्रिया को देखना बन्द किया, मैं अपनी वास्तविकता में आ गया—यानी दिल की हर धड़कन के साथ जनम लेते और मरते हुए दो ध्रुवों के बीच, टूटने के बिन्दु तक खींचा जाने लगा..."

जब आप मरते हैं तो आपके साथ एक पूरा समाज, संसार और युग मरता है। राजेन्द्रजी, क्या आपके साथ ऐसा नहीं हुआ? तब फिर अपने तर्पण के साथ क्यों आपने दूसरों का भी फातिहा पढ़ डाला...? मृत्यु अपने-आपको देश-काल से उखाड़कर अलग खड़े हो जाना है—यह उखाड़े जाना अकेले तो नहीं होता—बहुत से रेशे या पतली जड़ें भी ऊपर खिंची चली जाती हैं—उन सबका साथ आना ही मृत्यु की तसदीक है।

कहीं ऐसा तो नहीं है कि सीमाओं का अतिक्रमण करने की अपनी पुरानी जिद में आप जीवन की सीमाओं के पार चले गए हों—और साथ ले गए हों अपना संसार—यानी एक पापी सारी नाव ले डूबा हो...—मगर आप 'व्यक्ति' कहाँ, आप तो विचार हैं (दुर्दान्त या 'कु' ही सही) और विचार कभी नहीं मरते—नैनं छिन्दन्ति शस्त्राणि, नैनं दहति पावकम्।

अब एक ऑटोप्सी (शव परीक्षा)

तोते की जान

अर्चना वर्मा

षड्यन्त्र तो जरूर था लेकिन पूर्वनियोजित शायद नहीं ही रहा होगा। कम-से-कम लगा तो ऐसा ही कि यह मस्तिष्क-लहरी मुझ पर नज़र पड़ने के बाद या साथ राजेन्द्रजी को आई। अखिलेश राजेन्द्रजी को शायद तद्भव के अगले अंक में कुछ लिखने के लिए घेर रहे थे, राजेन्द्रजी बचने की कोशिश कर रहे थे। दुर्दैव से उसी समय मैंने दफ्तर में कदम रखा और जरा सी देर में राजेन्द्रजी को यह कहते सुना कि इससे लिखवाओ। यह लिख सकती है। यह मुझको सन् पैंसठ से (ठीक-ठीक कहा जाए तो सन् छियासठ, इसमें 'पिछली सदी का' और जोड़ दिया जाए तो वाकई प्रागैतिहासिक) जानती है। उसके बाद इसकी टोपी उसका सिर को चरितार्थ करते हुए सारा घिराव इस ओर घूम गया और मेरे इनकार और अखिलेश के आग्रह के बीच मुकाबिला शुरू हुआ। अखिलेश के बारे में मनोहरश्याम जोशीजी की राय बताकर राजेन्द्रजी ने समझाया कि यह एक व्यर्थ मुकाबिला है। राय यह थी कि खुद जोशीजी सम्पादक रह भी चुके हैं और बाकी सब बड़े-बड़े सम्पादकों को देख भी चुके हैं। लेकिन अखिलेश जैसा बुलडोजर सम्पादक उन्होंने दूसरा नहीं देखा। लिखवाकर छोड़ेगा। हथियार डालते हुए मैंने जानना चाहा कि मामला क्या है। मालूम हुआ कि राजेन्द्रजी से आत्मकथ्य लिखने का आग्रह है।

आत्मकथ्य जैसी चीज़ में कोई दूसरा भला क्या कर सकता है?

पता चला कि जो चाहो सो करने की खुली छूट है। आत्मकथ्य की वैचारिक किस्म वे खुद लिख देंगे और पूरक तौर पर बाकी कुछ अर्चना से लिखवा लो (यानी जीवनीपरक ललित निबन्ध जैसा कुछ)।

इस तरह के करतब राजेन्द्रजी ही कर सकते हैं। जिस आत्मकथा को जीकर वे पहले ही फाइनल कर चुके हैं उसमें जो चाहो सो कर देने की

गुंजाइश ही कहाँ बचती है और जैसे चाहो वैसे लिख देने की पूरी छूट के बावजूद यह तो है ही कि मनचाहे तथ्य पैदा नहीं किए जा सकते। वे पहले से मौजूद हैं लेकिन मुझको उतने मालूम नहीं हैं। राजेन्द्रजी सुनते नहीं। कहते हैं, कुछ तो तुम जानती हो, कुछ सुन रखा है, बाकी सूँघ रखा है। तुम्हारी नाक बहुत तेज़ है। बेकार के बहाने मत करो।

तो शुरू करने के पहले ही आगाह कर दूँ। यहाँ जो कुछ भी लिखा जा रहा है उसका आधार है थोड़ी सी जानकारी, थोड़ा कुछ सुना हुआ, बहुत कुछ सूँघा हुआ। खतरा है कि नतीजा ठीक वही हो जो राजेन्द्रजी के सम्पादकीयों में हो जाया करता है यानी अनुमानित निष्कर्षों को प्रामाणिक ऐतिहासिक तथ्यों की जगह पर बिठाकर मान लेना कि सच यही है। सच आखिर एक पाठ ही तो है। जैसे चाहो पढ़ लो।

लेकिन खतरा तो खुद राजेन्द्रजी ने ही चुना है। उनके लिए यह अपनी उदारता साबित करने का एक मौका है या फिर मेरे लिए अपनी निष्पक्षता साबित करने की एक चुनौती? (सन्दर्भः कथादेश के अगस्त अंक में प्रकाशित राजेन्द्रजी के साक्षात्कार पर कथादेश के ही सितम्बर अंक में प्रकाशित मेरी प्रतिक्रिया) इस सन्दर्भ में निष्पक्षता का मेरा कोई दावा नहीं, न किसी की उदारता साबित करने का उपलक्ष्य ही मैं बनना चाहती हूँ। यह मैं कहाँ आ फँसी लेकिन इस फेर में आ पड़ना खुद मेरा अपना ही तो किया हुआ है वैसे ही जैसे राजेन्द्रजी का खुद यह खतरा चुनना। तो खैरियत इसी में है कि जीवनी और प्रामाणिक वगैरह के चक्कर में पड़े बिना व्यक्तिपरक जैसा कुछ लिख मारा जाए जो ललित जैसा भी कुछ बन पड़े तो अच्छा पर ऐसा तो न ही हो कि मेरे दुराग्रहों—पूर्वाग्रहों की अभिव्यक्ति को कोई भावी शोधशूर राजेन्द्रजी की प्रामाणिक जीवनी समझ बैठे। यानी अब जो प्रस्तुत है उसका आधार है जैसा मैंने जाना के अलावा जैसा राजेन्द्रजी ने जहाँ-तहाँ लिखा और उसे जैसा मैंने पढ़ा। नवीनतम सन्दर्भ : कथादेश का पूर्वोल्लिखित साक्षात्कार।

इस परिचय को भारी भरकम तौर पर सम्माननीय बनाना हो तो जैसा कहा पिछली सदी के सन् छियासठ में मिरांडा हाउस के हिन्दी विभाग में नौकरी शुरू करने के बाद मन्नूजी की सहकर्मिणी और मित्र की हैसियत से उस घर में आना-जाना शुरू हुआ था। बचपना था। समझ कोई खास नहीं थी। मन्नूजी की ममता थी। मातृत्व भाव उनमें हमेशा से ही प्रबल थी। टिंकू, उनकी बिटिया, का नाम रचना है। उसके साथ खेलते हुए मज़ाक में

मैं कहा करती थी, यह रचना मैं अरचना। टिंकू के साथ राजेन्द्रजी को कभी-कभी मैं पप्पू भी कहा करती। कभी-कभी इसलिए कि घर में वे होते ही कभी-कभी थे। उतने मशहूर लोगों के आसपास फटक सकने के अहसास में भी तब एक अपना आतंक था जिसे मैं बहुत चुप रहकर छिपाती थी। चुप रहकर दिखता कुछ ज्यादा है। लगता था कि इस घर में जब तब कभी बेमौसम बादल घिरे होते हैं तो कभी आँधी चढ़ी होती है। लेकिन बस लगता ही था। सन् उन्नीस सौ छियासठ में समझने लायक अकल नहीं थी, न पूछने लायक हिम्मत ही। मेरे वहाँ होने के दौरान राजेन्द्रजी अक्सर घर पर नहीं होते थे। मटरगश्ती के लिए निकल जाने का समय शायद वही रहा होगा। राजेन्द्रजी की सूरत जब पहले-पहल राजेन्द्रजी में ही देखी थी तो किसी पत्रिका, शायद सारिका, कमलेश्वर के सम्पादनकाल में प्रकाशित उनकी उस तस्वीर की याद आई थी जिसका शीर्षक दिया गया था 'ऐयारों के ऐयार'। पता नहीं तब भी वे पाइप पीते थे या नहीं। तस्वीर में शायद ऐसा न भी रहा हो लेकिन मुझे उनका चेहरा हमेशा धुएँ के गुबार से घिरा हुआ ही याद आता है। कुछ तो धुएँ से धुँधलाया और कुछ बड़े भारी चश्मे के पीछे छिपा, किसी न खुलनेवाले तिलिस्म जैसा—शीर्षक बिल्कुल दुरुस्त था। वाकई 'ऐयारों के ऐयार'। उन दिनों राजेन्द्रजी को बस इतना ही जाना।

थोड़ा सा अधिक जानना शुरू किया 'हंस' के सम्पादन से विधिवत् जुड़ने के बाद सन् छियासी में। बीस बरस बीत चुके थे। इस दौरान मन्नूजी से सम्पर्क तो बना रहा लेकिन ज़िन्दगी के बहुत से उतारों-चढ़ावों, मोड़ों-चौराहों के बीच एक दूसरे को भीतर से जानने और साथ और सहारा देने का मौका प्रायः नहीं रहा। दूर-दूर से पता तो चलता रहा कि बीच-बीच में कभी कोई तूफान उठा लेकिन बिना विशेष ध्वंस के बैठ गया। निशान तो छोड़ ही जाता रहा होगा।

इन बरसों में उम्र बढ़ाने के अलावा मैं अपनी ज़िन्दगी में और भी बहुत कुछ कर बैठी थी जिसमें से यहाँ काम की बात महज इतनी है कि 'दिनमान' के लिए नियमित रूप से समीक्षा लिखते हुए बिना किसी योजना या उद्देश्य के ही समीक्षा के तन्त्र में फँस और साहित्य से जुड़ गई थी और जब राजेन्द्रजी ने 'हंस' शुरू किया तो मेरा सहयोग समीक्षा स्तम्भ को नियमित रूप से, विधिवत् चलाने के लिए ही लिया था। यानी सिर्फ समय बिताने के सामान की तरह शुरू किया गया काम अब जी का जंजाल बन

चुका था। साहित्यिक मित्र बताने लगे थे कि समीक्षा ही वह सबसे ज्यादा मूल्यवान और महत्त्वपूर्ण कर्म है जो मुझे करते रहना चाहिए। पढ़ने का शौक मुझे है और यह पता भी कि लिखनेवाले को एक 'फीड बैक' की आकांक्षा और अपेक्षा होती ही है। मित्रों की अपेक्षाओं को टालना आसान काम नहीं इसलिए बार-बार यह प्रण करने के बावजूद कि अब बस, यह आखिरी समीक्षा थी, फिर-फिर खुद ही उस प्रण को तोड़ भी बैठती हूँ। इसलिए तब 'हंस' को मेरी और मुझको 'हंस' की जरूरत का मूलाधार यह समीक्षा ही थी। फिर पता नहीं कैसे पहला अंक निकलने के पहले ही इस मूलाधार का तरह-तरह से बंटाधार हुआ जो अपनी शाखा-प्रशाखा निकालता चला गया और मैं वहाँ प्रूफ-रीडिंग से लेकर रचनाओं की पहली छँटनी और जब जैसी जरूरत तब वैसा माल—कविता, कहानी, छोटी कहानी, लम्बी कहानी, समीक्षा, एक बार का तो सम्पादकीय भी, वगैरह—सप्लाई करने जैसे तरह-तरह के धन्धों में फँसी पाई गई। यानी कुल मिलाकर शुरू के सालों में टाइम-टेबल का काफी-काफी हिस्सा 'हंस' के दफ्तर में बीतने लगा। इसमें कहीं मेरी अपनी भी कमजोरी रही ही होगी। और कुछ नहीं तो अपेक्षाओं को टाल न पाने या फिर अटक भीर और अड़ी-भिड़ी के समय बावजूद अनिच्छा और आलस्य के बरअक्स उठ खड़े होने की निहायत औरताना आदतें जो अपने आप से बेहद लड़ाई के बावजूद छूटती ही नहीं और भुनभुनाने की मनःस्थिति में इस फँसावड़े की सारी जिम्मेदारी (पढ़िए गलती और गुनाह) मैं राजेन्द्रजी पर डालना पसन्द करती हूँ। मुझे भी इस तरह अपने लिए एक स्थायी बहाना मिला हुआ है कि 'हंस' की फाइल-दर-फाइल कहानियाँ पढ़ते हुए और रहे-सहे वक्त में तथाकथित बाकी धन्धे निपटाते हुए न वक्त बचता है, न दिमाग कि जो मैं सचमुच लिखना चाहती हूँ वह लिख सकूँ। इस सिलसिले में भुनभुनाना एक किस्म की क्षतिपूर्ति ही समझिए। यह अलग बात है कि बीच-बीच में कुछ अरसे के लिए समीक्षा वगैरह से हाथ समेटा तब कुछ और भी नहीं ही लिखा। थोड़ा-बहुत जो लिखा गया वह कभी न लिखा गया होता यह फँसावड़ा अगर न होता। राजेन्द्रजी यह कला जानते हैं। वे जानते हैं कि मैं सिर्फ दबाव और मजबूरी में ही काम करती हूँ। वे मुझे यह भी बताते हैं कि मेरे बहानों का असली नाम आलस्य है। कभी चुनौती से, कभी धिक्कार से, कभी अपनी असहायता और अन्यत्र व्यस्तता के प्रदर्शन से और इस सबसे बढ़कर इस जानकारी से कि किस पर किस वक्त कौन सा हथियार काम

करेगा, वे लोगों को प्रेरित, प्रोत्साहित, उत्तेजित करके काम के लिए धकेलना जानते हैं। उनकी इन्हीं युक्तियों (पढ़िए हथकंडों) का नतीजा है कि आज मैं अखिलेश के चंगुल में फँसकर खुद राजेन्द्रजी को इस ललित निबन्धनुमा चीज़ का विषय बनाकर इस चिन्ता में बैठी हूँ कि यह ऐयार जो खुद ही तिलिस्म भी है, खुद ही तहखाना भी, इसकी चाभी है कहाँ। और विषय ऐसा फिसलवाँ साबित हो रहा है कि आसानी से पकड़ में आने की बजाय अवान्तर भटकाता ही चला जा रहा है। शायद ऐसा भी होता हो कि जहाँ आसानी से कोई रहस्य पकड़ में न आए वहाँ दरअसल रहस्य हो ही नहीं, सिर्फ रहस्य के लक्षण होने की वजह से मान लिया जाए कि रहस्य भी है। अब आज के जमाने में विवाहेतर प्रेम प्रसंग या स्त्री-हृदय-संग्रह जैसे शौकिया शिकारों को रहस्य की कोटि में रखने की तुक तो कोई है नहीं। उन्हें लेकर छोटा-मोटा स्कैंडल तक खड़ा करने के लिए भी बिल क्लिंटन चाहिए। उनकी बात अलग है जिनके संस्कार आधी सदी पहले पड़ चुके थे या फिर जिनके भीतर भय है जिनमें स्त्रियाँ ही प्रमुख हैं जो भुगतती आई हैं और जो अब बहादुरी के कारनामों में स्वयं भी पीछे नहीं हैं और जो अब प्रतियोगिताओं में पुरुषों की अपेक्षा कहीं अधिक फायदे में हैं क्योंकि देनेवाली कुर्सियों पर जब तक अधिकतर पुरुष हैं तब तक इनके पास देने के लिए ऐसा कुछ है जो पुरुष प्रतियोगियों के पास नहीं है और जो उन स्त्रियों के लिए भी एक संकट खड़ा करती हैं जो इन शर्तों पर प्रतियोगिता में शामिल होना नहीं चाहतीं। पर यह भी यहाँ एक अवान्तर प्रसंग है। इसे आगे के लिए स्थगित करते हुए रेखांकित यहाँ मैं सिर्फ यह करना चाहती हूँ कि 'कथादेश' के पूर्वोक्त साक्षात्कार में उल्लिखित राजेन्द्रजी के इकबालिया प्रेमप्रसंगों के अतिरिक्त—जो अब रहस्य नहीं रहे—अन्य रहस्य कहीं हैं या नहीं? वह तोता कहाँ है जिसमें राजेन्द्रजी की जान है?

फिलहाल वह तोता शायद 'हंस' है। उनके बरसों के पाले हुए सपने का सच। और उनके इच्छाजगत् में सम्पादक को जैसा होना चाहिए वैसे ही सम्पादक की भूमिका उन्होंने अपने लिए तय की है। अपनी सारी भुनभुनाहट के बावजूद इतना तो मैं भी जानती हूँ कि यह अहसास उन्हें शायद बहुत गहराई तक तृप्त करता है कि किसी की रचनाशीलता को खाद-पानी देने में उनका भी हाथ है। 'हंस' के साथ जुड़े नए लेखकों की लम्बी जमात का स्नेह और लगाव इसी का फल है लेकिन इसके कुछ अवान्तर नतीजे भी

हैं। जैसे कि राजेन्द्रजी का यह आग्रह कि वापस जानेवाली रचना में अगर थोड़ी भी गुंजाइश दिखे तो उस पर एक टिप्पणी और साथ में संशोधन की सलाह जरूर नत्थी की जाए। पहली छँटनी का काम इससे बढ़ता और मुश्किल होता है यह स्थिति का सिर्फ एक ही पहलू है। यह भी होता रहता है कि सलाह के नतीजे खुद को ही भुगतने पड़ें। लेखक अगर सलाह को अमल में लाकर सचमुच संशोधन कर डाले और 'हंस' को सलाह और संशोधन के बीच कोई तालमेल नजर न आए तो गलती जाहिर है, हमारी होगी। संशोधन के कारण अगर कहानी और भी बिगड़ गई सी पाई जाए तो इस सत्यानास की जिम्मेदारी भी जाहिर है हमारी ही होगी। विचारार्थ दोबारा भेजते समय अगर लेखक मान चुका हो कि इस बार तो रचना स्वीकृत होगी ही तो उचित ही यह उसका अधिकार है। यानी यह मान लेना कि स्वीकृति मिलेगी न कि प्रकाशित भी होना। लेकिन दुर्भाग्य से यदि रचना को लौटाना पड़ा तो मामला सम्पादकीय तानाशाही का और लेखकीय अधिकार में हस्तक्षेप का बन जाता है। स्नेह और लगाव धरा-का-धरा रह जाता है और नाराजों की गिनती में एक और इजाफा होता है। जितनी आसानी से राजेन्द्रजी दोस्त बनाते हैं उतनी ही आसानी से दुश्मन भी लेकिन प्रकाशन की शुरुआत के चौदह वर्ष बाद, आज भी यह सम्पादकीय नीति बरकरार है और राजेन्द्रजी यथासम्भव लेखकों को पत्र भी स्वयं ही लिखा करते हैं।

पत्रों का किस्सा भी खासा दिलचस्प है। 'हंस' के दफ्तर में वे ढेर के हिसाब से आते और बेहद चाव से पढ़े जाते हैं। डाक राजेन्द्रजी खुद अपने हाथों से खोलते हैं और सबसे ज्यादा मज़ा नाराज पत्रों को पढ़कर पाते हैं जो कभी-कभी सचमुच इतने नाराज होते हैं कि बाकायदा गोली से लेकर गाली तक की समूची रेंज सँभाले होते हैं। और गालियाँ भी गोली से कतई कम नहीं, शायद कुछ बढ़कर भले हों। इस मामले में राजेन्द्रजी का प्रिय शगल यह है कि खुद पहले पढ़ चुकने के बावजूद निहायत भोले और अनजान बनकर कोई ठेठ मांसाहारी किस्म का खत मुझे या वीना (सुश्री वीना उनियाल, हमारी कार्यालय सहयोगिनी) को थमाकर वे उसके सामूहिक सस्वर पाठ की फर्माइश करेंगे कि देखो तो जरा, क्या कहता है, मेरी समझ में नहीं आ रहा है, पढ़कर सुना दो और इस क्रम में मेरी या वीना की भद्र महिलासुलभ आत्मछवि को खतरे में डाल देंगे। यानी कि होगा यह कि 'सम्पादक साले उल्लू के पट्ठे, तू अपने को समझता क्या है' जैसी

अपेक्षाकृत विनम्र वचनावली से शुरू होने वाला पत्र जरा दूर चलकर माँ की, बहन की शान में अकथनीय इजाफा करता हुआ मिलेगा और पढ़नेवाली पढ़ती जाए तो अपनी स्त्रीजनोचित सुशीलता की शान में और न पढ़ पाए तो तथाकथित बौद्धिकता के गुमान में बट्टा लगते हुए पाएगी ही। एक दिन खीजकर मैं भी खेल ही गई। अन्त तक पढ़ ही डाला। सन्नाटा छा गया। थोड़ी देर। किसी को समझ में ही नहीं आया कि प्रतिक्रिया क्या हो। फिर राजेन्द्रजी ने ठहाका लगाया। उस दिन के पहले तक के पुरुष प्रधान 'हंस' जगत में पुरुषोचित विमर्श की आकांक्षा होने पर मुझसे कमरा छोड़ देने की प्रार्थना की जाती थी। उस दिन से मैंने स्वयं को पूर्णकालिक सदस्य की हैसियत से स्वयं को दाखिल पाया और 'हंस' के साथ मेरे सम्बन्ध में सबसे अधिक मूल्यवान बात मुझे यही लगती है कि वहाँ अपने स्त्री होने के अहसास का कोई प्रतिबन्धक दबाव मुझे अपने मन पर महसूस नहीं होता। प्रेमी-पुंगव के रूप में राजेन्द्रजी की ख्याति के सार्वजनिक होने के पहले और स्वयं इस ख्याति से अपरिचित होने के कारण मैं इस आशय का प्रमाणपत्र जब तब प्रसारित किया ही करती थी। बिना माँगे। इसके पीछे अपनी आश्वस्ति और निश्चिन्तता की अभिव्यक्ति है कि ऐसी दोस्ती और ऐसा दफ्तर भी सम्भव है। वह प्रमाण पत्र अब भी अपनी जगह बरकरार है लेकिन उसे अब मैं पहले की तरह प्रसारित प्रायः नहीं करती। वजह बचकानी और हास्यास्पद है। एक तो यह कि यह मेरा व्यक्तिगत अनुभव है, सामान्यीकरण का आधार नहीं बन सकता। दूसरे यह आशंका कि जनता की मनोवृत्ति को देखते हुए मेरे अनुभव की तुलना में राजेन्द्रजी की ख्याति ज्यादा विश्वसनीय साबित होगी।

लेकिन बात पत्रों की हो रही थी। मत और सम्मत में प्रकाशन के लिए पत्रों का चुनाव करते समय उन पत्रों की जगह सबसे ऊपर होती है जिनमें 'हंस' और राजेन्द्रजी की सख्त आलोचना हो। लेखकों के अलावा पाठक भी ऐसे पत्र काफी खुले दिल और इत्मीनान से लिखते हैं। बल्कि कुछ ज्यादा ही इत्मीनान से। शायद वे भी जान चुके हैं कि ऐसे पत्र जरूर छापे जाएँगे। सम्पादक की डाक में बहुत से व्यक्तिगत पत्र भी होते हैं। उनमें स्त्रियों के पत्रों की संख्या भी अच्छी खासी होती है। कई बार ये साहित्यिक मसलों से जुड़े होते हैं तो कई बार लिखनेवाले की बिल्कुल निजी दिक्कतों और समस्याओं के बारे में भी, और लिखनेवाले भी ऐसी पृष्ठभूमि के कि सोचना मुश्किल लगे कि इन्हें 'हंस' और राजेन्द्रजी के बारे में मालूम कैसे

हुआ होगा। एक पत्र उत्तर प्रदेश के किसी गाँव की किशोरी का था। उसकी समस्या लड़की होने के कारण परिवार में अपनी उपेक्षा से जुड़ी हुई तो थी ही, इस समय और भी विकट हो उठी थी क्योंकि वह अपनी दसवीं तक की पढ़ाई पूरी करना चाहती थी जब कि घरवाले उसकी शादी कर देने पर तुले हुए थे। राजेन्द्रजी से उसकी अपेक्षा यह थी कि दिल्ली में उसके लिए एक नौकरी का प्रबन्ध कर दें तो वह शादी के पहले ही घर से भाग निकले। कुछ पत्र भावना और कर्तव्य के चिरन्तन द्वन्द्व में फँसी विवाहितों के होते हैं जो अपनी नैतिक दुविधाओं का समाधान राजेन्द्रजी से माँगती हैं। एक दिवंगत विधुर लेखक की अविवाहित समर्पिता के इस आशय के पत्र पिछले दिनों राजेन्द्रजी की चिन्ता के विषय बने रहे कि अब वह अपने जीवन का क्या करे और दिवंगत की सम्पत्ति में से अपने गुजारे लायक कुछ पा सकने का उसका कोई कानूनी अधिकार है या नहीं। राजेन्द्रजी को ये पत्र-लेखक क्यों अपना विश्वास पात्र चुनते हैं, उनके साथ कैसे इतने निस्संकोच हो उठते हैं, कैसे ऐसी असम्भव सी अपेक्षाएँ उनसे रखने का अधिकार ले लेते हैं, मालूम नहीं लेकिन इतना मालूम है कि राजेन्द्रजी हर पत्र को गम्भीरता से लेते और भरसक हर समस्या को समझने-सुलझाने की कोशिश के साथ जवाब लिखते हैं, कम-से-कम जवाब तो लिखते ही हैं, बाकी समस्याओं का उलझना-सुलझना उनके हाथ में कहाँ। पर उनका विश्वास है कि और कुछ किसी को न भी दिया जा सके तो, 'टी एंड सिम्पैथी' तो दी ही जा सकती है।

लेखक जाति के जन्तु से थोड़ा बहुत साबका तो 'हंस' के साथ जुड़ने के पहले भी पड़ता रहा था लेकिन अब का देखना उन्हें झुंड-का-झुंड देखना था, और उनके बीच राजेन्द्रजी को देखने का मतलब उन्हें उनके प्राकृतिक आवास में, स्वाभाविक व्यक्तित्व और अस्तित्व में देखना था। जो न बल्ख में पाया न बुखारे में उस किसी दुर्लभ तत्त्व की तलाश में दिल्ली से होकर गुजरनेवाला अमूमन हर लेखक रज्जू के चौबारे तक आ ही पहुँचता है और लेखक जात के दिल्लीवासियों की जमात में से भी अधिकतर साप्ताहिक, पाक्षिक या मासिक देखादेखी कार्यक्रम निभाने में आनन्द लेते हैं। वह दुर्लभ तत्त्व है बतरस। 'हंस' का दफ्तर वह प्रदेश है जहाँ इसकी बरसात का कोई मौसम नहीं। या कहें कि हर मौसम इसी बरसात का है।

जुए और शराब जैसी कोई चीज है बतरस। अपने आपमें भरा-पूरा एक नशा। और निस्सन्देह राजेन्द्रजी सिद्ध कोटि के नशेड़ी हैं। यह मानसिक

भोजन है लेकिन सिर्फ सात्त्विक और निरामिष किस्म का वैसा मानसिक भोजन नहीं जो सिर्फ पेट भरता और स्वास्थ्य को सुरक्षित रखता है। ऊपर-ऊपर से देखते हुए किसी को जितना जाना जा सकता है उतनी सी अपनी जानकारी के बल पर कहूँ तो ऐसा लगता है कि संगत अगर मन की हो तो राजेन्द्रजी के लिए शायद बिल्कुल निजी तौर पर ज़िन्दगी की प्राकृतिक और बुनियादी किस्म की अनिवार्य जरूरतों के अलावा बाकी हर चीज का स्थानापन्न है यह बतरस। बल्कि कहना यह चाहिए कि यह उनकी प्राकृतिक और बुनियादी जरूरतों में से एक तो है ही, जरूरत से बढ़कर एक नशा भी है। उसकी जगह हर चीज से ऊपर और पहले है, शायद उन जरूरतों के भी ऊपर और पहले जो उनके स्वयंस्वीकृत प्रेमसम्बन्धों से पूरी होती हैं। यह जीवन के साथ उनका सम्पर्क, लेखन के लिए सामग्री का स्रोत और न लिख पाने के दिनों में स्वयं सृजन का स्थानापन्न है। बतरसियों का शायद सभी जगह यही हाल हो।

बतरस में शामिल संगत के हिसाब से सामग्री और स्तर बदलते रहते हैं। लेकन केवल परनिन्दासुख का टॉनिक पीकर पुष्ट होनेवाली गोष्ठी यहाँ प्रायः नहीं होती। यानी अगर होती है तो निन्दनीय की उपस्थिति में, आमने-सामने, सद्भावसहित टाँगखिंचाई के रूप में जिसका मजा उसे खुद लेने को मजबूर होना पड़ता है। इन सरस आत्मीय प्रसंगों के शिकारों में 'हंस' का पूरा स्टाफ शामिल हैं जो राजेन्द्रजी के मुँह से ऐसी-ऐसी बातें सुनकर निहाल हो लेता है जिन्हें कोई और कहे तो अपना सिर फुड़वाए। कभी वीना का परिचय देते हुए किसी से वे कह बैठेंगे, 'पिछले बारह वर्षों से यह मेरी जीवन-संगिनी है' और वीना का चेहरा देखने लायक होगा। कभी कविता (नवोदित समीक्षिका, कवयित्री और कथाकार, इन दिनों 'हंस' के शीघ्र प्रकाश्य कथा संचयन बनाने में सहायक) की स्वाद सम्बन्धी रुचियों का बखान होगा। 'हंस' का हर आगन्तुक उसके एकाग्र आलू प्रेम से परिचित है। कभी किशन का प्रशस्तिगान चल रहा होगा, 'यह तो अगर बिड़ला के यहाँ भी नौकरी कर रहा हो तो साल-भर में उसे दीवालिया बनाकर सड़क पर निकाल दे।' या फिर यह कि 'घर का मालिक तो असली यही है, जो करता है सब अपने लिए। जो खाना हो सो बनाता है। खा-पीकर ठाठ से मस्त रहता है। सब इसी का है। हम साले कहाँ। हमारा क्या। एक रोटी खा लेते हैं। एक कमरे में पड़े रहते हैं। बाकी सारा घर तो इसने दबा रखा है,' वगैरह और किशन सुनी-अनसुनी करता हुआ व्यस्त भाव से दफ़्तर के इस

कमरे से उस कमरे में होता रहेगा और खाने के समय अभिभावक के रोब से डाँट-डाँटकर सारी कसर निकाल लेगा। चुपचाप खा लीजिए। यह दवा लीजिए। नहीं तो मैं दीदी (टिंकू) से शिकायत कर दूँगा। और राजेन्द्रजी बच्चों की तरह ठुनकते रहेंगे। देखकर लगेगा कि यही इनका असली आनन्द है कि इसी तरह उलटे-पलटे, उठाए-धरे, झाड़े-तहाए जाते रहें। नाज़-नखरे उठते रहें। पर यह भी सच है कि किशन लम्बी छुट्टी पर चला जाएगा तो दो-चार दिन परेशान दिखने के बाद उसी मुफ़लिस मिस्कीन मुद्रा में ऐसे अभ्यस्त दिखाई देंगे जैसे सदा से ऐसे ही रहने के आदी हैं। अनमेल कपड़े, अगड़म-बगड़म खाना, अनूठी धजा। बताएँगे कि आखिर घर का मालिक अनुपस्थित है तो इतना फ़र्ज़ तो राजेन्द्रजी का भी बनता ही है कि उसकी अनुपस्थिति को सलामी दें। फिर वीना, हारिस, दुर्गा, अर्चना सबके डिब्बों से राजेन्द्रजी के लिए इतना खाना निकलेगा कि दोपहर में दफ़्तर में खाने के बाद वे रात के लिए घर ले जाएँगे और अगले दिन दफ़्तर में बताएँगे कि उसी में मेहमान भी खिला लिये। दुर्गा की खुराक उसकी चिरन्तन छेड़ है। वह शादी करके लौटा तो छूटते ही राजेन्द्रजी बोले कि अपनी रोटियों की गिनती कम कर वरना दो दिन में भाग खड़ी होगी। सुबह की सेंक कर चुकेगी और शाम की शुरू कर देगी। और कुछ तो देख ही नहीं सकेगी जीवन में। बदकिस्मती से वह सचमुच चली गई। दुर्गा ने अभी दूसरा विवाह किया है और राजेन्द्रजी ने अपनी चेतावनी दोहरानी शुरू कर दी है। यानी दफ़्तर में किसी दिन मेहमान कोई आए या न आए, रौनक के लिए राजेन्द्रजी अकेले ही काफी हैं। छेड़-छाड़ का यह ताना-बाना आत्मीयता का एक वितान बुनता है। यह सबक़ो अपने साथ लेकर चलने का उनका तरीका है। कहीं दूर-दराज़ से एक दिन को दिल्ली आया हुआ कोई अपरिचित पाठक भी घंटे-आध घंटे की अपनी मुलाकात में इस आत्मीयता का प्रसाद पाकर गद्गद हो उठता है।

आनेवालों की न पूछिए। किस्म किस्म के लोग। लोगों का ताँता। लेखक और आलोचक तो खैर प्रतीक्षित और प्रत्याशित ही हैं, अप्रत्याशित का स्वागत और सामना करने को भी हंसजगत तैयार रहना सीख गया है। राजेन्द्रजी के दफ्तर के कमरे में प्रवेश का दरवाजा मेरी कुर्सी के पीछे है। एक दिन झपटकर वे सज्जन (नाम नहीं मालूम) भीतर घुसे और पीठ पीछे से हाथ का बस्ता मेरे सामने पटका। झपट्टे का झोंका मेरे बाएँ कन्धे पर भी लगा लेकिन उनका असल निशाना राजेन्द्रजी थे। जब तक कोई कुछ

समझे न समझे, वे कस-कस कर दो घूँसे राजेन्द्रजी को जमा चुके थे और बाकायदा सुसज्जित भाषा में गरज रहे थे, कहाँ छिपा रखी है मेरी चन्द्रमुखी। निकाल साले। वरना खून पी जाऊँगा। अरविन्द जैन, हारिस, दुर्गा, किशन वगैरह ने मिलकर मुश्किल से किसी तरह काबू किया और उनको बाहर निकाला वरना दुनिया-भर के अन्याय के खिलाफ मुहिम पर निकला अकेला बाँकुरा अभी पता नहीं क्या-क्या गुल खिलाता। हालत अमितभ बच्चन की फिल्म के सेट जैसी होते-होते बची। बल्कि थोड़ी-बहुत तो हो ही गई। देर तक किस्से-कहानियाँ चलती रहीं।

मैं काफी देर तक स्तब्ध रही। अन्तर्कथा यूँ थी कि कवियशःप्रार्थी उन सज्जन को असफल प्रेम के दंश ने इस दशा में पहुँचाया था। उनकी चन्द्रमुखी और राजेन्द्रजी पर क्रोध का कोई सम्बन्ध राजेन्द्रजी की पूर्वोक्त ख्याति से नहीं था। हालाँकि घटना जैसे घटी उससे भ्रम हो सकता था कि है। ज़ालिम जमाने के साकार प्रतिरूप चन्द्रमुखी के माता-पिता बेटी की स्नेहचिन्ता में बीच में आ खड़े हुए थे। राजेन्द्रजी से उनकी शिकायत थी कि *हंस* के सम्पादक के रूप में अपनी सर्वशक्तिमान हैसियत का इस्तेनाल उन्होंने चन्द्रमुखी को वापस दिलवाने के लिए क्यों नहीं किया था। आखिर वे भी तो रचनाकार होने के नाते उनकी बिरादरी के सदस्य थे। राजेन्द्रजी से लोगों की अपेक्षाओं के आकार-प्रकार की सचमुच कोई हद नहीं और उसी वजन पर अपनी रचनाकार बिरादरी का भी कोई जवाब नहीं। बिरादर आत्मलीन आवेग की चोटी की नोक पर खड़े डगमगाते, काँपते कुछ होश में, कुछ बेहोशी में अपनी ही झोंक और झपट्टे से हद के पार निकल लेते हैं और देखनेवाले कहते हैं कि खिसका हुआ है। इस सबके बाद अगर रचना हो सके तो लगे कि कुछ खामियाजा भरा गया लेकिन उसकी भी कोई गारंटी नहीं। शेष रह जाता है खाली ध्वंस। व्यर्थ।

लेकिन मुद्दा था बतरस। बतरसिया का स्वभाव भी उसके नशे की जरूरत के साँचे में ढल जाता है। इस साँचे का बुनियादी तत्त्व है भाषा के साथ एक खास किस्म का रिश्ता। राजेन्द्रजी को बोलते हुए सुनिए। वे बात नहीं करते, संवाद अदा करते हैं। उधर से किसी ने टेलीफोन पर पता नहीं क्या कहा। इधर से राजेन्द्रजी बोल रहे हैं, 'तो इन्तजाम करना और इन्तजार भी।' दूसरे मिसरे का इन्तजार मत कीजिए महाशय। यह कोई गजल नहीं, सिर्फ एक बात है। वैसे मौके के हिसाब से मौजूँ शेरों का भी पूरा भंडार उनके पास है और ठीक मौके पर सही शेर उनको याद भी पता नहीं कैसे

लेकिन जरूर आ जाता है। यही हाल चुटकुलों का भी है। जरा उनके अनुवाद का यह नमूना देखिए। 'फूल्स रस इन व्हेयर एंज़िल्स फियर टु ट्रेड' का हिन्दी में यह मौलिक पुनर्लेखन है, 'चूतिए धंस पड़ते हैं वहाँ, फरिश्तों की फटती है जहाँ।' 'टॉर्च' का उनका हिन्दीकरण है 'ज्योतिलिंग।' भाषा के साथ एक बेहद अन्तरंग, लचीला और घनिष्ठ रिश्ता उनके लेखन से भी ज्यादा बातचीत से फूटा पड़ता है।

ये एक अच्छे 'कनवर्सेशनलिस्ट' के जरूरी औजार हैं लेकिन ज्यादातर मशक्कत तत्काल और तत्क्षण होती है। यह तत्कालता या प्रत्युत्पन्नमतित्व बतरसिया की अंतरंग योग्यता है। इसका मतलब शब्दों के इस्तेमाल में—अपने भी और दूसरे के भी—केवल शब्दों के प्रति एक चौकन्नापन है। मौका मिलते ही मुहाविरे को पलट दिया जाए। बात बदल जाएगी। दो उस्तादों के बीच कभी ऐसा मुहाविरा महासमर देखने का मौका मिला हो तभी उसके असर का पूरा अन्दाज़ा लगाया जा सकता है। बरसों उसके उद्धरण चुटकुलों की तरह हिन्दी जगत में सुने सुनाए जाते हैं। ऐसी ही एक सुनी-सुनाई यूँ है कि—पर सुनाने के पहले ही साफ़ कर दूँ कि गुजरे ज़माने की बातें हैं, वह भी सुनी सुनाई, सो कॉपी राइट सन्दिग्ध है। यानी संवादियों के नाम तो शायद सही हैं पर किसकी पंक्ति कौन सी है यह पूरी तरह से निश्चित नहीं है। पहले उदाहरण के संवादी हैं स्वर्गीय श्री मोहन राकेश और राजेन्द्र यादव। मोहन राकेश अपना लेखन टाइपराइटर पर करते थे। किसी पत्रिका से बहुत शॉर्ट नोटिस पर दोनों से रचना की फर्माइश थी। लेखकोचित नखरे से राजेन्द्र ने कहा कि इसका क्या है, यह तो दे ही देगा। यह तो टाइपराइटर से लिखता है, दिक्कत तो हमारी है। हम दिमाग से लिखते हैं। छूटते ही राकेश ने कहा कि पन्द्रह साल से हम दोनों लिख रहे हैं। मैं टाइपराइटर से और यह दिमाग से। मेरा टाइपराइटर तो भाई पन्द्रह साल में खचड़ा हो गया है। राजेन्द्रजी के दिमाग के बारे में राकेश ने कुछ नहीं कहा। दूसरी एक घटना के संवादी कमलेश्वर के साथ राजेन्द्र यादव हैं जिसमें एक ने दूसरे के दिमाग में गोबर भरा होने की घोषणा की तो दूसरे ने जानना चाहा कि फिर पहला उसे इतनी देर से चाटकर क्या साबित कर रहा है। एक बार ऐसा हुआ कि कविवर श्री अजित कुमार, उनकी पत्नी कवयित्री श्रीमती स्नेहमयी चौधरी यादव दम्पति के साथ यात्रा पर गए। अजित कुमार के सन्दर्भ में राजेन्द्रजी की नामकरण प्रतिभा अपने चरम शिखर पर पाई जाती है। उनके दिए गए 'गोलमालकर', 'खिटखिटानन्द'

तथा 'घपलाकर' जैसे नाम मित्रों के बीच स्थायी रूप से स्वीकृत हो चुके हैं। इस सन्दर्भ में अजितजी का जवाब यह है कि गोलमाल, खिटखिट और घपला करते तो राजेन्द्रजी समेत बाकी सब भी है लेकिन नाम सिर्फ अजित कुमार का इसलिए होता है कि उनके स्वच्छ मनोदर्पण में बाकी सब अपनी छवि प्रतिबिम्बित देखते हैं। इस यात्रा में अजित कुमार ने नया नाम पाया पतिदेव। स्नेहजी के प्रति उनकी अतिरिक्त चिन्ता शायद इसके मूल में रही हो पर जल्दी ही यह नाम से ज्यादा टाँगखिंचाई का साधन बन गया। बताया जाता है कि अजित कुमार ने यह कहकर हिसाब बराबर किया कि जहाँ बाकी सब विपत्ति देव हों वहाँ कम-से-कम एक का पतिदेव होना ठीक ही नहीं जरूरी भी है। इन्हीं अजित कुमार के विषय में राजेन्द्रजी की एक प्रिय छेड़ यह भी है कि उनके प्रेम प्रसंग कभी पकड़े न जाएँगे क्योंकि वे इतने चतुर हैं कि प्रमाण कभी छोड़ते ही नहीं। उनकी प्रेमिकाओं के घर में उनके पत्र नहीं मिलते कि कोई उन्हें ब्लैकमेल कर सके, पत्र मिलते हैं जिनके बारे में कोई कह नहीं सकता कि किसके हैं।

शब्दों के साथ इस किस्म के खिलवाड़ की क्षमताएँ केवल खेल में ख़तम नहीं हो जातीं। खेल के अतिरिक्त वे केवल रचना के समय में ही सक्रिय होती हों ऐसा भी नहीं है। जितनी देर यह खेल चलता है उतनी देर वह अद्वितीय है। उसका स्थानापन्न दूसरा कुछ नहीं हो सकता। लेकिन खेल के बाहर वे उस मानसिकता की अभिव्यक्ति जान पड़ती हैं जिसके लिए सारी संवेदनाएँ जैसे शब्दों में रहती हों, उन सचमुच के अहसासों में नहीं जिन्हें शब्द पैदा करते हैं। 'एक दुनिया समानान्तर' के वासी हैं जो शब्दों से रचित है। अजीब विरोधाभास है कि रचना के सन्दर्भ में तो आग्रह यह हो जाए (जो कि पहले नहीं था) कि भाषा और यथार्थ के बीच का फासला न्यूनतम हो, लगभग कलाहीन और सपाट जबकि जीवन के साथ सीधे सम्पर्क में भाषा एक आड़ बन जाए, एक फासला। हर देखे सुने को, व्यक्ति हो या घटना या फिर अनुभव, सूक्तियों और असूक्ति में बदलकर मनोकोष में दर्ज कर लेने की मजबूरी सी हो जाती है जो केवल लेखन तक बाकी नहीं रहती, जीने की प्रक्रिया का हिस्सा बल्कि पर्याय बन जाती है। राजेन्द्रजी के अनुभव कोष में हम सब शायद इसी तरह दर्ज हैं—एक सूक्ति, एक अमूर्तन या एक परिभाषा बनकर। यह आदमी और अनुभव के अमूर्तन का तरीका है। हाड़-मांस का जीता-जागता धड़कता हुआ आदमी गुम हो जाता है। अपने 'इमोशनल अपरेटस' या 'अज्ञेय' के शब्दों में भावयन्त्र

पर अनुभव अपनी पूरी मांसल और विध्वंसक ऊर्जा के साथ दर्ज ही नहीं होता। एक स्तर पर यह खुद अपना भी अमूर्तन है यानी अपने आपके साथ भी केवल एक वैचारिक रिश्ता क्या यह एक तरह का कवच है।

इस जगह आकर उस दूसरे स्तर के बतरस की बात शुरू की जा सकती है जिसे राजेन्द्रजी भी गम्भीरता से लेते हैं और उनके प्रशंसक पाठक भी। गोष्ठियाँ भी होती हैं पर उनके सदस्य और इलाके *हंस* के दफ़्तर के बाहर हैं, वे विद्वत्‌जन हैं। ये गोष्ठियाँ केवल शगल नहीं हैं, उनमें एक गम्भीर सोद्देश्यता है और वहाँ बीते वक्त में एक स्वयंसिद्ध सार्थकता का भाव है। नहीं है अगर तो अपने सोचे-समझे के प्रति एक सप्रश्नता। इसी का एक और प्रकार अपने पाठकों के साथ 'मेरी तेरी उसकी बात' में उनका सीधा संवाद है। साहित्य और साहित्यकारों के बारे में कुछ बेहद स्मरणीय और संग्रहणीय सम्पादकीय उन्होंने लिखे हैं। लेकिन इन्हीं में कुछ किताबों के बारे में वे सम्पादकीय भी हैं जिनके लेखक जीवन भर *हंस* के सम्पादकीय के लिए अपनी किताब के चुने जाने के सौभाग्य से आहत और रुष्ट रहेंगे। इसलिए कि सम्पादकीय दरअसल किताब के बारे में होगा ही नहीं, किताब के बहाने से राजेन्द्रजी के अपने किसी मन्तव्य, धारणा या निष्कर्ष को स्थापित कर रहा होगा लेकिन इसी कम में किताब या तो रद्द हो जाएगी या फिर रद्द कर दी गई सी प्रतीत होगी। किसी किताब या किताब के अंश को केवल प्रस्थान बिन्दु की तरह इस्तेमाल करते हुए उससे बिल्कुल अलग अपनी रुचि, विचार, सनक या मनस्तरंग की घाटियों में भटक या बहक जाना उस तथाकथित आलोचना की पद्धति है जो स्वयं को रचना का स्थानापन्न मानती है और अपने डंक से रचना को घायल करती है। 'वारेन हेस्टिंग्स का साँड़', 'हमज़ाद', 'खिलेगा तो देखेंगे', 'पहला गिरमिटिया' आदि अनेक ऐसी ही डंक मारी हुई रचनाएँ हैं। इस सम्पादकीय समीक्षा से कई बार आप सहमत भी हो सकते हैं लेकिन सवाल यह है कि सम्पादकीय के तौर पर किसी अभी-अभी प्रसारित किताब के बारे में अपनी व्यक्तिगत सहमति या असहमति के इज़हार से पाठक समुदाय को पहले ही पूर्व-ग्रहीत कर देना रचना के साथ कहाँ का न्याय है। इधर राजेन्द्रजी इस किस्म की आलोचना या रचना पर अक्सर हाथ आजमा रहे हैं और अपने आहतों और रुष्टों की गिनती बढ़ा रहे हैं। लेकिन इससे वे डरते कब हैं? वे तो प्रतिक्षण अपनी निडरता प्रमाणित करने को तत्पर बल्कि लालायित रहते हैं। इतने कि अगर काश्मीर के रास्ते में निकलकर किसी के साथ अपनी असहमति

दर्ज करानी याद आई तो दुलत्ती झाड़ने के लिए कन्याकुमारी होते हुए काश्मीर जाएँगे। राजनीति में आवाजो (आडवाणी, वाजपेयी और जोशी के प्रारंभिक अक्षर) साहित्य में नरेन्द्र कोहली जैसे परम्परा के पुनःप्रस्तोता व राग भूपाली के गवैए-बजैए जैसे तथाकथित रूपवादी और कलावादी उनके ताड़न के सतत अधिकारी हैं। आपको लाख लगता रहे कि यह अप्रासंगिक विषयान्तर है पर उनका तो रास्ता ही उधर से है। क्षमा करें, ये सारे सम्पादकीय गुण हैं। और राजेन्द्रजी अपने सोचे-समझे की मूल्यवत्ता और सत्यता के प्रति पूरी तरह से आश्वस्त हैं। सईद और फूको के चौखटे के जो कुछ भी बाहर रह जाता है उनके लिए उसका अस्तित्व ही सन्दिग्ध है। इसी आश्वस्ति में से तो उस आत्मविश्वास का सोत फूटता है जो मूल्यांकन के लिए अपने को प्रति मास पाठक के सामने परोसने का बल देता है। लेकिन जिस किताब के सहारे वे अपने आत्मविश्वास का उद्घाटन कर रहे हैं वह भी किसी के आत्मविश्वास की अभिव्यक्ति है जिसे वे अकारण अपनी सम्पादकीय पीठ की सुरक्षित और अनुकूल स्थिति से ध्वस्त करने को उद्धत हैं, इस बात की ओर उनका ध्यान स्वयं न जाता है और न वे ध्यान दिलाने पर भी देने को उत्सुक या तत्पर ही दिखाई देते हैं। किताब मैदान में उतरने के पहले ही मारी जाती है जबकि स्वयं किताब के साथ उनकी अपनी कोई खास असहमति भी नहीं और अपनी बात वह बिना किताब के हवाले के यूँ भी कह सकते थे अगर एक बना-बनाया सन्दर्भ पा जाने की सुविधा का लोभ न होता तो।

समस्या उन सम्पादकीयों के साथ ज्यादा टेढ़ी है जिनमें उनके इतिहास, समाज और राजनीति के विश्लेषण अभियान हुआ करते हैं और जिनमें राज, समाज और इतिहास की समझ की कोई खास या आम तैयारी नामौजूद है। पाठक जानते हैं कि आज का *हंस* वही *हंस* नहीं है जो चौदह वर्ष पहले प्रकाशित होना शुरू हुआ था। हालाँकि तब शुरू होने के लाभ आज भी उसके पास हैं। आज भी वह अन्य पत्रिकाओं की अपेक्षा ज्यादा दूर तक जाता है। तब क्योंकि अपेक्षाकृत लम्बे सन्नाटे के बाद शुरू होनेवाली पहली और काफी समय तक अकेली साहित्यिक पत्रिका थी इसलिए सहज स्वीकार और स्वागत का लाभ इसे मिला। *हंस* की अपनी खासियत भी कुछ-न-कुछ रही ही होगी। वह एक खुला मंच था जिसे किसी एक पक्ष की वकालत की तरह नहीं, अनेक पक्षों की अदालत की तरह प्रारूपित किया गया था। आज का *हंस* अपेक्षाकृत बन्द और रूढ़ आयोजन है। राजेन्द्रजी

इसे विकास मानेंगे। इसका एक पक्ष रचनाओं का चुनाव है। इस विकास योजना के तहत सौन्दर्यशास्त्र की राजनीति का संशोधन चल रहा है, अभिव्यक्ति और सम्प्रेषण के अधिकारों का जातिवादी आरक्षण प्रायोजित किया जा रहा है। लेकिन जरा दूसरे सिरे से देखिए। यह अभिव्यक्ति के जनतान्त्रिक अधिकारों के सदियों के हनन का मुआविजा है। राजेन्द्रजी अपने 'कॉन्स्ट्यूएंसी' को पोस रहे हैं। वे समझते हैं कि इस तरह मुआविजा दिया जा सकता है, दिक्कत यह है कि उनके पाठक ऐसा नहीं समझते। मुआविजे के तौर पर जात-गोत्र देखकर *हंस* में छापा तो जा सकता है लेकिन लेखक के रूप में स्थापित नहीं किया जा सकता। *हंस* में छपे होने के बावजूद नहीं। मुख से कहने के बावजूद राजेन्द्रजी क्या भीतर से स्वयं यह विश्वास नहीं करते कि प्रतिभा किसी की बपौती नहीं और प्रतिभाशाली को किसी आरक्षण की जरूरत नहीं चाहे वह जात से कितनी ही सदियों का सताया हुआ दलित क्यों न हो। इस वक्त लिख रहे पिछड़े वर्गों के अनेक प्रतिभाशाली रचनाकारों का कृतित्व इस बात का प्रमाण है कि रचना पर मुग्ध होने के लिए रचनाकार की जात पूछने की जरूरत नहीं पड़ती। इस बारे में हमारी बहसों के अनन्त सिलसिले में राजेन्द्रजी का आधारभूत तर्क यह है कि 'अक्करमाशी' क्या कोई सवर्ण लिख सकता था? और मेरा सवाल यह कि हर दलित 'अक्करमाशी' लिख सकता है? बहस अनिर्णीत है और हर बार वहीं से शुरू होती है। राजेन्द्रजी के नेक इरादों के बावजूद रचनाओं के चुनाव से पाठकों की असहमति बढ़ती जा रही है। कहा जाता है कि इसकी वजह यह है कि पाठकों की सौन्दर्य-संवेदना और रुचि जड़ हो चुकी है। देखना बाकी है कि पाठकों की सौन्दर्य संवेदना संशोधित होती है याकि राजेन्द्रजी ही इस नतीजे पर पहुँच जाते हैं कि साहित्य अप्रासंगिक हो चुका है।

दूसरा पक्ष, इतिहास, समाज और राजनीति के विश्लेषण से जुड़े उनके सम्पादकीय हैं। उनकी अपनी समझ में *हंस* आज खुल गया है। जबकि सच्चाइयाँ सीमित और निर्धारित हो चुकी हैं। नतीजे लाए जा चुके हैं। सिर्फ तर्क खोजने बाकी हैं और वे आँकड़ों, तथ्यों के अपने पक्ष में होने पर ही उनका सहारा लेंगे। अन्यथा मामला ठेठ सृजनात्मक किस्म की व्याख्याविशेषज्ञ कल्पनाओं का बन जाएगा। वे पढ़ने में रोचक, अनुमान में सम्भाव्य और इसी पूँजी के बल पर इतिहास को चुनौती देने का हौसला रखती हैं। कभी-कभी घिर जाने पर जब न तर्क होंगे, न तथ्य होंगे तब गोष्ठी में वे मौन से

सबको हराएँगे या फिर उन तथ्यों का सहारा लेंगे जो उनके पक्ष की राजनीति ने उत्पादित करके रखे हैं। उनके मित्रों, परिचितों और परिवारियों में जो इतिहास, राजनीति और समाजशास्त्र के जानकार हैं वे इन सम्पादकीयों के प्रति असहिष्णु, क्षुब्ध और अधीर होते हैं। और राजेन्द्रजी उनकी आलोचनाओं के प्रति उतने ही उदासीन और बधिर। शायद यह असहमति उन्हें इस बात का प्रमाण भी लगती हो कि वे कोई ऐसा जलता हुआ सच बयान कर रहे हैं जिसके साथ व्यापक असहमति उसकी ज्वलन्तता का प्रमाण है। कोई बात तथ्यों, प्रमाणों की बजाय केवल रचनात्मक अन्तर्दृष्टि के सहारे कही जाए तो यह अन्तरंग आश्वस्त भाव उसका अनिवार्य स्वभाव है। कहनेवाले को लगता है कि वह अपने विश्वास की कीमत चुका रहा है। भले ही अन्तिम सत्यापन में वह बात गलत ही क्यों न साबित होने वाली हो। एक सिरे से देखकर इसे अपने सत्य में आस्था कहा जा सकता है। और दूसरे सिरे से देखकर एक खच्चर किस्म का अड़ियलपना। लेकिन ठीक यही बात राजेन्द्रजी भी अपने असहमतों के बारे में कह सकते हैं। वे नहीं मानते तो हम ही कब उनकी मान लेते हैं। रही बात ऐतिहासिकता और समाजशास्त्रीय तथ्यात्मकता वगैरह की तो वे तो स्रष्टा हैं। शास्त्र-वास्त्र के साथ थोड़ी-बहुत धक्का-मुक्की कर ही सकते हैं। विद्वानों की गोष्ठी के बाहर जहाँ तक सम्पादकीयों का मामला है, ऐसे पाठक तो हमेशा उन्हें मिलेंगे ही और बहुतायत में, जिनका राज, समाज और इतिहास का ज्ञान उनके ज्ञान से मेल खाता होगा या प्राप्त ही उनके सम्पादकीयों से हुआ होगा। उनकी प्रशंसा राजेन्द्रजी के लिए एक तरह का सत्यापन होगा। किसी दूसरे शहर की गोष्ठी में सभाओं के बीच में समय में उन्हें घेरे प्रशंसकों, पाठकों और युवा लेखकों को देखिए, राजेन्द्रजी की एक नज़र के लिए, एक बात के लिए, एक मुस्कान, एक आश्वासन के लिए उनकी उत्सुकता, बेचैनी और तड़प को देखिए। राजेन्द्रजी को कहाँ धरें, कैसे उठाएँ-बिठाएँ। या फिर दिल्ली से आते-जाते पाठकों, प्रशंसकों, युवा लेखकों का उत्सुक दर्शनार्थी भाव से *हंस* के दफ़्तर में प्रवेश—इनमें कभी-कभी खास इसी मकसद के लिए भी दिल्ली तक आनेवाले भी होते हैं—फिर भी राजेन्द्रजी का दिमाग़ अगर अपनी जगह है तो यह ताज्जुब की बात है। उस प्रश्नहीन सहमति और समर्पण से घिरे हुए राजेन्द्रजी उस पार, बहुत दूर दिखते हैं। असहमति तुच्छ और नगण्य सी मालूम हो, यह अस्वाभाविक नहीं। मसला उनका है जो असहमत हैं पर उनसे मिलेंगे नहीं। *हंस* के पहलेवाले प्रशंसकों में भी

आज असहमतों और नाराजों की गिनती खासी बड़ी है। लेकिन राजेन्द्रजी इसे यूँ समझेंगे कि या तो उसकी कहानी *हंस* ने लौटा दी होगी (जो कई बार सच भी होगा) या फिर वह भाजपाई होगा (जो कि अक्सर और ज्यादातर गलत होगा)। क्या यह भी उनके कवच की अछेद्यता-अभेद्यता का एक प्रमाण है—हर असहमति को यूँ अपने पक्ष में कोई-न-कोई व्याख्या ढूँढ़कर उसे रफा-दफा कर देना? असहमति का प्रसिद्ध उदाहरण आलोचक प्रवर नामवरसिंह के साथ उनके मतभेद हैं जिसका उपयोगी इस्तेमाल प्रायः साहित्यिक गोष्ठियों में मंच और सभागार को रोचक बनाने के लिए किया जाता है। ये हिन्दी साहित्य जगत् के 'दो बाँके' (सन्दर्भ भगवतीचरण वर्मा की इसी शीर्षक की कहानी) हैं जिनके जोड़ के अन्त में श्रोता उल्लिखित कहानी के अन्त की तरह यही सोचता पाया जाता है, ''मुला स्वांग खूब भर्‍यौ।''

बात उस तोते की है जिसमें राजेन्द्रजी की जान है तो उस सन्दर्भ का जिक्र भी कर दूँ जिसके कारण यह सवाल मेरे मन में आया कि राजेन्द्रजी के कवच में कहीं कोई सूराख है या नहीं। सन्दर्भ हिन्दी साहित्य का वह नवीनतम स्कैंडल है जिसके नायक राजेन्द्रजी हैं। यानी *कथादेश* में प्रकाशित वह साक्षात्कार और उसके सन्दर्भ में मन्नूजी की और मेरी वह प्रतिक्रिया जिसने रातोरात राजेन्द्रजी को खलनायक बना दिया है। एक तो स्त्रीविमर्श के ज़माने में 'खाँटी घरेलू औरत' वाला उनका बयान ही हल्ला मचवाने को काफी था, ऊपर से विवाहेतर प्रेम-प्रसंगों का खुल्लमखुल्ला स्वीकार और तुर्रा यह कि वे रचनात्मकता की शर्तें हैं। गुस्सा तो आता ही। प्रतिक्रिया के प्रकाशन के बाद मैं पहली बार दफ्तर गई। मेरे हाथ में तहमीना दुर्रानी की किताब 'कुफ्र' थी जो राजेन्द्रजी से ही मैंने उधार ली थी। गर्मी काफी तेज़ थी। राजेन्द्रजी ने काला कुरता पहना हुआ था जो वैसे तो उन पर फब रहा था लेकिन मौसम के हिसाब से देखकर परेशानी सी हो रही थी। मैंने शायद इसी अभिप्राय की कोई बात कही। यह मौसम और यह रंग या शायद यह लबादा या लिबास किसलिए जैसा कुछ। कि राजेन्द्रजी ने दोनों भुजाएँ लहराकर बाकायदा घोषणा की 'पीर साईं हाजिर है।' (पीर साईं 'कुफ्र' के उस दुष्ट पापी नायक का नाम है जिससे हरम के अन्दर किसी किस्म का व्यभिचार और अन्याय छूटा नहीं है। स्वैर यौनाचारों से लेकर अनगिनत हत्याओं तक।) और यह कहते हुए ठहाका लगाया कि अब जब तुमने बना ही दिया है तो वर्दी भी पहन लूँ। यह वही दिन था जब अखिलेश

बैठे राजेन्द्रजी को आत्मकथ्य लिखने के लिए घेर रहे थे और राजेन्द्रजी ने बदले में मुझे घिरवा दिया था। उन्हें यह आशंका भी नहीं हुई, या हुई भी तो परवाह करने लायक नहीं लगी कि मैं क्या लिखूँगी। फिर बाद में फोन पर राजेन्द्रजी से मैंने कहा भी कि यह कहाँ मुझे फँसवाया। उन्होंने कहा अब तो बचाओगी। मैंने कहा बचाऊँगी क्यों? मुझे तो यह देखना है कि आपके कवच में सूराख कहाँ है तो फिर वही ठहाका। बोले, "काहे का कवच। वही बात है कि अगर रेप इज इनेविटेबिल तो लाई बैक एंड एंजॉय इट। तो साले पड़े हैं।" यानी कि यह एक रवैया है जिसके सहारे वे दिक्कतों का सामना करते हैं।

सच है कि प्रायः उन्हें लापरवाह, तनावरहित और मस्त ही पाया जाता है। कभी-कभी यह नौबत भी आई कि छपा हुआ *हंस* मुद्रक के यहाँ से उठा लाने का पैसा भी नहीं रहा और इन्तजाम करने में देर हुई। पर ये क्षणिक परेशानियाँ हैं जिनके सुलझ जाते ही वे फिर मस्त होते हैं और अपनी एक खास ताल जो ताली और चुटकी के योग से सम्पन्न होती है—बजा-बजाकर गाते पाए जाते हैं, (तामपिटकपिट तामपिटकपिट—यह बजती हुई ध्वनि) 'बाबा मौज करेगा, बाबा मौज करेगा।' पिछले चौदह-पन्द्रह बरसों में शायद दो या तीन बार ऐसा हुआ कि वे कुछ सुस्त और पस्त से परेशान बैठे मिले और इस आशय का एक वाक्य उनसे सुनने को मिला कि इस वक्त हर तरफ से घिरा हुआ हूँ। इस हर तरफ में एक तो जगजाहिर थी—*हंस* की आर्थिक दशा, शेष के बारे में उन्होंने कभी कुछ कहा नहीं। एक बार तो तब हुआ जब वे अपने मित्र गिरीश अस्थाना के यहाँ रह रहे थे। विख्यात कारण था कुछ लिखने की योजना के तहत अज्ञातवास। वास्तविक कारण का अब इतने बरसों बाद कुछ अन्दाजा लगाया जा सकता है। कंठ स्वर लेकिन ऐसा था मानो इस तरह घिरे होने के बावजूद निश्चिन्त बने रहने की अपनी क्षमता पर स्वयं विस्मित हो रहे हों। ऐसा विस्मय उन्हें अपने ऊपर अक्सर होता है। खुद को देखकर लगता है कि मैं भी साला क्या चीज़ हूँ। कानपुर जाते हुए राजधानी के दुर्घटनाग्रस्त होने के अपने अनुभव को याद करते हुए और सकुशल लौट आने के बाद जमा हुए चिन्तित मित्रों, प्रशंसकों और शुभेच्छुकों को सुनाते हुए वे इस बात पर भी चकित होते रहे थे कि उन्हें एक मिनट को भी, रत्ती-भर भी डर नहीं लगा जबकि उनके ठीक साथ की सीटवाला सीधे ही सिधार गया था और यही हश्र उनका अपना भी हो सकता था। इसी गर्वमिश्रित विस्मय

का एक विषय यह भी है कि उन्हें आज तक ईश्वर की जरूरत कभी पड़ी ही नहीं । बल्कि किसी चीज़ से अगर चिढ़ है तो ईश्वर से और अध्यात्म से।

दूसरी बार लगभग पाँच-छह वर्ष पहले किसी प्रकाशक मित्र की ओर से उनके जन्मदिन का उत्सव आयोजित किया गया था। मन्नूजी उस उत्सव में शरीक नहीं थीं। पूछा तो पता चला कलकत्ता गई हुई हैं। उत्सव का अन्त था, मेहमान जा चुके थे। उठने की तैयारी थी। लम्बी चुप्पी के बाद *हंस* के साथियों परिवारियों से उन्होंने कहा, बिल्कुल अकेला हूँ। कम-से-कम तुम लोग मुझे मत छोड़ना। पहली और अकेली बार उनकी इतनी करुणा और कातर आवाज़ मैंने सुनी। सन्दर्भ से सिर्फ मैं ही अपरिचित थी। बाकी सब जानते थे। और राजेन्द्रजी की करतूत से असहमत होने के बावजूद उनकी प्रियता में कोई कमी नहीं आई थी। बल्कि उनकी असहायता के क्षण में सबके सब कुछ अधिक ही उदार और संरक्षणशील हो उठे थे और मैं खुद भी उनमें शामिल थी। बाद में पता चला कि मन्नूजी पैंतीस बरस की एकतरफा प्रतिबद्धता और पारिवारिक दायित्वबोध की दुहरी चक्की में पिसते रह चुकने के बाद राजेन्द्रजी के नवीनतम करतब से आहत होकर अपनी छत अलग कर लेने के फैसले पर पहुँच चुकी हैं। मन्नूजी के साथ बरसों पहले कभी रुक गए संवाद के दोबारा पूरी तरह से खुल चुकने और मेरा सारा प्यार और सहानुभूति उनके साथ होने के बावजूद राजेन्द्रजी के साथ दोस्ती अपनी जगह पर कायम थी। राजेन्द्रजी के रहस्यों में एक यह भी है। कैसे वे लोगों के भीतर यह भाव जगा पाते हैं? आखिर मन्नूजी को भी अपने फैसले पर पहुँचने में पैंतीस साल लगे—एक पूरी ज़िन्दगी। जबकि सिलसिला पहले दिन से ही यही और ऐसा ही था।

राजेन्द्रजी का कातर भाव शायद हफ्ता-दस दिन चला होगा। स्थितियों का अभ्यस्त हो जाने में वे इतना ही समय लेते हैं और शायद इस बात को लेकर भी अपने ऊपर स्वयं ही विस्मित होते रहते हैं। इस विस्मय का खासा विस्तृत मौका उन्हें पिछले दिनों अपनी बीमारी और अस्पतालीकरण के दौरान मिला। पिछले डेढ़-दो वर्षों से लगातार उनका वजन घट रहा था। इतनी तेजी से कि उन्हें रोज़ देखनेवाले भी देख पा रहे थे कि घट रहा. है। चेकअप की सलाह से वे चिढ़ते थे और हर आदमी यही सलाह देता नजर आता था। यहाँ तक कि जब सलाह बढ़कर दबाव में बदल गई और दबाव असहनीय होने लगा तो बजाय चेकअप करवा लेने के, मैत्रेयी पर जाने

किन हथकंडों का इस्तेमाल करके उसकी गवाही से दफ्तर में उन्होंने घोषणा कर दी कि चेकअप वे करवा चुके हैं और सब ठीक-ठाक है। सबने मान लिया सिवाय उस रोग के जो भीतर था और एक दिन उनके सारे हथकंडों के बावजूद फूट ही पड़ा। शुरू में जिसे वाइरल समझा जा रहा था, फिर कँपकँपी छूटने पर मलेरिया, वह असहनीय हो उठने पर उन्हें अस्पताल ले जाना पड़ा। अरविन्द जैन ने राजेन्द्रजी के लाख विरोध के बावजूद शुक्र है कि यह फैसला किया और विरोध भी ऐसा कि अरविन्द बताते हैं कि वे और सुधीश पचौरी उन्हें लगभग बाँधकर अस्पताल ले गए। राजेन्द्रजी को मौत से डर नहीं लगता लेकिन चेकअप और अस्पताल से जरूर लगता है। एक बार अस्पताल पहुँच जाने और दर्द के थोड़ा हल्का पड़ जाने के बाद वे इसके भी अभ्यस्त हो गए, वहीं कमरे में महफिल भी जमने लगी जो उनके लिए पूरक उपचार सरीखी थी और रात की तीमारदारी के लिए खास इसी उद्देश्य से आने और ठहरनेवाले शिवकुमार 'शिव' को बोलकर सम्पादकीय और पत्रों के उत्तर भी लिखवाए जाने लगे। अतिरिक्त उपचार की कोशिशों के खिलाफ उनका संघर्ष फिर जारी हो गया। उनकी भूख बिल्कुल मर गई थी और कमजोरी बहुत बढ़ गई थी। मेरी मौजूदगी में एक दिन उन्हें एक सेब खिला पाने की मन्नूजी की कोशिश के सामने सविरोध समर्पण का नमूना यह था, "सेब है कि साला तरबूज है। खाते-खाते उम्र गुजर गई। साला खत्म ही नहीं होता।"

एक सच अगर यह है कि प्रायः वे मस्त, लापरवाह और फक्कड़ से दिखते हैं तो एक सच यह भी है कि इतनी भीड़, इतने ताम-झाम से हर वक्त घिरे रहने के बावजूद किसी-किसी वक्त वे भीतर से बिल्कुल असम्पृक्त और अकेले से लगते हैं। बाहर से भी और भीतर से भी। जैसे ये ठहाके, यह वाक्चातुरी, यह खुशमिजाजी किसी कुशल अदायगी का हिस्सा है। किसी के लिए उनकी आत्मीयता पर सन्देह नहीं लेकिन विचित्र सी बात यह है कि इस आत्मीयता का सारा लाभ मित्रों, परिचितों और बाहरवालों के ही लिए है। पता नहीं क्यों घरवाले अधिकतर इसके दायरे से बाहर ही रहे हैं। उनके साथ नातों-रिश्तों के नाम से जुड़े शायद सभी लोगों के पास अपनी-अपनी निराशा का कोई-न-कोई अनुभव और स्मृति मौजूद हो। लेखकीय दायरे के भीतर भी ऐसे लोगों की कमी नहीं जिनसे एक समय बहुत बेहद गहरी छनी लेकिन उन्हीं से किसी और समय बात व्यवहार का रिश्ता भी नहीं रहा। या रहा भी तो बिल्कुल औपचारिक। मैं निश्चयपूर्वक नहीं जानती

लेकिन शायद शानी, योगेश गुप्त, प्रभाष जोशी और सम्भवतः से.रा. यात्री आदि कुछ उदाहरण हैं जिनके पास ऐसी दुखद स्मृतियाँ होंगी। शायद मैं गलत होऊँ। मेरी बात का आधार केवल राजेन्द्रजी और इन लोगों का दफ्तर में और अन्यत्र परस्पर किंचित् आत्मसजग व्यवहार है। गिरिराज किशोर के साथ दोस्ती में ठंडक आते मैंने अपनी आँखों से देखी है और शैलेश मटियानी के बारे में उनके सम्पादकीय की क्रूरता ने मुझे बहुत गहराई तक खिन्न किया है। अगर अपनी आँखों से न पढ़ा होता तो विश्वास न होता। हरिनारायण का *हंस* से अलग होना भी एक तकलीफदेह प्रसंग था। अन्तर्कथाएँ होंगी। राजेन्द्रजी के पास अपने कारण होंगे। उन कारणों का अपना औचित्य भी होगा। लेकिन ये कोई इक्का-दुक्का घटनाएँ नहीं। बार-बार दुहराया जानेवाला पैटर्न है। क्या इसके पीछे उनकी अन्दरूनी बनावट का कोई दबाव है? क्या इस बनावट का कोई सम्बन्ध उनके रचनाकार होने के साथ है कि जैसे ही कोई रिश्ता अधिकार का दावा पेश करने लायक हदों को पहुँचता है वैसे ही उसकी चंगुल से निकल भागना उनके लिए जरूरी हो जाता है? क्या वे एक बार भी नहीं सोचते की 'टी एंड सिम्पैथी' का उनका फारमूला लोगों में एक भावनात्मक निर्भरता भी जगाता है जिसका खंडित होना किसी किस्म की तकलीफ का भी पर्याय है? ईश्वर की जरूरत अगर उन्हें नहीं पड़ती तो इसका अर्थ क्या है? ईश्वर की जरूरत किसे नहीं पड़ती? उस ईश्वर की जिसका सम्बन्ध पूजा-पाठ से नहीं, चरम असहायता के क्षण में एक निश्शब्द प्रार्थना से है, अपने आपके साथ एक निष्कवच रिश्ते से है। शायद उसे ही इस ईश्वर की जरूरत न पड़ती हो जिसके संसार में अपने बल्कि शायद अपने आपके भी अमूर्तन के सिवा और किसी का न दाखिला है, न दखल। ऐसी असहायता का अनुभव उसे होता है जिसके वजूद में राग-तन्तु नसों नाड़ियों के जाल की तरह फैले हों। राजेन्द्रजी क्या राग-द्वेष के ऊपर हैं? उनकी दुनिया में क्या ऐसा कोई मौजूद ही नहीं जिसके दुखों को लेकर वे ऐसी चरम असहायता का अनुभव कर पाएँ। असहायता क्योंकि उसके बदले में खुद सह लेना सम्भव नहीं और उसे सहते हुए देख पाना और भी असम्भव है इसलिए एक निश्शब्द प्रार्थना के सिवा और कोई चारा नहीं बचता और ईश्वर के सिवा कोई काम नहीं आता। काम तो दरअसल ईश्वर भी नहीं आता, फिर भी उसका होना जरूरी होता है। अकेले अपने आपे को लेकर निडर, निश्चित, निरीश्वर—कुछ भी होना आसान है।

इस बनावट के दूसरे भी होंगे पर लेखकों के लिए खास तौर से सच है कि घर उनके लिए रहने की नहीं, लौटकर आने की जगह है जिसके लिए पहले बाहर जाना जरूरी है। लौटना फिर शायद न भी हो। सम्भावित कारण अनेक हो सकते हैं। सभी अनुमानित हैं और सामान्य हैं। इनमें राजेन्द्रजी का अपना कारण कौन सा है, कोई है भी या नहीं, कहना मुश्किल है। जैसा कि शुरू में ही कहा गया, इस लेख में अनुमान का तत्त्व अधिक है और प्रमाण का कम। पहली बात यह हो सकती है कि स्वाधीनता रचनाकार की सतत मानसिक सक्रियता के लिए एक ऐसी बुनियादी जरूरत है जो दायित्व के आभास मात्र से बाधित होती और उसके मन में आक्रोश और अवरोध पैदा करती है। घरवालों की अपेक्षाओं में अधिकार का एक असहनीय भाव होता है जिसका तत्काल प्रतिरोध जरूरी है। कहीं वे भावुक दुर्बलता के एक क्षण में सिन्दबाद के बूढ़े की तरह कन्धों पर सवार न हो बैठें। यह नहीं कि देने की सामर्थ्य ही नहीं पर वह अपनी इच्छा के अतिरेक का फल है, किसी की अपेक्षा का प्रत्युत्तर नहीं। दूसरी बात ठीक इसकी उलटी भी हो सकती है। लेखक जैसे अन्तर्लीन प्राणी के लिए एक छोर पर अपने भीतर के ताने-बाने को थामे रखना और दूसरे छोर पर दीन दुनिया की खबर को सँभाले रहना दरअसल एक लम्बे फासले के दोनों सिरों को एक ही डग में भर रखने का निरन्तर पराक्रम है। सन्तुलन मुश्किल है इसलिए वह अपने बोझ की निर्मम छँटाई करता है और छँटनी में एक मात्र कसौटी उसका स्वार्थ है यानी अपना, अपने होने का वह अर्थ जिसके कारण उसे अपनी सारी करतूतों का स्याह-सफेद स्वतःसिद्ध रूप से न्यायोचित लगता है। घरवालों के स्नेह और सँभाल को अपना सम्बन्धसिद्ध अधिकार मानने की आदत उसे शायद इतना निश्चिन्त कर देती है कि वह भूले से भी उस दिशा में दायित्व के बारे में सोचता भी नहीं। अपने आपे की लागत वह लगाता ही सिर्फ उन्हीं मामलों में है जहाँ अभीष्ट को प्राप्य बनाने के लिए अर्जित करने की मजबूरी अनिवार्य होती है। यानी घर में दूसरे पर अधिकार तो वह सहज रूप से लेता है पर अपने ऊपर देता रत्ती भर भी नहीं। एकाध टुच्चा सा कारण और सोचा जा सकता है। टुच्चा इसलिए कि उसमें सृजनात्मक स्वभाव की गठन के पर्याय की तरह निर्ममता और स्वार्थ के महिमामंडन की गुंजाइश तो नहीं लेकिन फिर भी कारण क्योंकि किसी किस्म की समझ उसमें मौजूद है। परिवार की पहली सन्तान, वह भी पुत्र (संयोग से राजेन्द्रजी दोनों ही हैं) को इतना ध्यान और लाड़-दुलार मिलता

है कि अपने चारों ओर महफिल की मौजूदगी उसकी एक स्थायी जरूरत बन जाती है। केन्द्र में रहने के लिए परिधि भी तो चाहिए। हर बात पर दाद चाहिए। हर अदा पर तारीफ़ चाहिए। यही जो न चाहिए होता तो कौन भकुआ लेखक बनने चलता। घर में कौन इस तरह सब काम-धाम छोड़कर हर वक्त दाद देता फिरेगा और घर से चाहिए भी किसे। घर तो वह जंगल है जहाँ मोर का नाचना बेकार है। महफिल से चाहिए और इस कदर चाहिए कि दाद देनेवाले अगर मौजूद न हुए और कंठ से आधा निकल चुका वाक्य भी लगा कि सुन्दर है, सुनाने लायक, तो भाई उसे बिना पूरा किए वापस गले में ठूँस लेगा।

मस्ती, फक्कड़पन और लापरवाही का ही एक पक्ष पैसे के लिए निर्मोह भी है। या कम-से-कम वे ऐसा सोचना पसन्द करते हैं। सुना या शायद कहीं पढ़ा है कि स्वतन्त्र लेखन के संकल्प के साथ जीवन की शुरुआत करते हुए उन्हें प्लेटफार्म पर सो लेने, फुटपाथ पर खा-नहा लेने और कंघी-शीशा बेचकर रोटी कमा लेने परन्तु लेखन के स्तर पर पूरी तरह से स्वतन्त्र ही बने रहने का सपना देखा था। तब और अब के बीच तय किया गया एक लम्बा फासला है। आर्थिकता के प्रति लापरवाही राजेन्द्रजी की आत्मछवि का सबसे जरूरी हिस्सा है। हर आत्मछवि को दूसरों का सत्यापन भी चाहिए। वरना वह विश्वसनीय नहीं होती। राजेन्द्रजी अपनी बाकी हर आलोचना को सहज भाव से लेते हैं, बल्कि मत-सम्मत में छपने के लिए आलोचना को ही प्रोत्साहित भी करते हैं लेकिन इस पक्ष को लेकर आत्मछवि के विरुद्ध जानेवाली हर बात से विचलित हो उठते हैं। विचलित करनेवाली बातों का घिराव उनके आसपास बढ़ता भी गया है। लोगबाग उन्हें यह जताने को तुले हैं कि वे अपने संकल्प और आदर्श से डिग चुके हैं। कि वे पैसे से प्रभावित और पैसे वालों के तामझाम से चकाचौंध होते हैं। कि पद और प्रतिष्ठा पर वे रीझने लगे हैं। प्रमाण के तौर पर कहा जाता है कि उनके रहन-सहन और रख-रखाव में एक शौकीनी और आभिजात्य दिखाई देता है। डिजाइनर कुर्ते, कमीज़ और कोट उनके पहनावे का स्थायी अंग बन चुके हैं। घर कहीं से भी किसी छुट्टे-छड़ंग का नहीं दिखाई देता। खूबसूरत फर्नीचर और महँगी नाजुक कॉकरी। कहा जाता है कि दोस्तों के उपहार हैं। यानी कि एक और प्रमाण। यानी कि दोस्तों की सूची में लोग भी ऐसे ही शामिल हैं जो ऐसे उपहार दे सकते हैं। बिहार सरकार का लखटकिया पुरस्कार और प्रसारभारती

का सरकारी अनुग्रह भी प्रमाणों की सूची में गिनाए जा सकते हैं। राजेन्द्रजी के पास हर बात का जवाब मौजूद है लेकिन आरोप की मंशा के आगे ये जवाब अपनी सफाई से ज्यादा कुछ नहीं। व्यक्ति के रूप में राजेन्द्रजी की दुर्बलता पैसे के लिए कितनी और क्या है, मेरे लिए कहना मुश्किल है। दिखता तो है कि वे शौकीन मिजाज हैं लेकिन उतने ही जितने अपने साधनों से हो सकते हैं। आखिर हिन्दी में उच्चतम रॉयल्टी पानेवाले लेखकों की सूची में उनका स्थान दूसरा है। जहाँ तक पुरस्कार की बात है यह मेरी व्यक्तिगत जानकारी है कि वह पूरी तरह से *हंस* के आर्थिक संकट से जुड़ा हुआ फैसला था। संयोग की बात है कि इसके पहले उत्तर प्रदेश सरकार का इक्कीस या शायद पच्चीस हजार का पुरस्कार वे लौटा चुके थे। *हंस* के लिए वह भी ले लेना चाहिए था, यह सही है लेकिन किसी खास वक्त पर कोई फैसला आदमी क्यों कर पाता है और कभी क्यों करने से रह जाता है इसके पीछे बहुत सी स्थितियाँ और कारण हुआ करते हैं। मसलन यही कि तब सूझा ही नहीं कि पुरस्कार ले लेना भी एक तरीका हो सकता है इस सतत समस्या को अंशतः सुलझाने का। जब तक किसी जगह से गुजरते नहीं तब तक वहाँ का दृश्य दिखाई भी नहीं देता। दोनों पुरस्कारों के बीच के अरसे में एकाध बार इस समस्या का सामना किया जा चुका था कि छप चुके *हंस* को मुद्रक के यहाँ से उठाने भर के पैसे भी नहीं थे। पहले पुरस्कार के पहले यह हो चुका होता तो ले लेने का फैसला भी तभी हो जाता। प्रसारभारती की सदस्यता के बारे में भी शायद सच यही हो कि 'यहाँ से देखो' से गुजरकर राजेन्द्रजी ने तय किया हो पर वहाँ से क्योंकि मैंने देखा नहीं तो बात यहीं छोड़ती हूँ। सोचने की बात लेकिन यह है कि इस सबके लिए क्या उन्होंने कोई समझौते किए हैं? मान लिया जाए कि खूबसूरत होती हैं और पसन्द करने के लिए होती हैं। संवाद कुशल, सभाचतुर, सलीकेदार पढ़े-लिखे लोगों की संगति अधिक आकर्षक होती है और अपने दायरे में ऐसे लोगों का होना, खुद उनका प्रिय और प्रशंसित होना अच्छा लगता है। सोचने की बात यह भी है कि क्या इस कारण उनके दायरे से फक्कड़, फाकेमस्त और फटीचरशाह रचनाकार बिरादरी को निष्कासित होना पड़ा है? जाहिर है कि नहीं। दायरा फैला और बढ़ा है और उनका रेंज भी। फाकेमस्ती और फटीचरशाही अपने आप में कोई रचनात्मक मूल्य तो नहीं।

दम्पति के रूप में दो रचनाकारों का साथ एक असह योग सा प्रतीत होता है (असहयोग?)। दोनों के लिए काम्य शायद परस्परता और स्वाधीनता का कोई दोतरफा समीकरण हो। पर सिद्धान्त के स्तर पर कह देना आसान है, व्यक्तिगत धरातल पर सचमुच ऐसा समीकरण खोज पाना दो अलग-अलग लोगों की अलग-अलग भावनात्मक जरूरतों और अनुकूलन क्षमताओं के एक ही बिन्दु पर समायोजित हो जाने का लगभग असम्भव पर्याय है। मन्नू भंडारी और राजेन्द्र यादव समकालीन साहित्यिक परिदृश्य पर अगर अकेले नहीं तो कुछ बेहद गिने-चुनों में से एक ऐसे रचनाकार दम्पति हैं जिनमें दोनों की ही रचनात्मकता एक दूसरे के सृजन-सार को निगले बिना अपने-अपने कृतित्व के महत्त्वपूर्ण मुकामों तक पहुँची है। सम्बन्ध अगर वहाँ तक नहीं भी पहुँचा तो भी किसी किस्म की परस्परता या समझदारी वहाँ बिल्कुल ही नहीं रही होगी, ऐसा-ऐसा सोचना मुश्किल है। राजेन्द्रजी के पूर्वोक्त साक्षात्कार में इस विषय के कुछ संकेत मौजूद हैं और मन्नूजी की प्रतिक्रिया में उनका सत्यापन भी। दो के बीच की बात को अब दोनों स्वयं सार्वजनिक बना चुके हैं अतः यहाँ चर्चा की जा सकती है। सृजन के सन्दर्भ में सहज (पढ़िए—विवाहेतर) सम्बन्धों (पढ़िए—सेक्स) की अनिवार्यता का सैद्धान्तिक दावा और व्यावहारिक कार्रवाई सारे फसाद की जड़ मालूम होती है। स्त्री विमर्श को भी यह एक सनसनीखेज मुद्दा मिला और राजेन्द्रजी के रूप में पुरुष की खलनायकता का अगला उदाहरण भी लेकिन इस उदाहरण के हवाले से मैं स्त्री की ओर से बराबरी का दावा इन शब्दों में पेश भी नहीं करना चाहती कि राजेन्द्रजी या कोई और पुरुष रचनाकार अपनी पत्नी, बेटी या बहन को सेक्स के कन्धों पर सवार होकर सफल या सार्थक रचनाकार होने की इजाज़त देगा या नहीं (सन्दर्भ—'राष्ट्रीय सहारा' में मनीषा का वक्तव्य)। सफलता या सार्थकता की तलाश करनेवाले इजाजत नहीं माँगा करते। पुरुष भी यह (राजेन्द्रजी के शब्दों में) 'हरमज़दगी' स्त्री की इजाजत से नहीं करता। पुरुष के लिए प्रेम और परिवार का अर्थ वही नहीं है जो स्त्री के लिए होता है। 'अगर मैं भी ऐसा ही करती तो' कहकर दरअसल वह पुरुष को उसकी ज्यादती का अहसास कराना चाहती है, उन उच्छृंखलताओं की इजाजत या अधिकार नहीं माँगती। प्रायः वे उसकी जरूरतों में शामिल भी नहीं हैं। अभी तक किसी बड़े पैमाने पर तो नहीं। अगर हों भी तो इजाजत उसे अपने आपसे लेनी होगी और पुरुष के

निषेध के बावजूद लेनी होगी। स्त्री के दायित्वबोध और भावात्मक दुर्बलता से पुरुष के लिए एक सुविधाजनक स्थिति का जन्म होता है। स्वार्थसन्धान में इसका लाभ वह लेता है, लेगा ही। सम्बन्धों का अर्थशास्त्र और भावनाओं की राजनीति उसे इसी दिशा में ले जाएगी। समय ही अर्थशास्त्र और राजनीति का है। उसे अभी उसी स्त्री के प्यार की आदत पड़ी है जिसका समर्पण आर्थिक निर्भरता की विवशता से नियन्त्रित था और जो उसके विवाहेतर सम्बन्धों के झगड़े-झंझटों से बड़ी समझदारी से निपटती थी। आर्थिक आत्मनिर्भरता ने स्त्री के सम्बन्ध में प्रतिबद्धता और एकनिष्ठता को अपना हक समझना सिखा दिया है। सिर्फ यही नहीं कि पुरुष को अभी इसकी आदत नहीं है बल्कि यह भी कि प्यार हक का मामला ही नहीं है। सामान्य सामाजिक, पारिवारिक सन्दर्भों में भी यह एक विकट स्थिति है। रचनाकार की स्थिति तो फिर है ही विशेष।

बात दरअसल इतनी सीधी सपाट और स्थूल ढंग से आसान नहीं है। घरबारी व्यवहार और परिवारी मूल्यों के तराजू पर तोलकर यह मुकदमा पता नहीं कब से—सदियों से—रचयिता जात के जन्तु के खिलाफ अनिर्णीत ही दायर चला आ रहा है। इस सन्दर्भ की हर बात शत-प्रतिशत राजेन्द्रजी पर लागू की जा सकती है। उसके फेर में पड़नेवाले उसे गैरजिम्मेदार, भरोसे के अयोग्य, उचक्का और लफंगा किस्म का जीव पाएँगे। वे भुक्तभोगी हैं। लेकिन उससे प्यार करनेवालों की गिनती में कभी कमी नहीं पाई जाएगी। निस्सन्देह रचनाकार किसी घरबारी भलेमानुस की तरह लीक पर चलनेवाला बैल तो नहीं ही हो सकता। विस्मय उसका मूल मनोभाव है, अनुभव संचय उसकी व्यावसायिक योग्यता है और साहसिक और अभियान उसकी जीवन पद्धति। सेक्स और प्रेम के प्रति उसका रवैया भी इसी जीवन पद्धति का एक आयाम है। दुर्भाग्यवश राजेन्द्रजी समेत हिन्दी के अधिकतर रचनाकारों के लिए विस्मय, साहस और अभियान सभी एक ही दुकान में मिलते हैं। और वह है स्त्री की देह। विवाहेतर सम्बन्ध। वह भी दायित्वहीन। सन्दिग्ध लगता है कि 'दर्जन के हिसाब से सस्ते' का नुस्खा आजमाते हुए ये प्रेमी जीव जितने प्रेम-प्रसंगों का दावा करते हैं उतने सचमुच कभी घटित भी हुए होंगे। ये किस्से भी शायद उनकी उसी सृजनात्मक कल्पना की ही रचनाएँ हों जिसके बारे में बताया जाता है कि विवाहेतर सम्बन्धों से पैदा होती है।

अपने अस्तित्व के भोक्ता अंश के माध्यम से ऐसे सम्बन्धों के यंत्रणामय

पक्ष को जाने बिना सृजन के इस नुस्खे का सृजन में कारगर होना भी सन्दिग्ध ही है। पर यह शायद मेरी ज्यादती है। व्यक्ति राजेन्द्र को सचमुच जाने बिना यह फतवा दे देना कि यन्त्रणा को उन्होंने नहीं जाना। बल्कि शायद बचपन की या शायद कैशोर्य की ऐसी ही किन्हीं यन्त्रणाओं में उनके व्यक्तित्व की इस बनावट की जड़ हो जिनसे मैं अपरिचित हूँ, जिसे अब वे आच्छादन की तरह या किसी रूमानी किस्म के मोहवश या फिर सचमुच अनजाने में सृजनात्मक जरूरत का नाम दे रहे हैं। एक बार याद नहीं किसके दुर्घटनाग्रस्त होने पर दफ्तर में दुर्घटनाओं की चर्चा चल पड़ी और जैसा कि ऐसे मौकों पर होता है, सभी अपना-अपना अनुभव सुनाने लगे। राजेन्द्रजी ने कहा किसी भी किस्म की दुर्घटना का नाम लो, वह मेरे साथ हो चुकी है। मैं अपनी समझ से बड़ी दूर जाकर कौड़ी लाई जो कहा कि आपको किसी ने गोली तो नहीं मारी होगी। पता चला, मारी थी। यानी ठीक-ठीक मारी तो नहीं थी पर गलती से चलकर लग गई। पैर, आँख सब किसी-न-किसी दुर्घटना का ही नतीजा हैं। खेल दुर्घटना से लेकर रेल दुर्घटना तक की कहानियों में पता नहीं ऐसी कितनी कहानियाँ हों जो उन्होंने सुनाई ही न हों पर जो उनकी इस असम्पृक्त सी बनावट में अपनी भूमिका निभा गई हों।

प्रसंग राजेन्द्रजी की षष्ठीपूर्ति के उत्सव का है जो आगरा में अपने लौटकर आनेवाले लायक सपूत के स्वागत में मनाया था। आयोजन हरिनारायण और जितेन्द्र रघुवंशी का था। दो दिन की रिहाइश में राजेन्द्र ने अपने घर जाने का कार्यक्रम रखा ही नहीं था। घरेलू सम्बन्धों में ठंडक या उदासीनता या कटुता के जो भी कारण रहे हों पर जाना अन्ततः हुआ जब भूपेन्द्र—उनके भाई—सुबह की जलेबी-कचौड़ी का निमन्त्रण लेकर आए। यह राजेन्द्रजी का बचपन का घर था। अन्दर का आँगन और कमरे वगैरह तो खूब बड़े थे, विशालकाय महलनुमा, लेकिन बैठक जहाँ हम बैठे छोटी ही थी। यह उस ज़माने की इमारत थी जब बैठक की जगह मध्यवर्गीय परिवारों में केन्द्रीय महत्त्व की न रही होगी और वह आए-गए के स्वागत के लिए निश्चित, बाकी समय बन्द रहनेवाले मरदानखाने का दर्जा रखती होगी। रिहाइश का व्यापार भीतर के आँगन-कमरों में फैलकर चलता होगा। यह चर्चा इसलिए कि वहाँ बैठे-बैठे अचानक राजेन्द्रजी ने बताया कि यही वह कमरा है जहाँ मैं डेढ़ साल लगातार लेटा रहा। खेल दुर्घटना में पैर की हड्डी टूट गई थी। वह सारा समय कुछ-एक निकट

मित्रों और घरवालों के अलावा साहित्य की संगत में गुजरा। बाहर की दुनिया बस दरवाजे-भर खुली जगह के फ्रेम में बन्द दूर से नजर आती रही होगी। सड़क से गुजरनेवालों में क्या वह लड़की भी हुआ करती थी जिसके बारे में उन्होंने लिखा है, "एक सम्बन्ध जिसे लेकर मन्नू खाँटी घरेलू स्त्री की तरह उग्र हो उठी।' सत्रह-अठारह बरस का खूबसूरत नौजवान जिसकी आँखों पर काला चश्मा बचपन के खेल की रामलीला और तीर कमान के सिलसिले में पहले ही चढ़ चुका था, आखिर उठकर खड़ा हुआ होगा, बैसाखियों पर। जिस कमरे में बन्द-पूरा बरस डेढ़ बरस बीता था, उसके बाहर निकलने का हौसला कैसे जुटाया होगा? आसान तो नहीं रहा होगा? लोगों की नजरों में दया का सामना उस जैसे स्वाभिमानी के लिए कैसे बन पड़ा होगा? उस उम्र में स्त्री के लिए अपनी आकर्षकता के प्रति विशेष सजगता की किशोरसुलभ मनोवृत्ति से वह कैसे निपटा होगा? तब जब वह लेखक, सम्पादक, समीक्षक वगैरह कुछ भी नहीं था, सिर्फ बैसाखियों के सहारे खड़ा, काले चश्मेवाला एक साधारण लड़का था, उसे जिन लोगों से स्वीकृति, साथ और सहारा मिला रहा होगा उनके प्रति कृतज्ञता के भाव का मुकाबिला क्या बाद के जीवन में मिलनेवाले किसी भी व्यक्ति के प्रति किसी भी भाव के साथ कभी हो पाया होगा? उन लोगों में क्या वह लड़की भी रही होगी? क्या ऐसा हुआ कि आहत मन की जटिल जरूरतों की अनुकूलता या फिर कैरियर के रूप में लेखन को चुन लेने के बाद एक रचनाकार के साथ की योग्यता और पर्याप्तता की कसौटी पर वही लड़की खरी नहीं उतरी? क्या मन्नूजी के पक्ष में भावनात्मक और व्यावहारिक रूप से उपयुक्त फैसला कर लेने के बावजूद वे इधर या उधर का साफ दो टूक फैसला नहीं कर पाए? न पूरा ले पाने, न पूरा छोड़ पाने की दुविधा के साथ जुड़े ध्वंस ने उन्हें क्या अछूता छोड़ दिया? दो-टूक फैसले क्या हमेशा सम्भव होते हैं? या सिर्फ अपनी इच्छा और भावना के अतिरिक्त कुछ सोचना और किसी अन्य के दिल-दिमाग का बोझ उठाना उन्हें अपनी सामर्थ्य से ज्यादा भारी प्रतीत हुआ? या एक कटु बात न कह पाने की करुणामय दुर्बलता अन्ततः क्रूर साबित हुई? फैसले की जिम्मेदारी दूसरे पर छोड़कर क्या उन्होंने अपने सिर की बला टाली? और अलग होने का फैसला किया भी अन्ततः मन्नूजी ने ही। राजेन्द्रजी ने तो ऐसे किसी फैसले की जरूरत तक से इनकार किया। दूसरे के पक्ष में देख पाने की ऐसी असमर्थता क्या लेखक

के सन्दर्भ में विश्वसनीय है? या ऐसा हुआ कि उसी असुरक्षित हद तक जीवन्त उम्र में अपने घावों को ढक लेने का ऐसा कौशल उन्होंने अर्जित किया कि उन्हें छू पाना ही असम्भव हो गया। अब वे अतीत का बोझ लादे नहीं घूम सकते। समस्याओं का हल न हो तो उन्हें जीवन का पर्याय मानकर झींकना छोड़ देते हैं। वे अभी इसी क्षण और सामने मौजूद समस्या में निवास करते हैं।

शंख की जो जातियाँ अशान्त समुद्रों की धाराओं में रहती हैं वे क्रुद्ध लहरों के जितने सख्त थपेड़ों को झेलती हैं उनका अपना खोल उतना ही सख्त होता जाता है। हो सकता है कि देह से लेकर मन तक की पता नहीं कितनी सीमाओं के साथ लड़ते-जूझते, हर एक का अतिक्रमण करते उन्होंने इस कवच का अर्जन किया हो जो आज अभेद्य-अछेद्य सा जान पड़ता है और इस बात की तरफ नजर भी नहीं जाती कि इस कवच की जरूरत उन्हें पड़ी ही क्यों। बल्कि मन करता है कि कुरेदकर देखा जाए कि सूराख कहाँ है। अपने सोचे-समझे को लेकर ऐसी जिद कि जैसे अस्तित्व ही खतरे में हो। छोटा सा तर्क भी उनके लिए जान जोखों का सवाल बन जाता है। हो सकता है कि नकारात्मक और विध्वंसात्मक लहरों से लड़ते हुए वे इतने सख्त हुए हों। अन्यथा क्या दुख को सहे बिना कोई दुख से इतना अछूता रह सकता है जितना उन्होंने इस साक्षात्कार में अपने को बताया है? दुख से ऊपर होना एक अर्जित शक्ति है या बुनियादी स्वभावगत असमर्थता? हो सकता है कि उनके लिए प्रेम का अर्थ किसी पर स्वयं को इतना निर्भर छोड़ पाना हो कि इस बात का अहसास भी न होने पाए कि उन्होंने लिया। और याचक बने। हो सकता है कि प्रेम की अपनी ऐसी असम्भव अपूरणीय आकांक्षा के कारण या दूसरे को निर्भरता का आश्वासन दे पाने की असमर्थता के कारण उन्होंने यही तय कर लिया कि प्रेम की उन्हें जरूरत नहीं है। और प्रत्याशाविहीन सहज सम्बन्धों के सन्धान में लगे। हो सकता है कि उन्होंने रचनाकार के जीवन की पढ़ी-पढ़ाई धारणा को अपना रोल मॉडल बनाया हो और हर आचरण के पहले वही नियमावली खोलकर देखते हों। सच ही उनके व्यक्तित्व को रचनाकार व्यक्तित्व के बारे में सिद्धान्तों का व्यावहारिक उदाहरण बनाया जा सकता है। हो सकता है कि किसी समय की असहायता और असुरक्षा ने उन्हें बिल्कुल निडर कर दिया हो। हो सकता है कि यह निडरता वर्जनाओं के प्रति रचनाकारसुलभ अवहेलना और अवमानना से निकली हो। हो सकता है कि डर भीतर

कहीं हो पर अपनी दीनताओं, दुर्बलताओं को दिखाना या उन पर रोना उन्हें असहनीय हो। और यही पीड़ाएँ उनका रहस्य हों।

हो तो यह भी सकता है कि भाषा के साथ अपने खास रिश्ते का इस्तेमाल करते हुए जब पूर्वोक्त साक्षात्कार में उन्होंने उस दुष्ट वाक्यांश 'खाँटी घरेलू औरत' का प्रयोग किया हो तो उनका मतलब 'खाँटी घरेलू औरत' की शान में गुस्ताखी करना रहा ही न हो। इनके दावे और उनकी दायित्वहीनता के टकराहट के किसी क्षण में मन्नूजी के दुख ने जो उग्र आक्रोश का रूप धारण किया हो, क्षण विशेष में उसकी कोई छवि, कोई मुद्रा उकेरना ही उनका अभीष्ट रहा हो। पर अभीष्ट चाहे जो रहा हो, किया तो उन्होंने यह है कि एक दम्पति के बीच के निहायत निजी प्रसंग को बहुत फूहड़ और क्रूर ढंग से सार्वजनिक कर दिया है। भावनाओं पर चोट तो यह है ही, उससे कहीं ज्यादा गरिमा के क्षय का मामला है। क्षमा कीजिए, जो हुआ वह अक्षम्य है। मैं राजेन्द्रजी की तरफ से सोच सकती हूँ, उनके माध्यम से यह पहचान सकती हूँ कि रचनाकार की मानसिकता कैसे सक्रिय होती है, यह भी मान सकती हूँ कि अपनी भीतरी बनावट के सामने आदमी बेबस होता है और एक रचनाकार को तोलने का तरीका दूसरे पलड़े पर घरबारी, परिवारी कायदे-कानूनों के बटखरे चढ़ाना नहीं है। लेकिन साथ जुड़े लोगों और जिन्दगियों के ध्वंस को अनदेखा नहीं कर सकती। उनके बारे में मैं कोई फैसला नहीं सुनाती पर सहानुभूति मेरी शत-प्रतिशत मन्नूजी के साथ है।

हुआ यह भी है कि इस बार उनकी वाक्चातुरी उन्हें दगा दे गई है। शायद वे चकित भाव से अब तक यही सोच रहे हों कि मेरे कहने का यह मतलब भी निकलता था क्या। कहने-सुनने और समझने के बीच फासले हुआ करते हैं यह कोई नई बात तो नहीं। पर अब तो सामने हैं चौतरफा प्रहार। उनके कवच के भीतर का क्या हाल है इसका अन्दाज़ लगाना आसान नहीं क्योंकि सूराख अगर कहीं है तो बड़ी होशियारी से छिपाए गए हैं और भीतर का कुछ दिखता ही नहीं है। तस्वीर तो अब भी उनकी वही याद आ रही है जिस पर शीर्षक था 'ऐयारों के ऐयार' लेकिन जो सोचा था कि तिलिस्म और तहखाना भी यही है तो सच यह है कि इतनी देर की कोशिश के बाद भी इस तिलिस्म के तहखानों के दरवाजे भी नहीं दिखे, ताले-चाभियाँ तो बाद की बात है। अनुमान प्रमाण पर आधारित निष्कर्षों का सच हो तो यह भी हो सकता है कि न तिलिस्म हो न तहखाना,

न कोई रहस्य। बस, अनुमान ही अनुमान हो। यह भी हो सकता है कि सिर्फ *हंस* ही हो और *हंस* के अलावा न कोई तोता हो न कोई तोते की जान। उस दशा में इस सारी कारवाई की अकेली जिम्मेदार मैं हूँ। जवाबदेह राजेन्द्रजी को न समझा जाए।

●●●